사돈 남 말, 내로남불

사돈 남 말, 내로남불

발행일   2025년 11월 15일

지은이   송봉선
펴낸이   손형국
펴낸곳   (주)북랩

출판등록   2004. 12. 1(제2012-000051호)
주소   서울특별시 금천구 가산디지털 1로 168, 우림라이온스밸리 B동 B111호, B113~115호
홈페이지   www.book.co.kr
전화번호   (02)2026-5777   팩스   (02)3159-9637

ISBN   979-11-7224-911-3 03340 (종이책)   979-11-7224-912-0 05340 (전자책)

작가 연락처 문의 ▸ ask.book.co.kr

전용 게시판에 문의를 남기시면 저자에게 직접 전달됩니다.

(주)북랩 성공출판의 파트너

북랩 홈페이지와 SNS에서 다양한 출판 솔루션을 만나 보세요!

홈페이지 book.co.kr   •   **블로그** blog.naver.com/essaybook   •   **출판문의** text@book.co.kr
카톡채널 북랩

사돈 남 말,

내로
남불

북랩

들어가면서

 본 책자는 필자가 국내 주요 언론 매체를 통해 2017년부터 2024년까지 기고했던 글을 모아서 한 권의 책자를 만든 것으로, 대부분이 북한 김 씨 집단의 각종 도발과 국내 좌파들의 비이성적인 해악적 언동, 비리, 부도덕, 멋대로 악법을 만들어 정치를 독재로 몰아가는 내용을 다루었다. 기고나 원고 청탁 등의 수단으로 조선일보, 월간 조선, 문화일보, 데일리NK 등의 매체를 통해 북한 김 씨 정권과 국내 좌파들의 내로남불 행태를 비판한 글들이다.

 우리 국민 대부분은 좌파 세력이 일상적으로 쏟아낸 무책임한 말에 감각이 무디어져 무감각해졌다. 양식 있는 사회 지도층 인사들, 안보 전선에서 활동한 사람들, 한국 경제 발전의 주역으로 활약한 세대들이 선도적인 차원에서라도 좌파 세력에 길들여진 세대들에게 이들의 숨은 의도를 알려 줄 필요성이 있다고 생각한다.

 국내 친북 좌파 세력의 북한에 대한 무분별한 애정과 기대는 문재인 정부를 거쳐 이재명 정부로 이어져 오는 동안 비윤리적, 비도덕적, 비이성적 행동이 더욱 난무하여 자유민주주의의 조종을 울리는 소리가 여기저기서 울려 퍼져 실망과 환멸이 교차하는 세상이 되었다.

 이 책의 표제어 '사돈 남 말'과 '내로남불'은 우리 정치권에서 다반사로 일어나는 일상어가 되어 버렸다. 이전 문재인 정부는 소주성(소득주도 성장) 실험으로 자영업을 줄폐업시키고, 집값을 폭등시켜 국민을 좌절시켰다. '조국 같은 인물은 자신의 자녀들에게 허위 스펙을 만들어 준 허물을 감추고 상대방만을 비난'하여 '내로남불'의 대명사가 되었다. 특히 민주당은 "케케묵고 낡아빠진 운동권식 이념을 자기들의 실사구시에 입각한 '합리적 국정'으로 바뀌었다"고 자위하지만, 역사를 퇴행시키고 미래를 어둡게 만든 행태에는 끝이 없다.

 '사돈 남 말, 내로남불'은 1990년대 초 '남이 하면 스캔들, 내가 하면 로맨스'의 형태로 주로 사용되었다. 이런 형태는 1990년대 중후반 상대편 언행의 이중 잣대를 비판하는 의미로 '내가 하면 예술, 남이 하면 외설', '내가 하면 오락, 남이 하면 도박' 등으로 패러디하여 회자되기도 했다. 역사적으로 보면 1996년 대한민국 15대 총선 직후 여소야대가 된 정국 상황에서 신한국당이 무소속 의원 등 11명을 영입하자, 야당인 새정치국민회의에서 신한국당의 '의원 빼가기'를 비판했다. 그러자 당시 박희태는 "야당의 주장은 내가 바람을 피우면 로맨스, 남이 하면 불륜, 내가 부동산을 하면 투자, 남이 사면 투기라는 식"이라고 반박했다. 지금의 정치권은 정책은 없고 정쟁만 지루하게 이어지는 상황이 되었고, 이제는 이 말이 정치권을 비판하는 화두어가 되어 버렸다.

 김정은이 갈망하던 미국과의 딜이 2019년 2월 하노이 미북 정상회담을 거치면서 파탄으로 끝나 버렸다. 결정적 원인은 문재인 정부의 잘못된 상황 판단과 훈수를 굳게 믿다가 아무 소득도 없이 끝나 버려 김정은이 스스로 남쪽 정부와는 좌든 우든 싫다는 것이다. 오죽하면 문재인은 막내딸 같은 북한 김여정으로부터 '삶은 소대가리' 소리를 들었겠는가. 김정은은 문재인에 대한 분노를 아직도 삭이지 못하고 남조선 것들과는 상종을 하지 않겠다는 입장이다.

이에 대한 표현으로 김정은은 2023년 12월 31일 적대적인 남북한을 '두 국가 관계, 전쟁 중인 두 교전국 관계로 고착한다'고 규정했다.

북한이 한국을 '제1의 적대국', '불변의 주적'이라고 규정하고 보수와 진보 모두 배척한다는 식의 언급은 이제까지 남북 대화에서 대화로 통일이 된다는 좌파 정부의 모토에는 달갑지 않은 소리다. 좌파들은 북한이 싫다는 대화를 억지로라도 성사시켜 성과를 내겠다는 것이 그들의 바람으로, 역대 좌파 정부만 들어오면 호들갑을 떨어 왔다.

남측 이적단체 범민련 북측 본부가 이에 순응하여 6·15 북측위 등을 정리한다고 발표하자, 국내 친북 단체들은 내심 깊은 우려를 나타내고 있다. 이후 김정은은 날로 강성의 언동을 하고 있다. 김정은은 "조선 반도에서 압도적 힘에 의한 대사변을 일방석으로 결정하지는 않겠지만 전쟁을 피할 생각 또한 전혀 없다"고 말했다. 이어 "대한민국은 우리의 주적"이라며 "우리 주권과 안전을 위협하면 대한민국을 완전히 초토화해 버릴 것"이라고 위협했다. 핵을 가졌다는 오만의 극치다.

좌파 정부와 좌파 운동권에겐 "그토록 만나보기를 희망하고 연모(戀慕)한 김정은이 참으로 잔인한 듣기 '섭섭한' 소리가 아닐 수 없었을 것이다. 북한 최고 수뇌부 김정은으로선 모처럼 현실을 '있는 그대로' 보고 말했다고 할 수 있지만 일시적 대화 중단 전술일 수 있다.

결국 버틸수록 남측을 안달이 나게 하여 더 많은 선물이 들어올 것이라는 그의 계산인지 모른다.

김정은은 한동안 대한민국 정부를 제치고 미국과 직접 대화를 하고 싶어 했다.

트럼프 미국 대통령이 1기 때 김정은의 이 방식에 흥미를 느꼈던지, 그와 싱가포르와 하노이에서 만나 톱다운 식 일괄 타결을 시도했다. 하지만 동북아 소국이 미국을 기만하고 터무니없이 그들 주장만 하니 당사자 트럼프도 김정은의 속내를 속속들이 들여다보고 있으니 당연히 깨졌다. 하노이 미북 회담에서 머나먼 길을 김정은이 열차를 타고 그래도 무언가 소득을 얻을 것을 기대했지만 빈손으로 돌아와 주민들에게 '위대한 수령'의 체면과 권위가 나락으로 떨어진 신세였다. 이래서 그는 '믿을 건 핵(核)무기뿐'으로 자신에게 회담을 부추겼던 '문재인도 죽일 x'으로 결론을 내렸을 것이다. 하지만 트럼프가 지금도 김정은이 친구라고 표현하여 대국의 회담 술책일 수 있지만 역겹다.

이 책의 기고문 내용에는 김 씨 3대 독재자 김정은에 대한 비판도 있지만 좌파 정권에 빌붙어 좌파 친북 운동권 세력들의 민낯을 파헤쳐 나름대로 공개하였다.

지금 남북관계는 그간의 되지도 않을 화해 쇼에서 멀어져, 참으로 오랜만에 다시 "적과 적"의 적나라한 본연의 실상(實相)으로 되

사돈 남 말,

돌아갔다. 평양 주도 통일전선 꼼수의 파탄은 아니지만 김정은은 실사구시로 중국 남한에서 방향을 러시아로 틀었다.

자유민주주의 시장경제의 대한민국, 그리고 이것을 전체주의 일 당독재 혁명으로 없애 버리겠다는 김정은 일당이, 대체 무슨 수로 화합할 수 있단 말인가?

하면 된다는 식으로 맹목적으로 이들에게 요구를 들어주면 이 룰 것이라는 화합의 추파를 던지는 좌파정부는 북한과 연공 합작 이라도 하겠다는 것인가?

대한민국이 이 땅에 존속하기 위해서는 유일한 평화의 길은 북 한의 그토록 우리를 협박하는 핵무기를 필적하는 무력과 첨단 무 기를 확보하여 압도적인 전쟁 억지력을 보유하는 길뿐이다. 한반 도 통일은 북의 전체주의 봉건적 세습 왕조가 어떤 원인과 양상으 로든 종식되는 것뿐이다. 남북한 공산주의자들과 친북 좌파들은 보수 우파들을 수구·냉전· 반(反)민족·반(反)평화 세력이라 매도하고 네 편 내 편으로 편을 가르고 있다.

김정은이 우크라이나전에서 러시아를 지원하여 반대급부로 기 름 식량 원조를 받아 극도의 위기를 넘겨 향후 더욱 객기를 부려 우리에 대한 압박이 더욱 거세질 것이다. 지난 문재인 정권에서 평 화주의에 매몰되어 방첩활동을 방기하고 방첩기관마저 해체하여 간첩 활동과 친북 좌익 세력이 우리 내부에 은연중에 창궐하여 이 제 또다시 좌파 정부가 탄생하였다.

김정은으로서는 한·미·일 간의 군사 협력, 특히 핵미사일 방어 분 야의 협력을 저지하고, 대북 군사적 압박을 완화하는 것이 가장 절박한 당면 과제다. 이를 위해서는 대북 압박과 한·미·일 공조 체제의 중심에 있는 우파를 흔들고 무력화시켜야 하는데 이제 또 한 번의 좋은 기회가 왔다. 좌파들은 '전쟁 대 평화' 프레임을 이용한 '평화팔이'를 핵심 수단의 하나로 삼고 있다. 그런데 평화팔이가 정치적 흥행을 거두려면 북한과 친북 좌파는 미우나 고우나 공생 관계를 벗어날 수 없다. 평화팔이의 전형적 수법은 '진보 좌파가 집권하면 한반도가 평화롭고 보수 세력이 집권하면 전쟁 위험이 높아진다'는 '왜곡팔이'를 확산하여 이를 국민에 주입시켜 장기 집권을 달성하는 것이다. 또한 '아무리 나쁜 평화라도 가장 좋은 전쟁보다 낫다'는 패배주의적 평화 지상주의로 혹세무민하는 것이다. 그런데 '전쟁 대 평화'의 이분법적 프레임과 전쟁 공포증을 활용한 평화팔이가 좌파 정권을 몇 번 지나면서 이것이 잘 먹혀들어갔다.

친북 세력의 선전 선동이 나름 성공을 거두었음을 의미한다. 장기간에 걸친 의식화로 형성된 전쟁과 평화에 대한 잘못된 인식을 '가짜 평화, 진짜 평화' 프레임으로 하루아침에 바로잡을 수는 없다.

국회의원 중 40~50, 50~60세대 운동권 출신들이 선전선동 평화팔이를 하여 비정상을 정상으로, 범법자를 방탄으로 지켜주면서 나라의 민주주의가 도태되어 버린 것이다.

우리 국민들은 기만과 속임수로 좌파들이 뽑아 준 대의기관인 국회의 폐해는 엄청나다.

그들은 180여 가지나 되는 특권으로 나라를 구렁텅이로 밀어붙이고 있다. 입법·사법·행정부가 모두 좌파 일색으로 칼춤을 추고 있다.

남남 갈등, 남북 갈등, 빈부 갈등, 세대 간 갈등, 지역 갈등을 해

사돈 남 말,

소하여 이 땅에 평화 통일이 오는 데는 상당한 시간이 걸릴 것이다. 1990년대 불가능하리라 생각했던 구 소련과 중국, 동구가 갑작스럽게 개혁개방으로 변모한 것과 같이 지금의 신냉전이 변화를 이루어 한반도에도 평화와 통일이 올 것을 기대하지만 요원해 보인다. 그럼에도 급전직하 식의 변화가 오길 기대한다.

이 책에 게재된 기고문은 2017년부터 2024년간 총 63건으로, 필자는 열한 번째 책자를 발간하게 되었다. 또 한 번의 모음집을 발간하는 데 큰 도움을 주신 북랩 관계자 분들에게 고마운 인사를 드린다.

지은이 송봉선

차례

들어가면서 ___ 5

2017~2018년 //

김정은 참수부대 창설, 용두사미로 끝나면 안 된다 〈데일리NK〉 (2017.01.09.) ___ 18

김정은 '보유 달러' 바닥나고 있다 〈문화일보〉 (2018.04.02.) ___ 22

핵 집착 김정은 의도대로 일방적 물꼬 트는 회담은 안 된다 〈데일리NK〉 (2018.02.14.) ___ 25

국정원의 대공수사권 폐지, 국제적 추세 역행한다 〈중앙일보〉 (2018.01.17.) ___ 28

제주 4·3 사건을 왜곡해서는 안 된다 〈데일리NK〉 (2018.04.13.) ___ 32

적폐청산, 정보인들에게 너무 가혹하다 〈문화일보〉 (2018.05.11.) ___ 37

황당한 北식당 기획 탈북설 〈문화일보〉 (2016.06.01.) ___ 40

북한 비핵화의 어두운 그림자 〈데일리NK〉 (2018.05.24.) ___ 43

스스로 무장해제, 필패의 지름길이다 〈데일리NK〉 (2018.08.11.) ___ 47

정보기관 무력화 노린 '기획 탈북'주장 〈문화일보〉 (2018.08.13.) ___ 51

흑금성 활동은 '공작'과는 거리가 멀다 〈데일리NK〉 (2018.09.10.) ___ 54

文·金 공조가 한·미 동맹보다 우선인가 〈문화일보〉 (2018.10.26.) ___ 58

광화문서 "백두 칭송", 이대로 그냥 둬도 되나 〈데일리NK〉 (2018.11.19.) ___ 61

2019~2020년 ///

방남에 하지 말아야 할 5가지 〈데일리NK〉 (2018.12.06.) ___ 66

민노총은 대한민국의 민주주의를 해쳐서는 안 된다 〈데일리NK〉 (2019.01.18.) ___ 69

미북회담 결렬은 어설픈 합의보다 낫다 〈데일리NK〉 (2019.02.10.) ___ 72

김정은의 지갑이 말라가는 지금이 기회다 〈조선일보〉 (2019.03.20.) ___ 75

대북 식량 지원, 심사숙고의 자세 필요하다 〈데일리NK〉 (2019.05.16.) ___ 77

북한 목선 사건은 이대로 넘어가서는 안 된다 〈데일리NK〉 (2019.06.21.) ___ 80

'南 배반' 동일한 선택 최덕신 일가 〈데일리NK〉 (2019.07.16.) ___ 83

무너진 안보 태세를 재정비해야 한다 〈데일리NK〉 (2019.08.02.) ___ 87

北 '해킹 외화벌이' 대응 강화해야 〈문화일보〉 (2019.08.14.) ___ 91

한·일 지소미아 협정은 원상 복귀되어야 한다 〈계간 북한연구〉 (2019년 3분기) ___ 94

북한 독재체제 장기화가 지속될 것인가? 〈경제포커스〉 (2019.08.26.) ___ 111

북한, 조국 사태 관련 편파적 선전선동을 중지하라 〈데일리NK〉 (2019.10.11.) ___ 115

軍은 '국가 수호'를 본분으로 삼아야 한다 〈데일리NK〉 (2019.10.17.) ___ 119

'정보요원' 생활 27년 동안 그가 겪은 국정원 출신 친목 모임 양지회장 송봉선 사노맹 검거
등 秘話 고백 〈월간 조선〉 (2019.10.) ___ 123

'호언상남' 김정은, 사실은 겁먹었디 〈조선일보〉 (2010.12.25.) ___ 144

북한 편들기 급급 안보 수장들…나라가 위태롭다 〈데일리NK〉 (2019.11.07.) ___ 146

이란 참수 작전 성공, 북한에도 적용 가능한가? 〈데일리NK〉 (2020.01.27.) ___ 150

北 특정 정당 비난공세, 안보적 차원 대응 필요하다 〈데일리NK〉 (2020.02.19.) ___ 154

홍범도 유해 송환, 한쪽 면만 부각할 일 아니다 〈데일리NK〉 (2020.03.11.) ___ 158

4·15 총선 앞둔 북한의 선거 개입 〈월간조선〉 (2020.04.) ___ 161

"전 세계 유일의 분단국…北 김(金)씨 일가 있는 한, 전쟁은 끝나지 않았다" 〈일요서울〉 (2020.05.15.) ___ 172

민변, 누구 위해 탈북 저지 나섰나 〈조선일보〉 (2020.05.27.) ___ 178

김정은의 건강과 향후 전망 〈계간 북한연구〉 (2020.06.) ___ 180

北 최고존엄 리더십 부족은 지적할 수 없는 건가 〈데일리NK〉 (2020.07.01.) ___ 207

간첩 활개 치게 만들 국정원 개악案 〈문화논단〉 (2020.08.07.) ___ 210

대공 수사권 경찰 이관… 간첩 수사 포기하나 〈조선일보〉 (2020.10.27.) ___ 213

조선시대 비변사를 통해 본 우리 '안보 불감증' 〈데일리NK〉 (2020.10.28.) ___ 215

국정원법 개정… 국가가 위태로워지고 있다 〈데일리NK〉 (2020.11.26.) ___ 219

북한의 핵 위협에 대응하여 원전은 유지돼야 한다 〈데일리NK〉 (2020.12.30.) ___ 223

2021년

조선시대의 형벌은 어떤 것이 있나 〈군사저널〉 (2021.01.) ___ 232

'북한 비핵화' 바이든 정부에 제언한다 〈데일리NK〉 (2021.02.08.) ___ 238

김여정의 막말 비난, 文 정부의 저자세도 문제다 〈데일리NK〉 (2021.03.19.) ___ 243

이적 선전물 무차별 출판 행위, 엄히 처벌해야 한다 〈데일리NK〉 (2021.05.04.) ___ 247

코로나19로 인한 北中 국경 폐쇄는 北의 자승자박 〈월간조선〉 (2021.05.11.) ___ 252

'이석기 구하기' 국보법 폐지 안 된다 〈조선일보〉 (2021.06.02.) ___ 259

국가보안법은 존치돼야 한다 〈데일리NK〉 (2021.06.09.) ___ 261

문재인 정권, 아프간 사태 반면교사로 삼아야 〈데일리NK〉 (2021.08.19.) ___ 265

북한의 노골적 대선 개입과 역효과 가능성 〈데일리NK〉 (2021.10.29.) ___ 271

북한 김영주 장수 사망의 의미 〈조선일보〉 (2021.12.10.) ___ 274

2022~2024년

북한 정권 人權 말살 고발한 책 쓴 송봉선 이사장 〈월간조선〉 (2022.02.) ___ 278

국정원 메인 서버 누구도 손대선 안 된다 〈조선일보〉 (2022.02.22.) ___ 280

북한 김 씨 정권 장기화 저지를 위한 제언 〈계간 북한연구〉 (2022년 5월) ___ 282

후쿠시마만 위험하고 北 폐기물은 괜찮은가 〈조선일보〉 (2022.11.29.) ___ 304

미국의 한국 핵무장 여론에 귀 기울여야 〈데일리NK〉 (2023.01.26.) ___ 306

김정은의 미사일 도발 비자금 추적 〈계간 북한연구〉 (2023년 1월) ___ 311

북한의 우크라戰 참전이 초래할 재앙 〈문화일보〉 (2023.04.07.) ___ 331

北의 한국 시설 파괴, 공개 변상 요구해야 〈조선일보〉 (2023.05.24.) ___ 334

세금으로 '북한 영웅' 기린다는 光州 〈문화일보〉 (2023.08.25.) ___ 336

마약 지금 안 잡으면 북한꼴 난다 〈조선일보〉 (2023.10.31.) ___ 339

이재명과 경기동부연합의 네 번째 선거 합작 〈조선일보〉 (2024.03.12.) ___ 341

분노와 충동으로 도발하는 김정은… 심리전으로 맞서야 〈조선일보〉 (2024.11.05.) ___ 344

맺는말 ___ 347

2017~
2018년

김정은 참수부대 창설,
용두사미로 끝나면 안 된다

〈데일리NK〉 (2017.01.09)

국방부는 최근 황교안 대통령 권한대행 주관 하에 한민구 국방부 장관을 비롯해 군 주요 직위자들이 '국민과 함께하는 튼튼한 국방'이라는 주제로 진행된 '2017년 업무계획'을 통해 '김정은 참수 작전부대'를 2년 앞당겨 창설할 계획이라고 보고했다. 이 특수여단은 2,000여 명 규모로, 올해 안에 창설될 예정이라고 한다.

이 부대는 유사시 평양에 침투해 북한 김정은 최고사령부 전쟁 지휘부를 제거하는 부대로, 북한의 핵 위협이 고조되면서 당초 계획보다 앞당겨졌다. 당초 2019년 창설에서 2년을 앞당기는 방안으로, 지난해 9월 북한의 5차 핵실험 직후 처음 공식화한 이른바 '참수 작전' 계획을 구체화하는 것으로 볼 수 있다.

여기서 참수 작전은 유사시 북한군 지휘부 제거를 통해 북한군의 전쟁 수행 능력을 조기에 무력화하기 위한 군사 계획이다. 북핵 위협이 날로 증가하는 상황에서 원흉인 김정은 제거가 필수 불가결한 요소라는 판단에 따라 이 같은 계획이 도출된 것이다. 그동

사돈 남 말,

안 북핵 문제가 불거질 때마다 늘 우리 군과 관계당국은 "좌시하지 않겠다" "예의 주시하겠다" "원점을 타격하겠다"는 말로 당장 코너에 몰린 현실을 회피할 뿐이었다. 여기에 발전적인 행동대책이라야 한미 동맹을 근거로 한 미국의 항공모함 시위나 미국의 전략 핵폭격기가 한반도에 한 번 와서 무력시위를 하는 수준이었다.

북한은 연례 한미 합동훈련에 강력하고 도전적인 비난을 쏟아내면서도 핵실험이나 장거리 로켓(미사일) 발사 도발로 대응해왔다. 그러나 우리는 지금까지 북한의 도발에 대해 적절한 대응을 한 번도 하지 않았고, 이에 북한은 이제 우리의 의지 표명에 타성이 되어버렸다. 우리가 어떤 말을 해도 '웃기고 있네' 하는 식의 반응이다.

우리에겐 한미 동맹이라는 강력한 무기가 있다. 그런데도 불구하고 일부 세력은 최선의 방위 무기인 사드(고고도미사일방어체계) 배치마저 반대를 하고 있다. 미국 속담에 '닭이 병아리를 까려면 둥지를 틀 집이 필요하다(Now the chicken have come home to roost)'는 말이 있듯이 우리에겐 '누울 자리를 보고 발을 뻗어야 한다'는 말이 있다. 막무가내식 빈대를 위한 반대는 적에 패한 이후 탓을 한들 너무 늦은 이야기가 되는 것이다.

우리는 북한 김씨 3대 세습독재 정권으로부터 수없이 많은 위협을 받아왔고 실제로도 많이 당해 왔다. 또한 북한이 우리 국가원수를 위협한 것은 1·21 청와대 기습기도, 아웅 산 테러사건, 현충

문 폭파사건 등 셀 수 없이 많다. 그러나 우리는 그들에 대해 여태껏 한 번도 제대로 된 보복을 취해본 적이 없다.

그동안 우리가 북한에 대한 요인 암살 역량이 없어서 적극 대응하지 않은 것은 아니다. 육군은 707특임대 등이 있고, 해군 UDT/SEAL은 소말리아 해적에 납치된 삼호주얼리호 선원들을 사망자 없이 전원 구조해 진가를 발휘한 적도 있었다. 또한 공군은 CCT(공정통제사) 등을 운용 중이고, 국군정보사령부는 별도로 북파공작원들을 보유하고 있다. 이처럼 우리에게는 국군 특전사, 정보사령부, 해군 특수부대(UDU) 등 역량이 있음에도 보복을 할 경우 북한을 자극한다는 이유로 이제까지 이를 자제해왔다.

하지만 참수부대 창설을 계기로 상황은 달라질 것으로 보인다. 참수부대를 창설해놓고 그냥 위협만으로 끝내서는 안 된다. 북한에 김정은의 관사나 '1호 청사'를 실제로 폭파할 수도 있다는 위기감을 심어줄 수 있게 만들어야 한다. 우리가 충분히 김정은을 타격할 수 있다는 심리적 압박을 줄 필요가 있다는 것이다.

최악의 경우 핵·미사일의 발사 권한을 쥐고 있는 김정은을 제거함으로써 북한의 잘못된 판단을 막고 전쟁의 위험을 원천적으로 제거하자는 것이 참수 작전의 목표다. 북한과 같은 1인 독재 국가에서는 독재자의 제거가 곧 국가의 전쟁 기능을 멈추게 할 수 있다는 점에서 이 작전이야말로 북한에 대한 최고의 억제 전력이 될 수 있다.

미국은 그동안 IS나 이슬람 극단세력으로부터 테러 위협을 수없이 받아 왔지만 그때마다 보복을 하여 성과를 거두었다. 미 육군에는 특수부대인 '델타포스'가 있다. '델타포스'도 지난 2003년 사담 후세인 전 이라크 대통령을 체포하는 데 성공했다. 미 해군에는 최정에 특수부대인 '데브그루'도 있다. 지난 2011년 5월 오바마 미국 대통령의 최종 명령을 받고 은신처에 숨어있던 알카에다 지도자 빈 라덴을 사살했다. 당시 특수부대 요원들은 적의 레이더에 노출되지 않는 첨단 스텔스 헬기로 은밀하게 작전을 구사했다.

우리는 1·21 사태 당시 대응부대를 만들었으나 한 번도 제대로 활용치 못해 무용지물이 된 전례가 있다. 이처럼 실행을 하지 않고 그저 부대만 만드는 안일한 모습을 보여서는 안 된다. 참수 전력(戰力)을 제대로 구축하기 위해선, 결국 군과 정치권의 협력과 결단이 필요하다. 때문에 정치권이 이에 협조할지가 관건이다. 또한 국가 안보 위기 상황에 여야는 물론 국민 모두가 통일된 모습을 보여야 한다. 이번 일은 용두사미로 끝나지 않기를 바란다.

김정은 '보유 달러' 바닥나고 있다

〈문화일보〉 (2018.04.02)

———

북한의 비핵화는 결코 쉬운 일이 아니다. 북한이 20여 년간 핵 문제로 각종 회담을 해왔지만, 실질적으로 우리가 바라는 비핵화는 하나도 이뤄지지 않았다. 북한 김정은의 이번 25~28일 중국 방문도 미·북 정상회담에서 비핵화 문제가 핵심 의제인 만큼 중국 측과 사전 조율 관련성이 크다. 최근의 갤럽 여론조사에서 북한이 핵을 포기하지 않을 것이라는 응답이 64%나 나왔다. 여전히 국민은 북한은 못 믿을 존재라는 분위기다.

문재인 정부는 평화 분위기를 띄우곤 했지만 낙관은 금물이다. 회담 시작부터 김정은은 3월 초 우리 대표단에 한반도 비핵화는 선대의 유훈이라는 거짓말을 했다. 김일성은 6·25 남침 전쟁을 휴전으로 끝낸 후 "우리가 핵무기가 있었으면 전쟁에 승리했을 것"이라고 아쉬워하는 말을 했다. 북한은 와신상담 끝에 1960년대부터 옛 소련으로부터 5MW 원자로를 들여다 핵 개발을 완성했다.

북한은 지난 25년간 여러 차례 비핵화를 공언했으나 '검증' 단계에서 협상 폐기를 반복하는 등 신뢰가 전혀 없다. 북한이 이번 회담을 하려는 속내는 제재와 경제난을 모면하려는 위기 탈출 의도가 짙어 보인다. 미국 정부와 직접 대화 채널이 있음에도 굳이 한국 정부를 끼운 것은 현 정부가 자신들에게 우호적인 세력이기 때문에 회담 효과를 높일 수 있다는 계산에서 나온 것으로 보인다. 특히, 최근 김정은의 내부 지시문에 실린 '미제(미국)와는 대화하고 싶은 생각도 없고, 남조선도 중계자 역할을 할 게 아니다' '우리(북한)의 핵과 미사일을 인정하지 않는 세력과는 절대 타협하지 않는다'는 내용도 석연치 않다.

최근의 북한 상황은 국제사회의 강도 높은 제재와 압박이 2년 이상 계속되고 있어 경제가 재앙 수준이다. 김정은으로서는 이를 막지 않으면 안 되는 화급한 처지다. 한국개발연구원은 북한의 대외 무역이 무역 봉쇄 수준으로 축소되고 있다고 진단했다. 지난해 북한의 대중(對中) 수출은 16억 5,000만 달러를 기록하면서 전년에 비해 37%나 감소했다. 또한, 무역 적자의 증가로 김정은의 통치자금 '궁정경제'의 핵인 외환보유액은 10억 달러 이하로 급감하고 있다.

북한의 외환 고갈은 경세 악화로 이어져 산업 생산 저하, 시장 축소, 주민 생활의 악화가 극도에 이르러 궁정경제 운영 돈줄이 꽉 막혀 버렸다. 궁정경제 주도 기관인 39호실 산하 총국 8곳이 거의 폐쇄 수준으로 외화벌이 활동이 중단 상태여서 통치자금이 바닥에 이르고 있다. 특히, 중국 당국은 최근 북한과 무역하는 자국 업체들을 조사하고 세무조사까지 하고 있다. 북한 무역회사는 물론

북·중 무역에 종사하는 중국 무역회사들도 처벌되기 때문에 무역 거래가 완전히 멈췄다.

중국은 북한 무역일꾼들과 파견 나온 근로자들의 체류 비자를 연장해 주지 않고, 신규 비자 발급도 중단하고 있다. 북한은 1990년대 초부터는 무연탄을 제공하는 대신 연간 원유를 공급받아 왔다. 북한에서 사용되는 원유량의 80~90%는 중국에서 반입된다. 나머지는 러시아와 이란 등 중동 국가에서 반입된다. 국제사회의 대북 제재로 반입량이 연 50만t에 불과해 이전의 10% 수준이다. 북한의 모든 공장 기업소들과 군부대들이 제대로 굴러가지 않고 있다. 게다가 비축 식량마저 바닥나고 있어 보위부, 안전부, 군수공장조차도 배급이 절반으로 줄었다.

이러한 내부 위기 탈출용으로 김정은이 대화에 나선다면 비핵화는 물 건너갈 가능성이 크다. 미 국무장관 지명자 등 대북 강경파들은 결코 김정은에게 우호적이지 않다. 회담 실패 시 한반도가 또다시 위기로 급전될 수 있음을 염두에 둬야 한다.

사돈 남 말,

핵 집착 김정은
의도대로 일방적 물꼬 트는 회담은 안 된다

〈데일리NK〉(2018.02.14)

북한 김정은이 동생 김여정 북한 노동당 중앙위원회 제1부부장을 특사로 보내 문재인 대통령에게 평양을 방문해줄 것을 10일 공식 요청했고, 문재인은 이를 사실상 수락했다.

김여정은 김의 남북관계 개선 의지를 담은 친서(親書)를 전달하면서 '문재인 대통령을 빠른 시일 안에 만날 용의가 있다. 편하신 시간에 북을 방문해 주실 것을 요청한다'는 김정은의 초청 의사를 구두로 전달했다.

이와 관련하여 많은 언론에서 남북관계 물꼬를 트는 계기라는 용어를 많이 사용하고 있다. 이 용어가 맞는 표현일까. 지난 시절 전국민족민주운동연합(전민련)의 상임고문이었던 문익환 목사가 북한의 조국평화통일위원회의 초청을 받아 1989년 3월 25일부터 4월 3일까지 북한을 방문한 사건이 있었다. 당시 문익환 목사는 당시 통일민주당 당원이었던 유원호, 재일교포 정경모와 함께 개인 자격으로 평양을 방문해 김일성과 2차례의 회담을 갖고 통일문제 등을 논의하였다. 문 목사는 어째서 당국의 허가 없이 방문하였는지 이유를 밝히는 회견에서 남북관계 "물꼬"를 트기 위해 방북하였다고 설명하였다. 그러나 물꼬라는 의미는 과거 시절 천수답이 많은 농촌에 비가 오면 윗논에서 아랫논으로 물을 대기 위해 논두렁 둑을 낮게 한 다음 가마니나 거적을 대고 물을 낮은 쪽으로 흐르도록 만들어 놓은 일방적 수로라는 의미가 바른말이다. 물론 두 번째 어의(語義)로 어떤 일의 시작을 비유적으로 이르는 말이라고 나와 있다. 하지만 이미 남북은 대화를 여러 번 했다.

또한 남북 회담이 정상회담이든 스포츠 회담이든 적십자 회담이든 간에 회담이 이루어지려면 상호적이어야 한다. 어느 일방의 목적을 위해서 회담이 이뤄진다면 물이 많은 쪽이 적을 쪽을 위해 물꼬를 튼다는 의미상 용어를 사용해선 안 된다고 본다.

그동안 북한은 6번의 핵실험과 장거리 미사일 실험을 지속해왔고 이 때문에 우리 안보는 치명타를 입었다. 북한의 이러한 전략무기 개발로 인해 미국은 물론 우리도 직접적 위협을 받고 있는 셈이다. 각종 국제제재가 강화되고 있는 상황에서 더구나 북한의 제일의 우방인 중국이 국제 제재에 동참하면서 작금의 북한이 겪는 고통은 날로 심각해지고 있다. 이때 우리는 어떤 선택을 해야만 할까. 6.15 정상회담이나 10.4 정상회담으로 남북 긴장 완화가 되었다고 말할 수도 있지만, 북한은 이 시기에 국제 사회를 속이고 우리의 지원을 받아 가면서 핵·미사일 개발을 고도화했다. 북한이 일방적인 핵개발 놀음을 한 셈이다. 이를 비유하여 북한의 일방적 핵개발 물꼬를 텄다고 하면 적합한 말은 아닐 것이다.

사돈 남 말,

향후 남북 정상회담은 먼저 북이 비핵화 의사를 밝히고 이를 미국이 받아들여 북핵 폐기 회담 방식으로 시작되어야 한다. 하지만 북한은 아예 우리에겐 핵문제를 거론조차 하지 못하게 한다. 이처럼 핵문제 협의 없는 평화 이벤트는 모두 장님이 코끼리 다리 만저 보고 이야기하는 것에 불과하다.

이번에 김정은이 자신의 심복인 누이동생 김여정을 내보낸 것은 미국과 국제사회의 강력한 대북 제재가 통했다는 의미다. 즉, 제재로 인한 탈출구가 대화에 몰입한 문재인 정부에 있다고 판단하여 손을 내민 것이다. 때문에 유엔과 국제사회의 제재 인물들을 올림픽 성공개최를 구실로 방남시킴으로써 '예외'를 이끌어 낸 것은 북한 입장에서는 성공이라고 평가해볼 만한 대목이다. 아울러 북은 대규모 예술단을 파견하여 대남 심리전, 선전선동 부분에서도 성과를 거두었다. 특히 동계 올림픽에 이어 패럴림픽 참여로 한미 합동군사훈련을 연기 및 한미 동맹을 약화를 지속 꾀할 수도 있다.

우리 정부가 미북 간의 대화를 주선하는 중재자 역할을 한다고 하면서 모양새만 갖춘 회담을 이끌어 내서는 안 된다. 미국은 향후 북한와 회담에서 결코 만남을 위한 회담을 하지 않겠다는 것이 입장이다. 남북 정상회담은 미국과 긴밀한 합의를 통해 상호 양보와 협조 그리고 핵문제가 필히 포함되어 진행돼야 한다. 민족 우선의 일방적 물꼬 트기가 아니라 상호상대를 인정하고 보완하는 회담이 되어야 한다.

국정원의 대공수사권 폐지,
국제적 추세 역행한다

〈중앙일보〉 (2018.01.17.)

———

간첩수사의 특수성 이해 없는 결정

정보기관의 반국가단체 수사 필요

대북 정보망 새로 구축하는 비효율

이적세력 활개 칠 환경 조성 우려

　국정원의 대공수사권을 경찰에 이관하는 방안이 발표됐다. 국정원에서 수십 년간 일한 필자의 경험에 비춰 볼 때 이런 방안은 현실성이 너무 떨어져 보여 솔직히 동의하기 어렵다.

　국정원 대공수사국이 간첩망 하나를 검거하는 데는 최소 3년 이상이 소요된다. 해외 공작망이나 인터넷 사이버 공간을 통해 간첩 용의자로 확인되더라도 검거까지는 많은 확증 자료 수집과 추적이 필요하기 때문이다. 용의자 주변 파악을 위해 검찰·법원·경찰·공항·항만 등 협조와 공조를 구해야 할 기관도 많다.

　여기에다 인터넷 사이버 활동 추적 등 채증 자료 수집에는 은밀성과 보안성을 유지해야 한다. 작은 실수로 인해 노출될 경우 수사는 순식간에 물거품이 된다. 완벽한 증거가 수집돼도 재판 과정에서 조금이라도 흠결이 있으면 사건 자체가 기각되기도 한다.

대공수사요원은 개인과 가정생활은 거의 없어 사명감 없이는 근무하기 어렵다. 한마디로 기피 부서다. 국정원 내부에서 불평을 듣기도 한다. 간첩 검거에 따른 포상이 대공 수사관들에게 많이 돌아가다 보니 첩보를 제공했던 해외부서나 과학부서 등 다른 부서 직원들은 대공부서가 상을 독식한다고 불평한다. 이처럼 같은 국정원의 한 지붕 밑에서도 협조가 잘 안 되는 경우가 있다.

하물며 대공수사 기능을 경찰 같은 전혀 다른 기관으로 옮기면 협조가 더더욱 원만치 않을 것이라는 점은 자명하다. 경찰로 이관할 경우 과학시설·통신기지도 장기간에 걸쳐 대공수사 공백이 생길 것은 뻔하다. 대공 수사요원만을 경찰에 데려다 소속을 변경한다고 될 일은 아니다. 대북 정보망, 외국 정보·수사기관과 협조 네트워크를 대체할 기관을 새로 만든다는 것은 엄청난 비효율이다. 이런 점을 감안하면 지금처럼 국정원이 최소한의 대공 분야 인원으로 성과를 내는 것이 효율적이다. 실제로 지난 2000년 1월~2012년 4월에 검거한 51명의 간첩 중에서 국정원의 정보·수사 활동으로 적발한 간첩이 46명이다. 같은 기간에 경찰 단독으로 적발한 경우는 5명에 불과했다.

북한은 2000년대 들이 '남한 전산망을 손금 보듯이 파악하라'는 내부 교시에 따라 비대칭 전력의 하나인 사이버 공간을 활용한 테러와 심리전에 역량을 집중하고 있다. 당·군·내각을 합쳐 약 1만 2,000명의 사이버 전문 인력이 남한 인터넷에 대한 사이버 테러뿐 아니라 체제 선전, 대남 심리전, 정보수집, 간첩 교신을 수행 중이다. 우리는 이미 금융·언론 등 국가 기간망이 북한의 사이버 테러에 속수무책으로 당한 사례가 있다. 유수의 포털 사이트에서 노골적인 북한 찬양 글을 찾는 게 어렵지 않을 정도다. 인터넷을 이용한 북한의 대남 선전선동 활동도 기승을 부리고 있다. 그나마 이에 대처할 기관은 국정원뿐이다. 세계 선진 정보기관들은 반(反)국가단체에 대한 수사권을 가지고 있다. 이스라엘 신베스(GSS), 2008년 국내정보기관(DST)과 경찰정보국(RC)이 통합된 프랑스 정보부(DCRI), 러시아 연방보안국(FSB) 등은 테러와 방첩에 대한 수사권을 갖고 있다. 분단을 경험한 국가들의 정보기관은 더욱 그렇다. 중국의 국가안전부(MSS), 베트남 공안부(MPS), 예멘의 정보보안부(PSO)는 체제 전복에 대한 수사를 책임지고 있다. 심지어 국정원의 경쟁 대상인 북한의 국가안전보위성도 수사권을 보유하고 있다.

현역 시절 필자는 예멘 통일 이전(1970년대 말~80년대 초)에 북예멘 수도 사나를 여러 번 방문했다. 북예멘 정보보안부와 협력해 남예멘 아덴과 북예멘 사나에서 활동하는 북한 요원들의 활동상을 파악하고 대공 첩보를 수집한 경험이 있다. 당시 북예멘 정보보안부장이 한국·예멘 수교 협조 업무로 방한한 뒤 사나에서 이동 중에 피살되는 사건이 벌어졌다. 북예멘 정보보안부는 알리 압둘라 살레 대통령 지시로 북한 측의 관여 여부를 전반적으로 수사하기도 했다.

우리는 전쟁을 치렀고 지금도 남북은 분단 상태다. 분단국가의 정보기관이 생존을 위해 대공수사 기능을 갖는 것은 당연하다. 북한과 대치 중인 대한민국이 국정원 개혁을 이유로 정보기관의 대공 기능을 모두 폐지하고 무력화하는 것은 국가안보에 대한 자해행위다.

사돈 남 말,

북한의 침투는 국내외를 넘나들면서 이뤄진다. 국정원의 국내정보 활동 폐지에 이어 대공수사권마저 폐지하는 것은 대공 기능을 와해시키는 것과 다르지 않다. 결국 간첩과 이적세력들이 마음 놓고 활개 칠 환경을 조성해주는 결과를 낳을 것이다.

제주 4·3 사건을 왜곡해서는 안 된다

〈데일리NK〉 (2018.04.13)

———

　제주도는 8·15 해방이 되면서 외지에서 6만여 명이 유입되어 28만 명으로 인구가 증가하였다. 해방 전 일본군 징용노무자들과 오사카 등지에서 일했던 노동자 그리고 중국공산당 팔로군 출신의 좌익 과격분자 등이 많았다고 한다. 또한 제주도에 남로당 세력이 침투하여 사회주의 운동을 하던 좌익세력과 합세하여 순박하고 선량한 제주도민을 규합선동, 좌파 세력을 확산, 제주도민 중 약 6만 명이 남로당에 가입하기에 이르렀다.

　1945년 9월, 남한 내 미군정이 시작되자 제주도에서도 좌우익세력이 충돌하였다. 4·3사건 당시 남로당계 도지사 박경훈은 인민 투쟁위원장이었고 제주 읍장이 부위원장, 각 면장이 면 투쟁위원장이 되어 사실상 남로당에 의해 제주도가 장악되다시피 하였다. 1948년 2월 남한만의 단독 총선이 결정되자 남로당은 이를 보이콧한 후 중앙 치안력이 못 미치는 제주도를 무장 폭동 적합 장소로 택했다고도 볼 수 있다.

사돈 남 말,

사건 과정

미군정이 시작된 지 9개월 만인 1946년 8월 1일부로 제주도는 행정구역상 전남에서 분리되어 군(郡)에서 도(道)로 승격되었다. 1946년 11월 제주도에는 가장 늦게 모슬포에 국방 경비대 9연대가 창설되었지만 모병의 어려움으로 9연대는 1947년 6월에 연대라는 대호에 겨우 1개 대대 병력 정도였다. 또한 9연대 내부에는 남로당 프락치들이 많이 들어와 있었다. 당시 좌익세력은 1947년 1월 공산당이라는 이름을 쓰지 않고 민족통일 애국 청년회로 명칭을 바꾸어 본격적으로 활동을 하였으며 이념이 무엇인지도 모른 채 마을 사람 대부분이 남로당에 가입하였다. 헌병대, 정보기관, 경찰관과 극소수 우파세력을 제외하고 대부분이 인민위원회 세력하에 들어갔다.

우파로는 1946년 3월에 결성된 대한 독립 촉성 연맹 제주도 지부와 1947년 2월에 결성한 광복 청년회 제주지부가 있었는데, 동년 10월에 대동청년단으로 통합되었다. 우파단체는 마을 단위까지 조직화된 인민위원회에 비해 늦게 출범하고 세력도 미미하였다.

3·1운동 28주년을 계기로 제주 북 초등학교에서 약 10만여 명이 모였으며 이들은 모스크바 3상 회의 지지, 남조선 과도 정부 반대, 미군의 철수 등을 외쳤다. 그러다 시위 도중 발포 사건이 발생, 6명이 사망하고 다수의 부상자가 발생하는 등 사건이 폭발·확대되었다. 남로당은 이 사건을 계기로 제주지역 166개 단체를 선동하여 3

월 10일 총파업을 단행하였다. 당시 경무부장 조병옥은 총파업에 가담한 경찰 66명을 파면하고 미군정은 제주 군정장관에 베로스 중령을 임명하였다. 남로당은 1948년 2월 전국당원 30만 명을 동원하여 전국적으로 전쟁을 방불케 하는 폭동을 일으키고 남조선 단독정부 수립 반대, 미군 소련군 동시 철수, 이승만 김성수 친일파 타도, 단독선거를 요구했다. 또한, 제주지역에서는 경찰서 습격, 순찰 경찰 생매장, 지서장 살해 등을 감행하였다. 당시 미군정 보고서에 의하면 남로당 폭도들은 경찰간부와 고위 공무원을 암살하고 경찰 무기를 탈취하라는 지침이 발표되었다. 4·3사건 직전 남로당 제주도당은 2월 20일경 폭동을 결정하고 군사부를 신설하여 4·3작전을 수립하였다. 이들은 한라산 지대에 과거 일본이 사용하던 동굴과 남겨 논 무기를 사용하면서 상호간에는 봉화(烽火)를 이용하는 계획까지 수립하였다.

4·3 폭동 거사

남로당 폭도들은 1948년 인민유격대라는 이름 하에 남로당원 김달삼의 지휘로 89개의 봉화를 신호로 제주도 24개 파출소 중 14개를 일제히 공격하였다. 이에 애월 지서장은 머리가 톱으로 잘렸고 일부 경찰은 목이 잘렸으며 총에 맞아 죽고 죽창에 찔리고 가족이 살해되기도 하였다. 남로당 인민유격대는 반공선무활동을 하던 서북청년단 숙소와 대동청년단을 습격하여 우익 인사들을 살해하였다.

당시 모든 학교는 폐쇄되었으며 개교와 취학은 혁명이 승리하고 인민공화국이 승리한 후라고 단정하였다. 폭도들의 무장병력은 500명이고 부화 노동자가 1,000여 명이다. 미군정은 4·3사건을 진압하기 위해 5월 5일에는 '제주도 비상경비 사령부'를 설치하였다. 이어서 미군정은 즉각 각 도로부터 차출한 대규모의 군대, 경찰, 서북청년단 등 반공단체를 증파하였다. 여기에 맞서는 제주도 주민들은 한라산으로 들어가 인민 유격대를 조직하고 대항하였다. 무장대는 경찰과 서북청년단 등 극우 반공청년단체의 진압에 대한 반감과 저항, 남한 단독선거·단독정부 반대와 조국의 통일 독립, 반미구국투쟁을 무장 항쟁의 기치로 내세웠다. 4·3 사건으로 제주도 일부 지역에서는 5·10 총선거가 실시되지 못하고 연기되었다.

평가

이 사건은 1948년 4월 3일 남로당 반란 세력들이 경찰서 및 지서 12개를 일제히 공격함으로써 사건이 시작된 이래 1954년 9월 21일 한라산 금족 지역이 전면 개방될 때까지 사실상 6년 6개월간 유혈 사태로 비화, 좌익반동에 의해 일어난 비극적 사건이다. 제주도 진압 작전에서 전사한 군인은 180명 내외로 추정된다. 또 경찰 전사자는 140명으로 파악되고 있다. 제주 4·3 사건은 토벌과정에서 2만 5천~3만 명의 양민학살 피해자를 냈다. 결국 당시 상황은 현재의 잣대로 과잉 진압의 논란이 되고 있지만 제주도가 남로당에 의해 접수되었다면 그 결과는 우리가 상상하기 힘든 지경에 빠졌을 수도 있을 것이다. 결국 이 사건으로 양민의 커다란 피해가 있었다. 이를 옹호해서는 안 될 것이다. 하지만 좌우가 충돌하여 부득이하게 비극적인 사건이 발생했다는 점도 감안해야 한다. 4·3사건으로 인해 6개월 뒤 여순사건이 발생했다. 여수 주둔 14연대 하사관들이 제주 토벌 출동 명령을 거부하여 일어났다. 초급장교나 하사관 세 명 중 한 명꼴로 좌익이었을 정도로 그 당시 실상은 충격적이었다. 이들 반란 세력에 의해 국가가 전복되었다면 오늘의 대한민국이 존재할 수 있을지 상상하기 어렵다.

　노무현 전 대통령에 이어 문재인 대통령이 금년에 제주를 직접 찾아 '항구적인 평화와 인권을 향한 열망'이 4·3사건이라고 자평하고 4·3사건을 '낡은 이념의 굴절된 눈'으로 진실을 외면하는 사람들이 있다고 힐난했다. 사건에 실체를 국가원수가 너무 한쪽으로 경사된 시각으로 보고 있는 건 아닌지 우려스럽다. 지난 4월 7일 주말에도 광화문에서 좌파 단체들이 '4·3은 학살이고, 주범은 미국'이라는 과격한 구호를 외쳤다. 미 대사관을 찾아가 사죄를 요구하고, 이적단체 범민련 등이 합세 '통일방해 내정간섭 미국 규탄대회'도 열었다. 북핵 위기의 속에서 사건의 실체를 호도하면서 동맹을 극렬 비난하는 이러한 행태는 여기가 북한이 아닌지 자문해보는 지경에 이르렀다. 마치 천안함이나, 세월호 사건과 같이 본질이 변질될지 우려스럽다.

사돈 남 말,

적폐청산,
정보인들에게 너무 가혹하다

<문화일보> (2018.05.11.)

이른바 적폐 청산이라는 이름으로 국가정보원은 물론 전직들의 모임인 양지회까지 댓글 사건 때문에 지난해 8월부터 검찰의 압수 수색과 구속 기소가 이어지고 있다. 더구나 보수 정권에서 원장을 지냈던 수장들은 특수활동비를 청와대에 상납한 이유로 구속돼 고초를 겪고 있다. '적폐'라는 이름으로 180여 명이나 조사를 받았다. 이 중 35명이 재판에 회부, 선고를 기다리고 있다. 국정원 창설 이래 최대 시련이다. 더구나 전직 시절에 있었던 가물가물 잊어진 일을 가지고 구속이나 기소된 전·현직들은 참담하기 이를 데 없다.

국정원 전·현직의 수난은 정권이 바뀔 때마다 있어 왔고 사법처리는 진보 정권에서 대부분 이뤄졌다. 저빌을 한다면 조직 책임지만 처빌하면 될 일인데, 지위고히를 막론하고 진행됐다. 이번 댓글 사건은 정치 개입보다는 '다음 아고라'나 '오유' 사이트 등에서 좌파 및 친북 인물들의 활동이 도를 넘고 북한의 대남 심리전 활동과도 유사한 행태를 보여 개입한 것으로 이해된다.

하지만 검찰은 선거 개입이나 국고 손실과 정치활동에 초점을 맞추고 있다. 국정원 전·현직들은 재직 시 일로 사법처리될 경우 신분상의 불이익이 크다. 가장 큰 불이익은 퇴직연금 불이익이다. 공무원연금법 제64조는 공무원이 재직 중 사유로 금고 이상의 형을 받거나 탄핵 징계에 의해 처벌될 경우에는 연금이 절반으로 감액된다. 자격정지까지 받게 돼 선거권도 박탈된다. 재판을 받는 대다수 전·현직은 자의든 타의든 대개 3심까지 가야 하는데, 그 경우 변호사 비용이 만만치 않게 든다. 평생 몸과 마음을 바쳐 공무원 생활을 하면서 노후를 대비해 모아두었던 얼마 안 되는 저축이 변호사 비용으로 몽땅 들어가고 그것으로도 모자라 집을 팔아서 해결하는 경우도 있다.

정보인들은 모두 최초 입사할 때 '지득한 정보는 무덤까지 가지고 간다'는 '모토'로 교육을 받는다. 그런데 이번에 조사를 받은 전·현직들은 검찰에 불려가 국정원의 '모토'대로 비밀활동에 대해 밝힐 수 없다는 점을 설명하는 경우도 있었다. 하지만 검찰은 국정원 서버에서 뽑은 비밀 자료를 들이대면서 사실관계를 확인하는 모습을 보였다. 검찰이 국정원 감찰실에 파견돼 모든 자료를 통제하고 이를 검찰청 검찰수사팀에 제공했다. 이는 다른 나라 정보기관에서는 상상할 수 없는 일이다. 세계 어느 나라 정보기관에서도 이런 사례가 있었다고 들어본 적이 없다. 이는 앞으로 다른 나라와의 정보 협력에 치명적이다.

국정원 적폐청산 TF팀은 비밀취급 인가도 받지 않고 국정원 문건을 보다가 문제가 되자 서둘러 비밀취급 인가를 받는 해프닝도 있었다. 또, 최근 징역 5년과 자격정지 3년이 구형된 이헌수 기조실장은 법정 증언에서, 특활비는 과거에는 더 많은 금액이 책정됐으며, 오래전부터 내려온 관행이라고 했다. 정보기관이 경찰 등 합

사돈 남 말,

법 기관과 다른 점은 합법과 비합법 활동을 넘나들기 때문이다.

최근의 드루킹 사건이나 진보 진영에 대한 불리한 판결이 나오면 여론몰이 식으로 집중 댓글 공격이 이어진다. 법치를 흔드는 이러한 행태는 국정원 댓글 사건과 비교할 때 그 죄가 결코 작지 않다. 하지만 어찌 된 일인지 관대하다. 한풀이식이 되면 그다음 정권에 부메랑으로 이어져 편 가르기가 끝이 보이지 않게 된다. 음지에서 일하다 더 깜깜한 밤중으로 가버린 정보인들에 대한 적폐 처벌 잣대는 너무 지나치다고 본다.

국정원의 댓글 공작 수사·재판 방해 혐의로 재판을 받고 있는 남재준 전 국정원장도 지난 8일 재판정에서 부하 직원들의 조국에 대한 헌신과 충정, 열정을 참작해 관대한 처분을 내려 달라고 호소한 바 있다.

2017~2018년

황당한 北식당 기획 탈북설

〈문화일보〉 (2016.06.01.)

———

   통일부는 지난 4월 8일 중국 내 북한 식당에서 근무하던 북한인 종업원들의 집단 귀순을 발표했다. 현재 이들은 국내 북한이탈주민보호센터에 수용돼 정착을 준비하고 있다.

   그런데 최근 '민주사회를 위한 변호사모임'(민변·民辯) 소속 변호사들이 중국 내 북한 식당 종업원들의 자진 탈북에 의혹을 제기하면서 이들에 대해 '변호사 접견'을 허용해야 한다고 주장하고 나섰다. 민변은 지난 5월 24일 북한 식당 종업원 13명의 자진 탈북에 대한 '인신구제 청구서'를 법원에 제출했다. '인신구제 청구'란 위법한 행정 처분이나, 타의에 의해 시설에 부당하게 수용돼 있는 사람들의 석방을 법원에 요구하는 것을 말한다. 민변 소속의 한 변호사는 자신의 페이스북에, 식당 지배인이 공금을 횡령해 귀순해 왔다며 정부의 합동신문 중단과 공개 기자회견 및 인권 단체의 진상 조사를 요구했다.

   그러나 그동안의 언론 보도와 중국 측 발표, 북한의 주장 등을

사돈 남 말,

종합하면 민변의 주장에 의구심을 갖게 된다. 탈북자들의 귀순 동기와 관련, 언론과 정부 발표를 종합하면 이들은 해외 식당에서 틈틈이 한국의 TV 드라마, 영화, 인터넷을 보면서 북한의 거짓 선전과 대한민국의 실상을 알게 됐고, 한국으로 오는 데 서로 마음이 통해 누구도 반대하지 않았다고 한다. 이들이 체류했던 중국 정부도 이례적으로 루캉(陸慷) 외교부 대변인의 정례 브리핑을 통해 "당국에 확인한 결과 이들이 합법적인 신분증을 갖고 4월 6일 새벽 중국에서 외국으로 출국한 사실을 확인했다"고 밝혔다.

이처럼 북한의 해외 식당 종업원 13명이 집단 탈출해 귀순한 사건에 대해 중국 정부의 공식 입장이 나온 것은 이번이 처음이다. 중국 정부는 이들이 동남아시아 국가가 아닌 중국에서 근무하던 사람들이란 점도 확인시켰다. 이는 북한이나 민변이 주장하는 것처럼 국가정보원이 납치한 게 아님을 확실히 보여주는 증거다. 정보통신이 고도로 발달한 오늘, 한두 명도 아니고 집단 납치를 어떻게 할 수 있겠는가. 또, 이들이 한국으로 오기까지 몇 차례 출입국을 했는데, 이 과정에서 자신의 의사에 반한다며 소란이라도 피웠다면 민감한 언론에서 납치극으로 대서특필했을 것 아닌가. 더구나 북한의 우방인 중국이 우리 측 납치라면 이들에게 어떻게 출국을 허용했겠는가.

이들의 귀순 시점과 관련해서도, 지난 4·13 총선을 앞두고 여당에 유리한 북풍성(北風性) 탈북을 국정원이 기획했을 가능성을 시사했다. 하지만 그동안 국정원은 과거에 대한 트라우마로 수없이 곤욕을 겪었다. 그런 만큼 국정원이 선거와 연관되는 일을 했다면 여당이나 권부에서부터 결코 이를 방관하지 않았을 것이다.

이들이 난민이기 때문에 '변호인 접견 대상'이라는 주장도 따져 봐야 한다. '북한이탈주민보호센터'는 '북한이탈주민의 보호 및 정착 지원에 관한 법률'에 근거해 설치됐다. 이곳은 범죄 피의자를 구금하는 구치소와는 다른 시설이다. 변호사 신분인 인권보호관이 상시 탈북자들을 면담하고 종사자들의 불법·위법 행위가 있었는지를 항상 확인하게 돼 있다. 국회 정보위원회는 종업원 20명 중 7명은 자유의사에 따라 잔류했고, 13명만 왔음을 확인했다. 이들이 일방적으로 강압과 회유에 의해 탈북한 것이라면 야당에서 강력하게 추궁하는 등 그냥 넘어가지 않았을 것이다.

대한민국의 인권 단체라면 북한 정치범수용소 수용자와 국군포로의 접견을 요구하거나 한국인 억류자 송환을 북측에 요구해야 마땅하다. 그리고 정부도 탈북자 3만 명 시대에 걸맞게 북한의 거짓 협박에 당당히 대응해 나가야 한다.

사돈 남 말,

북한 비핵화의 어두운 그림자

<데일리NK> (2018.05.24.)

문재인 대통령과 도널드 트럼프 미국 대통령이 22일 오후(현지시간) 백악관 오벌오피스에서 열린 단독회담에서 기자들의 질문에 답하고 있다. /사진=연합

다가오는 6·12 미북정상회담을 논의하기 위해 문재인 대통령이 도널드 트럼프 미국 대통령을 만났다. 하지만 이 회담에서 트럼프 대통령은 최근 북한 태도에 대해 반신반의하는 태도를 보였다. 회담이 이루어진다고 해도 실질적인 비핵화에 대해선 결코 믿음이 가지 않는다는 분위기다. 북한의 태도 여하에 따라 판을 엎을 수도 있다는 경고 섞인 보도가 미국의 워싱턴포스트나 뉴욕타임스지 등에서 나오고 있다. 트럼프 정부 관리들은 김정은이 지난 4월 남북정상회담 개최 이후 보다 터프한 입장으로 선회한 것으로 보고 있다. 트럼프 대통령은 김정은이 시진핑 중국 국가주석과 2차 회담을 한 이후 태도를 바꿨다고 진단하고 있다.

지난 3월 김정은이 갑작스럽게 중국은 방문했을 때 트럼프 대통

령이 상당히 당혹해했다고 한다. 당시 트럼프 대통령은 국가안보회의에서 화를 냈는데 중국 정부는 사전에 김정은의 방문을 백악관에 알리지도 않았다는 것이다. 여기에다 최근에 북한은 미북회담을 앞두고 대미 비난을 강화하면서 비핵화 의지에 대한 의구심이 일고 있다.

최근 김계관 외무성 제1부상은 담화문에서 "트럼프 행정부가 지난 기간 조미대화가 진행될 때마다 볼턴과 같은 자들 때문에 우여곡절을 겪지 않으면 안 되었던 과거사를 망각하고 리비아 핵포기 방식이요 뭐요 하는 말을 따른다면, 앞으로 조미(북미)수뇌회담을 비롯한 전반적인 조미관계 전망이 어떻게 되리라는 것은 불 보듯 명백하다"는 식으로 비난했다.

또한 북한은 최근 내부 매체를 동원하여 비난 막말을 쏟아내고 있다. "볼튼은 그동안 못된 짓을 저질러 '인간쓰레기' '피에 주린 흡혈귀' '흉측한 인간'"으로 매도하고 있다. 협상을 앞둔 당사자라고 보기 어려운 모습을 지속적으로 보이고 있는 것이다.

김정은은 4·27 남북 정상회담 때 직접 북한의 함경북도 길주군 풍계리 핵실험장 폐쇄에 대해 문재인 대통령에게 "핵실험장을 5월 중 폐쇄하고 한미 전문가와 언론인들을 초청하겠다"고 했었다. 그런데 이 약속을 지키지 않고 전문가는 물론 우리 기자를 빼놓았다가 느닷없이 한미정상회담이 끝나자 우리 기자단의 방북을 허용했다. 명백한 갈지자 행보다.

과거 남북 기본합의서나 9·19 합의, 2·13 합의는 헌신짝 차버린 그들의 태도를 차치하더라도 판문점선언 이후 북한의 모습에서 이들을 믿고 무슨 협상이 될지 우려스럽기만 하다. 지난 5월 16일 이미 합의한 남북 고위 회담에서도 개시 10시간 전에 무기 연기를 일방적으로 통보했다. 북한은 진행 중이던 한미 연례 공중 훈련과 태영호 전 공사 발언 등을 트집 잡았다. 과거 그들이 전형적으로 보여주었던 태도로 회담을 깬 것이다. 그러나 한미 훈련은 지난 3월 김정은이 정상회담 합의차 방북(訪北)한 한국 특사단에 '예년 수준이라면 이해한다'고 했던 사안이다. 우리 정부는 북을 자극할까 봐 B-52 폭격기가 오는 것까지 막았다. 그런데도 북한은 또 일방적으로 남북 고위회담을 무산시켰다.

또한 판문점 선언에서 '8·15 이산가족 상봉 행사'에도 합의했다. 하지만 행사 준비는커녕 집단 탈북한 여종업원 북송(北送)과 이산가족 상봉을 사실상 연계하고 있어 기대와는 멀어지고 있다. 결국 상봉 행사를 안 하겠다는 소리로 비인도적인 그들의 실체를 재차 드러내고 있다.

미국의 마이크 폼페이오 국무장관은 최근 방북해 억류된 미국인을 본토로 데려왔지만, 북한은 우리 국민 송환에 대해서는 입도 벙긋하지 않는다. 또한 6·15 정상회담 행사를 같이 치르기로 했으나 남측 관계자에게 초청장을 보내주지 않아 예정된 방북이 무산되기도 했다.

또한 우리 정부의 태도도 문제로 지적된다. 통일부 장관은 풍계리 핵실험장 폐기 행사에 대한 우리 기자단 방북 무산이 "유감스럽다"면서도 "비핵화 초기 조치인 풍계리 폐기가 예정대로 진행되고 있는 점은 주목한다"고 했다. 여기에 청와대 관계자도 "북한의 태도에 대해 우리가 좀 이해하는 방향으로 고민하고 있다"고 했다. 모두 북한의 비위 맞추는 말만 하고 있다.

여기에 중국이 시진핑-김정은과 2차에 걸친 정상회담 후 수출입 재개, 인력 송출 허용 등 북한에 뒷문을 열어주고 있다는 보도도 나오고 있어 제재가 허술해지고 있다는 우려가 제기된다.

종합해 보면 미북정상회담이 성사된다고 할지라도 북한의 태도 변화 가능성은 오히려 하락하고 있는 것으로 보인다. 우리 정부는 남북관계의 성과를 내기 위한 움직임에만 급급할 게 아니라 북한 비핵화와 정상국가화 유도에 대한 정확한 원칙부터 바로 세워야 할 것이다.

사돈 남 말,

스스로 무장해제,
필패의 지름길이다

〈데일리NK〉(2018.08.11.)

미북 및 남북정상회담 이후 우리 정부가 무장해제를 시사하는 조치를 연속적으로 발표하면서 지식인들 사이에 국가안보에 우려스러운 목소리가 높아지고 있다.

북한이 남북 및 미북 정상회담에도 불구하고 핵미사일 개발을 중단하지 않았음이 유엔 안전보장이사회 보고서를 통해서도 거듭 확인됐다. 최근 언론을 통해 공개된 안보리 산하 대북 제재위원회 전문가 패널의 보고서에 따르면, 올해 1~5월 북한은 표면적으로는 비핵화 의향을 피력하면서도 내부적으로는 핵물질 생산 및 미사일 개발을 지속해왔다. 이 기간에 89건의 불법 환적으로 석유 제품을 140만 배럴 조달하는 등 대북 제재를 회피했다고 적시했다.

북한은 핵실험장 폐쇄나 대륙간탄도미사일(ICBM) 발사대 해체 등의 조치를 취했지만 이는 여전히 비핵화와는 무관한 이벤트성 연출이라는 의구심의 목소리가 뜨겁다. 미국은 오히려 대북 금융 활동 연루 혐의로 러시아 은행 등 4곳을 제재하는 등 다시 북한에

47

대한 고삐를 더 죄고 있다.

상황이 이런데도 문재인 정부는 남북 교류와 종전선언에 치중한다. 게다가 북한산 석탄 수입에 대해 미온적 태도로 일관해 한국이 대북 제재의 '구멍'을 내고 있다는 불신을 자초하고 있다. 정부는 지난해 10월 북한산 추정 석탄이 남동발전 등에 수입된 정황을 파악하고도 합당한 조치를 취하지 않았고, 그 석탄을 실어 나른 선박들은 최근에도 이렇다 할 제지 없이 드나들었다. 제재를 철저히 지키는 데 앞장서야 할 한국이 미국과 엇박자를 치고 있어 한미 동맹을 스스로 약화시키는 꼴이 되고 있다. 최악의 상황을 가정해 보면 우리 기업이 제재 대상에 오르게 될 수 있다.

프레데리크 데클레르크 전 남아프리카공화국 대통령(82세)은 이른바 '남아공식 해법'을 만든 인물이다. 1990년대 초 국제사회의 보상 없이 자발적으로 신속한 핵 폐기를 추진했던 남아공은 비핵화의 모범 사례로 꼽힌다. 남아공은 핵무기 제조에 성공한 후 이를 스스로 폐기한 유일한 국가다. 국내 언론과 인터뷰한 그는 "북한도 의지만 있다면 단기간 내 비핵화가 가능할 것"이라고 단언했다. 직접 핵을 폐기한 그의 경험은 북핵 폐기 과정에도 시사하는 바가 크다. 김정은 국무위원장도 마음먹으면 당장이라도 비핵화가 가능하다는 이야기다.

미북 정상회담 이후 빠른 속도로 추진될 것이라 예상됐던 북한의 비핵화는 예상과는 다른 방향으로 전개되고 있다. 우선 폼페이

사돈 남 말,

오 미 국무장관이 3차 방북을 하였지만 김 위원장도 만나지 못하고 돌아왔고, 볼튼 미국 백악관 안보 보좌관은 '1년 내 비핵화'라는 말은 미북 정상회담이 아니라 남북정상회담에서 나온 용어라고 밝히는 등 냉소적인 발언을 서슴지 않고 있다.

최근 문재인 정부의 외교안보통일 분야 정책 자문을 제공하는 몇몇 학자가 참여해 작성한 통일부 용역 보고서의 주요 내용을 보면 북한 핵(核)의 동결 단계에서 종전선언, 개성공단 재가동, 금강산관광사업 재개, 남북 및 미북 연락사무소 개설 등을 추진해야 한다는 주장이 나왔다. 남북, 주변국과 아세안을 엮는 '가교국가전략(MLSS)'을 추진해서 평화·번영·통일을 달성하자는 것이다. 연구자들은 MLSS를 효과적으로 추진하기 위해서는 비핵화와 연계해야 한다고 주장했다. MLSS의 시발점인 비핵화는 동결단계에서 종전선언, 개성공단 재가동 등의 조치와 폐기단계에서는 평화체제 수립, 미북 대사관 교환, 대북 제재 전면 해제 등을 추진해 나가는 것을 제시하고 있다.

여기서 동결은 북한이 핵과 미사일 능력을 현재 상태 그대로 보유하고 있는 것을 의미한다. 신고와 검증이 빠진 동결 상태에서 비핵화는 있을 수 없다. 결국 비핵화는 꼬리를 내리면서 북한과 대화의 틀을 유지하자는 식이 아닌지 의구심이 든다. 만약 그렇다면 이는 북한이 바라는 인도 파키스탄식 핵보유 방식으로 가는 길을 열어 놓는 셈이 된다.

문 정부는 연내 종전선언을 목표로 서두르는 모양새를 취하고 있다. 조급증에 걸린 대북정책은 실패하기 쉽다. 비핵화의 어떠한 세부 담보나 분석 검토도 없이 밀어붙이기만 한다면 우리의 안보는 나락으로 떨어지기 쉽다. 연례 한미합동 군사훈련인 키리졸브나 독수리훈련 등은 중지되고 우리 자체의 을지 프리덤 가디언 훈련도 보류되었다.

북한군 병력은 우리의 약 2배인 118만 명이다. 여기에 병사의 복무 기간 10~12년도 여전하다. 북한군은 10여 년 동안 휴가도 제대로 없이, 주야장천 우리 군에 대응한 사격명중 훈련을 포함한 고난도·고강도의 체력단련·살생훈련·사상교육 등을 받는다. 이에 대응한 우리국방개혁 2.0 계획은 2022년까지 병력을 50만 명 수준으로 감축하고, 병사 복무 기간도 단계적으로 18개월까지 단축한다고 한다. 비무장지대 (MDL)에 GP도 철수한다는 계획까지 세우고 있다. 스스로 국방력을 현저히 약화시키고 있는 셈이다. 변화가 없는 북한에 대응해 우리 정부는 무엇을 믿고 이러는지 의문스럽다.

북한을 믿고 평화를 앞세워 우리의 국방력을 약화시킨다는 것은 스스로 패배를 조장하는 일이다. 검증 없는 풍계리 핵실험장과 동창리 미사일 발사장 폐기는 결코 비핵화 조치가 아닐 것이다. 강한 전력과 안보를 바탕으로 북한과 맞서야 제대로 된 대응 방안도 구축할 수 있을 것이다.

사돈 남 말,

정보기관 무력화 노린 '기획 탈북' 주장

〈문화일보〉 (2018.08.13.)

최근 토마스 오헤아 킨타나 유엔 북한인권 특별보고관이 기자회견에서 "2016년 4월 탈북한 유경식당 여종업원들 중 일부를 만났는데, 탈북 당시 어디로 가는지 알지 못하는 상태로 한국에 오게됐다니 철저한 조사가 필요하다"고 언급한 것과 관련해 또다시 정보기관 기획 탈북설이 일고 있다. 최근 일부 언론에서도 국가정보원의 기획 탈북 의혹을 다시 보도하면서 2016년 4월 제20대 국회의원을 선출하는 총선을 엿새 앞두고 발생한 이 사건이 선거에 영향을 미치기 위한 게 아니었느냐는 의혹을 제기하고 있다.

하지만 통일부는 이에 대해 날북한 유경식당 여종업원들은 자유의사에 따라 입국한 것으로, 기획 입국한 게 아니라는 종전의 공식 입장을 재확인했다. 관계 당국은 이에 대해 여종업원들을 인솔해온 식당 지배인 허강일 씨가 자신들의 탈북 보상이 만족할만한 수준이 아니라고 불평하는 과정에서 발생한 것으로 본다고밝혔다.

논란의 중심에 있는 지배인 허 씨는 언론과의 인터뷰에서 "원래 나는 국가정보원의 협력자였다"며 "국정원 측에 정보도 가져다줬다"고 덧붙여 의혹을 증폭시켰다. 그러면서 "국정원 측이 종업원들을 데리고 오면 내게 한국 국적을 취득하게 해 주고, 동남아시아에 국정원 아지트로 쓸 수 있는 식당을 하나 차려주겠다며 거기서 종업원들과 같이 식당을 운영하라고 꼬드겼다"며 국정원의 기획 탈북설을 주장했다. 허 씨 측은 "종업원들을 데리고 올 때 한국에 오지 않으면 그동안 국정원에 협력했던 사실을 북한대사관에 폭로하겠다고 국정원 관계자가 협박했다"고도 했다.

이에 대해 국정원의 전직 고위 당국자는, 원래 유경식당 종업원 탈북은 국정원이 한 게 아니고, 국군정보사가 현지에서 식당 출입을 하면서 허 씨를 접촉하던 중 허 씨가 탈북 의사를 밝혀 추진했다며 국정원은 관계가 없다고 했다. 다만, 정보사 측이 자신들은 국내로 호송하기 어렵다며 도움을 요청해 호송을 지원했을 뿐이라고 덧붙였다. 객관적 정황을 보더라도, 자의적인 탈북 의사가 없는, 한두 명도 아닌 13명이라는 많은 인원을 중국에서 국내로 호송한다는 건 불가능하다.

허 씨 측은 국정원 측이 협박과 위계로 유인했다고 주장하지만, 일단 탈북한 사람은 보호 대상인데 어떻게 제3국으로 보내 식당을 운영케 할 수 있는지 앞뒤가 맞지 않는다. 폐쇄된 북한도 아니고, 자유롭게 한국에 대한 정보를 접할 수 있는 중국에서 이들이 이런 꾐에 넘어갔다는 건 이해가 안 된다. 현 정부도 그동안 기획 탈북설에 대해 "종업원들은 자발적인 의사에 따라 입국했다"고 거듭 밝

사돈 남 말,

했다. 통일부 대변인 역시 "전 정부에서 진행한 일이긴 하지만, 제3국에 체류하는 동안 이들의 입국 희망 여부를 확인한 것으로 안다"고 밝힌 바 있다. 게다가 현 정부와 전 정부의 탈북자 정책에 차이가 있음을 안 허 씨가 이를 교묘히 이용하려는 건 아닌가 하는 의심도 없지 않다.

이번 기획 탈북설 주장이, 3만여 북한 이탈 주민의 재북 가족에 대한 북한 당국의 강압적 조사를 강화시키는 결과로 이어질 우려도 없지 않다. 또한, 향후 자유를 찾아 탈출하려는 북한 주민들의 희망을 절망으로 만드는 행위는 아닌지도 걱정된다. 더욱이, 북한이 억류하고 있는 한국인들과 이들 탈북자의 교환 제의설 등 정치적 의도까지도 염려된다. 허 씨 외의 유경식당 종업원들은 진정한 자유의사에 따라 정착한 우리 국민이다. 따라서 이들을 북송한다는 것은 어불성설이며, 이들을 불안하게 해서도 안 된다. 가뜩이나 현 정부의 '적폐 청산' 작업으로 위축된 정보기관을 기획 탈북설로 매도하는 일은 중지돼야 한다.

흑금성 활동은 '공작'과는 거리가 멀다

<데일리NK> (2018.09.10.)

최근 흑금성 활동을 픽션으로 <공작>이라는 영화가 나와 사실관계가 어떤지 세간에 관심이 높다. 각 언론사는 일반영화와는 다른 한국판 첩보 영화라는 점에 흑금성에 대한 직접 인터뷰 등 각종 보도를 쏟아내고 있다. 하지만 필자는 이 사업을 다루었던 핸들러(handler)로서 지나치게 과장된 부분이 있다고 본다.

흑금성은 안기부(국가안전기획부, 현 국가정보원)가 90년대에 박채서 씨를 일시 고용, 대북수집활동 임무를 부여하면서 흑금성이라고 명명하였다. 공작기관들은 많은 에이전트가 있어 얼른 기억하기 좋으라고 이와 같이 이름을 붙인다.

일반적으로 비밀 공작활동은 공작을 핸들링하는 핸들러와 공작관이 있고 여기에 고용되어 활동하는 공작원이 있다. 흑금성의 경우는 공작원, 즉 에이전트로 채용되어 4년 정도 활동하였다. 채용기간 중 대북활동은 미미한 정도였으며 다만 그가 97년 대선 당시 대북 수익사업인 광고업체 아자 커뮤니케이션을 운영하면서 중국 베이징(北京)이나 평양에서 북한 요원들을 만나 한국 선거정국에 관한 대응 정도를 파악하는 부분이 있어 관심을 가진 정도다.

사돈 남 말,

대북 공작활동은 북한 심층부의 동향과 남북 전쟁 발발에 대비한 조기경보를 파악하는 것이 가장 중요한 임무다. 흑금성 본인은 97년 대선 기간 중 북한 보위부 소속 북측 지도원인 '이철'이라는 인물을 접선해 우리 정치권에 대한 북측 동향을 파악하는 데 집중하였다.

공작원에 채용되는 동기는 여러 가지가 있지만 일단 채용되면 조직에 충성하고 보안을 철저히 지키는 것이 기본적 임무다. 하지만 흑금성은 채용 후 국내 정치권 접촉과 개인 사업에 치중하여 공작관이 통제하기 어려웠던 인물로 기억된다. 흑금성은 동료인 박기영 씨와 공동으로 아자 커뮤니케이션이라는 광고 회사를 설립하여 북한의 명승지 등을 촬영, 국내 광고대상업체 및 방송사와 연결하여 광고 사업을 하는 데 더 집중하였다.

당시 북한은 외화 부족과 어려운 경제 사정으로 보위부뿐만 아니라 대남사업부, 대외경제 사업부, 심지어 황장엽 씨가 재직하였던 김일성종합대학 등 각 기관이 자급자족 형식으로 외화벌이를 하면서 남측 인사들을 만나 달러를 유인하는 사업에 올인 하였다. 북한공작기관은 여기에 편승하여 대선 당시 베이징에 캠핀스키 호텔이나 장성호텔에 나와 남측 인사들을 만났다.

이들은 여당과 야당 인사 그리고 유력 재미교포들을 집중적으로 만나면서 남한 대선정국 동향을 파악하였다. 만나는 북한 인물 중에는 '이철'이라는 가명을 쓴 인물들이 많았다. 물론 그들이 소속을 실제로 이야기하는 경우도 있지만 대부분 가장 신분을 대곤 했다.

흑금성은 보위부 소속 이철이나 강덕순을 통해 당시 국내 선거 정국에서 대통령 후보로 나온 이회창, 김대중, 이인제 후보에 대한 북측의 입장과 동향을 파악하였지만 공작원이라는 신분을 망각하고 국내 정치권에 선을 댄 대북 활동에서 나오는 북측의 기도와 첩보를 김대중 후보 진영인 국민회의 측 선거대책 본부 인물들에 제공하는 등 공작 일탈(逸脫)을 하였다.

핸들러나 공작관 입장에서 사업을 계속한다는 것이 힘들었다. 특히 당시 군사분계선에서 북측이 남측에 총을 쏴 안보적 긴장을 조성해 선거에 여당에 유리하게 해 달라는 총풍은 청와대 A비서관이 기획시도했으나 실현되지 않은 것으로, 당시 안기부와는 전혀 무관하다.

영화에서 김정일을 만났다는 부분도 공작본부에 전혀 보고되지 않아 인정하기 어렵다. 흑금성은 자신이 안기부에 서기관급 공작원으로 채용되었다고 하는데 공작원은 성과 실적을 중시하는 것이지 직급이라는 것은 존재하지 않는다.

또한 일부 언론에서 흑금성이 북한에 우리 작전계획이나 야전교범을 북측에 제공한 것에 대해 변호사 등이 나와 법률적으로 그의 간첩활동을 부정하는 듯한 모습도 비친다. 다만 북한의 경우는 일반 인민학교나 고등 중학교 교재도 비밀에 준해 배포선까지 찍어서 관리한다. 이에 비해 이는 지나치게 법리적 관점에만 치중하는 것으로 보여 우려스럽기만 하다.

흑금성이 모 학군단 교관으로 있다가 정보사로 전입, 한미 합동 공작에 종사하는 등 자신의 과거 활동을 밝혔지만 정보사 흑금성의 국군 정보사 옛 동료들은 공작관으로 근무한 것은 짧은 기간이

라 전문성의 의문을 제기하고 있다. 이처럼 대북공작 기본원칙에
비추어 흑금성의 활동을 공작으로 보기에는 거리가 멀다.

文·金 공조가 한·미 동맹보다 우선인가

<문화일보> (2018.10.26.)

정부가 지난 9월 평양 정상회담을 계기로 체결한 판문점선언 군사 분야 이행 합의서, 평양공동선언의 합의서 비준, 남북한 철도 연결 등 일방통행식으로 앞서가 미국과 삐걱거리는 파열음이 여기저기서 들린다. 이로 인해 제재를 무시하고 북한을 마치 동맹 이상의 파트너로 생각하는 듯해 안보를 우려하는 목소리가 커지고 있다.

특히, 최근 정부가 9·19 남북 군사 분야 합의를 국회의 동의 없이 행정부만의 비준 절차를 거친 것과 관련, '위헌 소지가 있는 데다 한·미 동맹을 무시한 일방통행식'이라는 비판이 고조되고 있다. 그리고 문재인 대통령은 최근 프랑스를 방문, 에마뉘엘 마크롱 대통령과 회담할 때 "대북 제재 완화를 통해 비핵화를 더욱 촉진해야 한다"며 유엔 안전보장이사회 상임이사국 프랑스가 이 같은 역할을 해 달라고 요청했다. 문 대통령은 또 "김정은 북한 국무위원장은 미국이 상응하는 조치를 취해줄 경우 핵과 미사일 실험 중단과 생산 시설의 폐기뿐만 아니라, 현재 보유 중인 핵무기와 핵물질 모두를 폐기할 용의가 있다"고 밝혔다.

하지만 마크롱 대통령은 "프랑스는 북한 비핵화에 대해 완전하고 불가역적이며 검증 가능한(CVID) 프로세스가 시작되기를 희망한다"고 입장을 분명히 밝혔다. 문 대통령이 유럽 순방 중 만난 외국 국가원수들도 비슷한 입장이었다. 현 정부 들어 북한이 주적(主敵)이라는 말이 아예 사라지고 있지만, 북한은 분명히 제1의 위협 세력이다. 비핵화 제재에 북한의 동맹이라고 할 수 있는 중국과 러시아가 국제 공조를 와해시키는 와중에, 북한 동맹과 같은 말을 대외적으로 하는 것은 국제 공조를 스스로 허무는 행위나 다름없다. 북한의 실질적 비핵화가 전혀 이뤄지지 않은 현 상황에서는 국제 공조가 우선이다.

얼마 전 평양에서 열린 '10·4 공동선언 11주년' 기념행사에서 이해찬 더불어민주당 대표 방북 당시 김영남 최고인민회의 상임위원장이 그의 일행 앞에서 "김대중 선생의 숭고한 뜻을 받들어서 통일 위업 성취에 남녘 동포도 힘을 합쳐 보수타파 운동에 동참" 운운했다. 이 대표는 북한 정치인들과 만난 자리에서 "우리가 정권을 빼앗기면 또 못하기 때문에 제가 살아 있는 한 절내 안 뺏기게 된단히 마음먹고 있다"며 보수 진영을 남북 공동의 적(敵)으로 보는 듯이 말했다.

아웅산 폭파 사건, 천안함 폭침, 연평도 포격, 1·2차 연평해전 등 수많은 무력 도발을 일삼은 북한 정권보다 어떻게 보수 세력이 더 타파의 대상이 되는가? 최근 북한 노동신문은 '남녘 땅 곳곳에서 경애하는 원수님을 전설 속의 천재, 소탈하고 예절 바르신 지도자, 덕망 높으신 지도자 등으로 칭송하는 목소리가 그칠 새 없이 울려 나오고 있다'고 보도했다. 마치 한국민이 김정은 정권을 흠모하는 양 호도하고 있다. 북한 정권 창건 이래 김 씨 체제 유지를 위해 수많은 도발로 많은 우리 국민이 희생돼 그들의 영령이 구천에서 떠돌고 있고, 그들의 유가족도 여전히 고통받고 있다.

또, 이 대표와 함께 방북했던 송영길 민주당 의원은 "북한은 행복한 나라를 만들겠다는 가족주의적인 나라"라며 "핵 개발 덕분에 북한 경제가 좋아졌다"고도 했다. 북한 선전선동부 요원이 하는 말인지 분간이 안 된다. 이 말은 '한국전쟁의 기원(The Origins of the Korean War)'을 쓴 미국 좌파학자 브루스 커밍스가 북한 사회를, 수령은 인민의 호주로 주민은 수족으로 한 가부장적 유교 집단으로 보는 '가족 중심적 조합주의'라고 보는 커밍스 이론을 염두에 둔 것으로 보인다.

이러한 말들은 우리 내부 분열이나 동맹을 해치는 언행인 만큼 자제해야 마땅하다.

사돈 남 말,

광화문서 "백두 칭송", 이대로 그냥 둬도 되나

〈데일리NK〉 (2018.11.19.)

우리 헌법 총강 1조에는 대한민국은 "민주공화국"이다라고 선언하고 있다. 또한 4조는 "자유 민주적 기본질서에 입각한 평화적 통일정책을 수립 추진한다"고 되어 있다. 이 말은 대한민국의 자유를 위한 권리를 행사하기 위해서는 국가와 국민이 국체를 보존하고 지켜야 할 의무를 다해야 한다는 말이다. 그래야 우리는 민주공화국임을 스스로 자처 할 수 있다는 의미다. 즉 국가는 우리의 국체를 전복하려는 외부 세력으로부터 보호해야 할 의무가 있다. 그러나 최근에 돌아가는 나라꼴이 점점 이상해지고 있다. 2차에 걸친 남북 정상회담 후 마치 이 나라가 북한 독재정권의 종속국이라도 된 것인 양 대한민국이 존재하는 한 있어서는 안 될 금도의 단체가 등장하고 평양에서나 볼 수 있는 구호를 외치면서 공공연히 김정은 환영 회원을 모집하고 있다. 좌파 13개 단체 회원 70여 명이 7일 서울 광화문에서 김정은 서울 방문을 환영하는 조직을 결성하고 환영단을 모집한다고 한다. 이들은 김정일 환영 남북 정상의 백두산 등정을 기념한다고 표방하면서 "김정은 만세"를 외쳤다. 조직 이름부터 "백두칭송위원회"라고 했다. 남북 순수 화해 차원이 아닌 이른바 김 씨 왕조의 '백두 혈통'을 칭송한다는 의도다. 김일성이 중국의 동북항일연군 시절 백두산을 거점으로 그의 처 김정숙과 함께 활동을 한데서 나온 말이다. 김정일 시대에도 김정일을 '광명성'이라고 호칭하면서 김정일의 실제 출생지가 연해주임에도 불구하고 북한의 모든 매체와 주민을 동원하여 백두산 밀영에서 태어났다고 선전하였다.

백두혈통은 김정일 집권 이후 체제 선전 도구로 활용된 말이다. 백두산의 한 봉우리를 깎아서 '정일봉'이란 이름을 붙이고, 생가를 만드는 등 가짜를 진짜로 성역화 하였다. 아들 김정은도 역시 후계 체제의 정통성 명분을 백두혈통서 찾고 있다. 현재 백두혈통으로 김정은, 김정철, 김여정, 김한솔, 김경희 등이 해당한다. 백두혈통만이 '혁명 위업의 계승자'는 물론 김 씨 정권의 정통이 될 수 있다는 논리다.

"백두칭송위원회"는 선언문에서 김정은 방한을 "자주 통일을 위해 어떤 희생도 감수하겠다는 진정 어린 모습에 우리 국민 모두 감동했다"고 했다. 어리석기 짝이 없는 표현이다. 김일성이 일으킨 6·25 전쟁 이후 폐허의 한국은 반공을 국시로 현재까지 이만큼 발전을 이룬 나라가 되었고 북한은 유례를 찾아볼 수 없는 최빈국이 되었다. 만약에 우리가 김 씨 정권에 복속되었다면 김일성 동상 앞에서 사교적 신도가 되어 매일 같이 그의 사상을 암기하면서 총화라는 굴레 아래 광신적 충견 노예가 되었을 것이다.

'백두칭송위원회' 중 한 단체인 한국대학생진보연합은 지난 8월 '태영호 체포 결사대'를 만들고 협박 전화와 이메일을 보내는 방법 등으로 태영호공사를 협박하고 그의 강연을 막았다. 태 전 공사는

사돈 남 말,

지난달 국회에서 "이들을 막을 현행법이 없다"며 신변 문제를 호소하는 정도에 무법 천지가 되었다. 북 주민을 노예로 짓밟는 독재자는 칭송받고 참혹한 북한 진실을 밝히려는 탈북자는 협박당하는 일이 서울 심장부에서 벌어지고 있는 비참한 현실이 되었다. 분명히 이들 배후에는 북한의 조종을 받는 프락치가 있을 것으로 보여진다.

이와 같은 지경에 이른 것은 현 정권의 책임이 크다. 남북관계에만 몰두한 나머지 핵미사일 개발 등에서 대변인적 언급을 하거나 제재 등을 완화하라는 국제사회의 요구를 동문서답식으로 일관하는 정책 노선이 이러한 결과를 가져왔다고 보여진다. 이들 극좌세력은 "김정은 만세"를 외치고 우리를 위해 6·25 전쟁에서 4만 명이라는 미군을 희생시킨 미국 대사관 앞에서 매일 반미 시위가 벌어지고 있다.

김정은은 고모부를 고사총으로 박살 내 죽이고 이복형을 외국 공항에서 화학무기로 암살했다. 당군정 인물들을 자신이 마음에 안 들면 인민의 공적으로 죄를 만들어 공개처형을 밥 먹듯이 한 인물이다. 북 주민 전체가 70년 김 씨 왕조의 노예로 살았고 15만 이상이 수용소에서 짐승 취급을 당하고 있다. 김 씨 정권의 무지막지한 압제 통지에 유엔 북한인권 결의인이 5년 연속 '책임자 처벌'을 권고하고 있다. 협상 상대인 김정은이 한국을 방문한다면 남북 정상회담의 기본적인 의전 정도만 필요할 뿐이다.

우리가 자유민주 체제를 포기하지 않는 이상 김정은 집단을 칭송할 수는 없다. 한, 미, 미북 정상회담을 거치면서 마치 이 땅에 비핵화가 이루어져 평화가 찾아온 것으로 우리 국민이 착각에서

방황을 하고 있다. 결코 핵미사일은 김 씨 체제를 지키는 북한 정권의 보검으로 비핵화란 말은 남북. 미북정상회담에도 불구 이제 그들의 노리개에 불과하다. 이 정권은 곳곳에서 무장 해제를 하고 있다. 김정은의 금수와 같은 행위를 가리워주고 '솔직 담백' '예의 바른 인물이라고 추켜세우기도 하였다. 이대로 흘러간다면 '광화문 김정은 만세'에서 시위대 폭탄이 되어 청와대 권부로 향할지도 우려된다. 현 정부는 좌파 정권이라고 하지만 이들 극단세력을 발본색원하여 국체를 보존할 의무가 있다.

사돈 남 말,

2019~
2020년

방남에 하지 말아야 할 5가지

〈데일리NK〉 (2018.12.06.)

북한 김정은의 연내 한국 방문 가능성이 무르익어 가고 있다. 일 각에서는 내년 초 북미정상회담이 이뤄지기 전 비핵화 로드맵과 관련한 논의 필요성을 고려한다면 연내 답방 가능성도 작지는 않 다고 보고 있다. 이와 관련, 문재인 대통령은 G20 회의가 끝난 뒤 "김정은 위원장의 답방 자체가 이뤄지는 게 매우 중요하다" "모든 국민이 쌍수로 환영해 줄 것이라 믿는다"고 언급, 관심을 집중시키 고 있다. 다만 정부는 김정은의 방남 시 반드시 해야 할 일과 하지 말아야 할 일이 있다는 점을 간과해서는 안 될 것이다.

먼저 우리는 모든 남북 협력을 비핵화와 연결해야 한다는 점을 잊지 말아야 한다. 한미 정상과 김정은이 회담을 하였음에도 불구 하고 비핵화의 핵심인 북한의 핵시설에 대한 구체적인 신고나 폐기 계획은 아직 나오지 않고 있다. 이런 상황에서 외교력을 동원해 제 재 완화나 김의 방남에만 열을 올려서는 안 된다는 것이다. 남북 철도 및 도로 연결보수 등도 마찬가지다. 거액의 재원이 드는 SOC 사업은 미국과 공조, 비핵화와 제재의 속도를 맞추어 나가야 한다.

사돈 남 말,

하지 말아야 할 일은 더 중요하다. 정리해 보자면 첫째, 방남 선물이라고 하여 군비축소나 방위력을 허무는 더 이상의 군사적 양보는 절대로 해서도 안 된다. 안보에 너무 많이 양보하여 한반도 유사시 안보위협 수위가 한계가 이르렀다는 일각의 지적도 새겨들어야 한다는 것이다. 또한 5·24조치 해제나 금강산 관광 재개 협의도 반드시 비핵화 진전에 따라 추진되어야 한다.

둘째, 김정은이 방남한다고 하여 이에 대한 답례라면서 인공기를 흔들게 해서는 안 된다. 문재인 대통령이 9월 방북할 때 한반도기와 북한 인공기는 보였지만 평양 거리에는 태극기는 눈을 씻고 보아도 보이질 않았다. 또한, 인공기를 흔든다면 6·25 전몰 장병들과 북한의 도발로 희생된 군경 및 희생자들에 대한 모독이 될 수 있다. 김정은 방문 환영 행사를 진행하거나 과한 용어가 삽입된 환영 현수막을 내걸면 안 될 것이다.

이와 관련 최근 김정은 방남과 관련 평양에서나 볼 수 있는 '백두칭송위원회', '위인맞이 환영단'이라는 단체가 '김정은 만세' 구호를 외치면서 공공연히 김정은 남한 방문 환영 회원을 모집한다고 한다. '위인맞이 환영단'이라는 단체는 노골적으로 '나는 공산당이 좋아요'라는 말로 우리의 국헌을 문란 시키고 있다.

셋째, 김정은의 남한 방문지에 대해서도 과도하게 신경 쓰면 안된다. 예를 들어 제주도를 방문한다고 해서 백록담에 헬기장을 급조한다면 이는 과도한 움직임이 될 수 있다. 북측의 백두산은 김정일 시대부터 김 씨 체제 우상화를 위해 정일봉과 귀틀집 백두산 밀영 등을 만들고 삼지연 비행장 등을 설치한 것이지 우리 대통령의 방문을 위한 의도는 아니었다. 즉, 김정은에 대한 방남 의전은 일반적 외국 국가원수의 청와대 예방 의전 정도면 된다.

넷째, 대규모 대북투자나 재벌동원 등 경제 원조를 약속해서는 안 된다. 이는 실현 가능성이 희박한 것으로 불신의 벽만 높아지는 역효과로 작용할 수 있다. 더구나 경제 상황이 안 좋은 상황에서 기업인들을 동원한다면 결국 이들에게 경협 약속 부담감만 안겨주는 꼴이 될 수 있다.

마지막으로 종전선언이나 평화협정, 주한미군 철수 등은 미국과 긴밀한 협의가 필요한 사안으로 일방적으로 북한과 합의를 이루어서는 안 된다. 허위와 기만의 김 씨 일가에 대한 국민 반감이 여전히 높지만, 미래 한반도 통일 분위기를 조성하고 전현직 대통령들의 방북에 대한 답례인 점을 고려, 굳이 방남을 반대할 이유는 없다. 하지만 도를 넘는 환영 행사나 답례 선물은 남남갈등의 골만 깊어지는 결과로 이어질 수 있다.

사돈 남 말,

민노총은
대한민국의 민주주의를 해쳐서는 안 된다

〈데일리NK〉 (2019.01.18.)

문재인 대통령이 최근 강하게 요구했던 노사정 대화 복귀가 부결됐다. 이들은 정기대의원 대회를 열고 경제사회노동위원회 참여를 주요 안건으로 표결을 벌렸지만 우선 참여, 조건부 참여, 무조건 불참 등을 모두 부결시키고 나 홀로 길을 걷고 있다. 민노총 김명환 위원장은 최근 문재인 대통령 접촉 후 다소 타협적인 자세로 나왔지만 결국 대의원 회의에서 이를 거부 했다. 김명환 위원장은 스스로도 지난 1월 2일 신년사에서 재벌과 보수 언론, 수구 정치 세력과 경제관료가 우리 사회 진짜 적폐 세력이라고 전제하고 국가보안법 폐지와 주한미군철수를 주장하면서 내년도 총선에도 관여하겠다는 뜻을 분명히 했다.

이들의 주장은 소위 북한 독재 정권의 대남 선전선농인 '노동계급과 자본가 계급의 계급투쟁을 실현하여 노동계급의 승리' 의지를 확고히 한 것이다. 민노총 주장은 오히려 북한보다 더 노골적이라 대한민국의 앞날이 심히 우려스럽다. 민노총은 조합원이 84만 명이나 되는 거대한 조직으로 민족 해방을 모토로 한 NL계인 국민파가 절대적 영향력을 행사하고 있다. NL계는 주사파의 주류로 그동안 친북, 반미 민족주의를 표방해왔다. 여기에다 대한민국을 전복시키려는 국사범까지 석방시키라고 하니 이들의 정체는 무엇인가?

지난 2015년 1월 22일 대법원은 "이석기는 2013년 5월 두 차례 모임을 통해 전쟁 발발 시 북한에 동조해 대한민국 체제를 전복할 준비 방안으로 구체적인 장소까지 거론하며 통신·유류·철도·가스 등 국가 기간 시설을 타격하는 방법 및 무기 제조와 탈취, 협조자 포섭 등을 논의했다"는 범죄 행위로 9년형을 최종 선고한 바 있다. 당시 판결이 있던 주말 서울 도심에서는 이석기 석방을 요구하는 집회가 열렸지만 극소수가 참석했다. 그러나 문재인 정권이 집권하면서 최근의 민노총을 중심으로 이 숫자는 2만 명으로 불어났다.

국사범 이석기 석방을 요구한 민노총 집회는 최근 민중당, 민노총 산하 건설노조, 전국학교비정규직노조 조합원 등이 대거 동원되었다. 지난해 말 민노총 집회에서는 안동섭 전 통진당 사무총장 등이 이석기의 옥중 서신 대독을 했다. 이석기는 문재인 정부의 "진보·개혁을 바라는 민중의 뜻을 받들어야 하고 누구의 눈치를 볼 것이 아니라 오직 민중의 힘을 믿고, 촛불의 힘으로 나아가야 한다"고 했다.

결국 이석기는 자신의 국가전복 기도 반성보다는 민중혁명 이념 사고의 변함이 없다는 점을 과시했고 그가 시도했던 RO 민중혁명을 아직도 꿈꾸고 있는 셈이다. 과거 민노총의 정치세력은 민노당이고 민노당은 다시 통진당으로 탈변하였으며 이석기의 경기 동부 연합과 이정희가 민노당을 장악했었다. 통진당이 해산된 후 잔재 세력이 민중당을 창당하여 민노총과 연대활동을 하고 있다. 이후

사돈 남 말,

통진당의 헌재 해산판결로 잔존 세력이 민중당을 만들었다.

민노당 출신의 또 다른 줄기는 민중민주주의 PD 계열로 심상정 의원이 대표적 인물이다. 문재인 정권의 제1기 참모의 중추인 임종석 대통령 비서실장과, 백원우 민정비서관, 한병도 정무비서관 그리고 행정관들 중에도 NL계 출신이 다수포진, 이들은 모두 전대협 출신들이다. 현 청와대는 비서관들이 500여 명이 된다고 하며 이들 중 60여 명이 주사파 출신이다. 민노총은 NL계 외에 좌파의 또 다른 한 축인 PD계가 가세하고 있다.

최근 민노총은 노조 근본 정신이나 활동을 망각하고 모든 분야에 관여하고 있는 추세로 변질되고 있다. 민노총이 이념적 지류인 친북좌파 급진 백두칭송위원회 등 각종 급진 좌파 세력과 연합하여 이석기류의 국사범 석방 요구나 공안기관을 점령하는 등 법치와 안보를 무너트리면 북한이 바라는 연방제 통일이 현실화될 것이 불 보듯 하여 강력한 대처가 요망된다.

미북회담 결렬은 어설픈 합의보다 낫다

〈데일리NK〉 (2019.02.10.)

　2차 미북회담이 아무런 성과 없이 결렬되었다. 오랫동안 북한을 연구해온 대부분의 북한연구가들이 북한의 비핵화는 결코 성공할 수 없다는 예측이 그대로 현실로 나타났다. 북한을 비핵화한다는 것은 한마디로 연목구어(緣木求魚)다. 김정은은 이번에도 제2, 제3의 핵 시설물을 숨기고 껍데기 영변 핵시설물을 가지고 속임수로 미 측과 비핵화 포카판을 벌려 제재를 해제하려 했지만 실패한 것이다. 문재인 대통령이 미북회담 결렬 후 역할이 더 중요해졌다고 하나 이제 그 역할은 이미 보여준 것과 같이 한계가 있다는 것을 스스로 깨달아야 할 것이다. 결코 한국이 균형자 역할을 을 할 수 없고 중재자 노릇도 가능하지 않다는 것이 증명되었다. 더 늦기 전에 북한 문제는 정책의 우선순위에서 접고 경제문제에 올인하는 것이 바람직한 일이다.

　북한은 그들의 말대로 핵은 체제를 지켜주는 보검과 같은 존재로 이를 포기한다는 것은 김 씨 체제를 포기한다는 것과 다름없다. 그들은 헌법보다 상위법이라고 할 수 있는 노동당 규약에서 핵경제 병진정책을 명문화하고 있다. 김 씨 정권이 북한에 존재하는

사돈 남 말,

한 비핵화도 통일도 이루는 것이 결코 망상에 불과하다. 1차 회담과 같이 어정쩡한 회담을 한후 2차 합의문을 발표한다면 제재만 풀어주고 북한의 기만 살려주는 꼴이 되었을 것이다.

이번의 트럼프 대통령이 회담 기간 중 국내 문제로 회담에 걸림돌도 있었지만 회담 중단을 선언하고 귀국한 것은 국가의 장래를 보아서는 좌고우면할 수 있는 기회로 오히려 잘된 측면이 있다. 어설픈 종전선언이나 평화선언을 하여 대규모 북한 기간시설이나 인프라 지원을 한다면 이는 피땀 흘려 긁어모은 국민의 세금을 아무런 성과도 없는 평화라는 명목으로 인권도 자유도 없는 메마른 사막지대에 뿌려 버리는 무모한 결과를 가져올 수 있기 때문이다.

양식 있는 국민들이 지난해 9.19 군사회담으로 너무나 많은 양보를 하였다고 우려를 하고 있다. 우리의 안보가 극도로 약화된 상황에서 어설픈 미·북 합의로 비핵화는 뒤로한 채 제재만을 푼다면 본말이 전도된 패착으로 판이 끝날 수 있기 때문이다. 많은 언론에서 핵무기를 보유한 나라가 핵을 포기한 경우는 없다고 실례를 들지만 남아공은 핵을 포기한 유일한 나라다. 따라서 북한도 김정은의 결심만 있으면 언제든 핵을 포기할 수 있다. 이제 북한의 비핵화는 지난 25년간 미국을 중심으로 안보리에서 많은 제재조치를 하였지만 결코 비핵화는 이루어지지 않았다.

향후 우리가 해야 할 길은 우리도 핵무장이 필요하다는 것이다. 남북한 핵균형이 없으면 북한의 핵위협과 공갈을 우리는 늘 머리에 이고 살아야 한다. 핵무장을 하려면 NPT에서 탈퇴, 유엔 안보리 위반에 대한 제재 감수, 미국·중국과의 관계 악화 그리고 주변국 문제들로, 많은 난관을 겪어야 한다. 또 우리 내부의 남남갈등이 현재와 같이 첨예화한 상태에서는 쉬운 일이 아니다. 하지만 트럼프 대통령은 2016년 3월 대선 기간 중 한국과 일본의 핵무장을 허용할 수 있다는 의미의 말을 한 적이 있다. 한국, 일본이 북한과 중국의 위협에 맞서기 위해 미국의 핵우산에 기대는 것보다 독자적으로 핵무기를 보유하도록 허용하는 것에 관대해야 할 것이라고 말한 적이 있다. 미국 내 비판이 나오자 한동안 이런 언급이 사라졌었다.

자체 핵무장이 어렵다면 미국의 카터 정권 당시 철수시킨 핵무기를 미 측과 협의 다시 들여오는 방법이 비교적 가능할 것이다. 우리의 경우는 많은 군사전문가들이 지적한 대로 미국이 자신들의 국토를 보호하기 위해 폐기 협상 대상인 장거리 미사일(ICBM)이 아니라 북한의 단거리 미사일이나 중거리 미사일(IRBM)이 최대 위협이다. 이제 북한이 개발한 핵무기를 이들 미사일에 장착해 우리를 공격한다면 북한의 핵무기는 우리에게 가장 취약한 직접 당사국이다. 회담 결렬 후 미북회담의 불씨를 살리기 위해 한·미 국방장관이 키리졸브 훈련이나 독수리 훈련을 다른 이름으로 대폭 축소한다고 발표하여 한미 동맹의 해체 수순으로 가는 것이 아닌지 우려스럽다. 널뛰듯 하는 트럼프 대통령의 성격상 미래를 예측할 수 없다. 우리 정부는 평화는 안보가 뒷받침되어야 온다는 진리를 잊지 말아야 한다.

김정은의 지갑이 말라가는 지금이 기회다

<조선일보> (2019.03.20.)

북한 김정은은 집권 초 자신이 쓸 수 있는 비서실 자금이 예상보다 적은 것을 보고 의아해하면서 "영감(김정일) 때도 이랬나"라고 물었다고 한다. 김정은은 중국에 석탄을 수출하는 군 산하 54부 사업을 고모부 장성택이 행정부로 돌려놓은 것을 알고 격분했고, 그것이 장성택 처형의 단초가 됐다.

김정은은 김정일로부터 물려받은 통치 자금 40억~50억 달러(약 3조 8,000억~5조 6,300억 원)로 핵과 미사일을 개발하고, 고급 승용차, 요트, 주류, 명품 의류·장신구, 고가 식자재 등을 사들여 부하들의 충성도에 따라 살포했다. 또 평양 여명거리와 마식령 스키장 등 각종 건설사업과 현지 지도에서 비자금을 동 크게 사용했다. 김정일의 연간 외화 지출 규모가 3억 달러였던 데 반해 김정은은 두 배가량인 6억 달러 정도를 썼다.

북한의 금 수출은 통치 자금을 관리하는 노동당 39호실 독점 사업이고 해외 파견 노동자가 벌어들이는 2조~3조 원의 임금, 해외 식당 운영 수입, 불법 무기 거래 자금, 석탄 수출 등도 비자금의 주요 재원이었다. 그런데 이런 돈줄들이 2016년 이후 다섯 차례의 대북 제재로 막혀 버렸다.

자유아시아방송은 김정은이 집권 8년 동안 비자금을 탕진한 데다 제재로 재원까지 차단돼 39호실 간부들이 자금 부족을 걱정한다고 보도했다. 최근 국가보위성(국정원 격) 간부가 직접 북·중 국경 지역을 방문해 "국가 밀수 무역에 협조하라"는 지시를 내리기까지 했다. 외화벌이가 막힌 북한군 소속 무역회사들은 상당수가 회사 매각 절차에 들어간 것으로 알려졌다. 노동당 39호실 산하 경흥지도국 당위원장 리철호는 지난해 12월 북한 노동당 대내 기관지인 '근로자'(12월호)에 '적대 세력들의 제재 책동'이란 기고문을 통해 노동당 39호실의 외화벌이가 지장을 받고 있다는 사실을 최초 공개하기도 했다.

2005년 미국이 마카오 방코델타아시아(BDA)의 김정일 통치 자금 2,500만 달러를 동결했을 때 6자회담 북한 수석대표 김계관은 "피가 마른다"고 했었다. 북한 체제는 주민 수십만 명이 굶어 죽는 식량난보다 최고 지도자의 통치 자금이 말라붙는 사태를 더 두려워한다. 북한이 제재를 풀어달라고 매달리는 지금이 북핵 폐기의 마지막 기회라고 보고 절대 놓치지 말아야 한다.

사돈 남 말,

대북 식량 지원,
심사숙고의 자세 필요하다

〈데일리NK〉 (2019.05.16.)

우리 정부의 대북 식량 지원 추진 움직임에 대한 각종 우려가 나오고 있다. 일단 근본적으로 북한이 식량난을 겪는 것은 핵·미사일 개발에 모든 재력을 투입하여 농업투자를 소홀히 함으로써 식량난을 해결할 기회를 스스로 포기했기 때문이라는 목소리가 제기된다. 로버타 코헨 전 국무부 인권 담당 부차관보는 12일(현지 시간) "북한의 식량부족은 북한 정권이 저질러진 잘못으로 그들 스스로 책임을 져야 하며 외국의 지원으로 대체하지 말아야 한다"고 했다.

즉 북한의 비료 부족, 후진적 재배 기술, 협동농장 체제, 종묘 사업 부진, 농약 부족 등은 결국 북한 위정자들이 먼저 책임을 지도록 만들어야 한다는 지적이다. 또한 식량 원조를 받는데도 큰소리 쳐 기면서 '받도록 위신을 세워 달라'는 태도만 일관한다면 만성적 식량난에서 영원히 벗어날 수 없다는 점도 깨닫게 유도해야 할 것이다.

또한 이 같은 움직임이 오히려 비핵화 프로세스에 악영향을 미치는 것 아니냐는 지적도 있다. 국제사회가 비핵화를 위해 노력 중인 이 시기에 북핵 피해 제1의 당사국인 한국이 대북 지원을 한다면 제재 목표를 희석시킬 수 있다는 우려다.

아울러 '식량난' 자체에 대한 의구심도 커지고 있다. 데일리NK 등 북한 시장 물가를 추적해온 매체 등에 따르면, 평양과 지방 주요 도시에 쌀값이 오히려 하락하고 있기 때문이다. 또한 지난해 식량이 부족해지자 "북한 당국이 올해 1월 말 2호 창고(군량미 보관 창고)를 열어 시중에 쌀을 풀었다"는 보도도 나온 바 있다. 아울러 일부 전문가들은 "최근 중국과 러시아에서 식량 지원이 들어와 공급량이 증가했다"고 말하고 있다.

세계 식량 농업기구 FAO는 지난해 북한의 곡물 총생산량은 2009년 이후 최저치인 490만t으로 올해 136만t의 곡물 부족이 예상된다고 밝혔지만, 북한 당국이 허용하고 있는 다수의 시장을 간과한 게 아니냐는 지적도 나온다. 북한에서도 이미 시장 원리가 작동하고 있다는 뜻으로, 주민들은 배급이 아닌 시장에서 쌀을 충족하고 있다는 것이다.

식량이 '자급자족' 가능한 상황에 식량 지원을 하면 2호 창고의 빈 공간을 우리가 채우게 되고 결국 핵무기 개발을 안정적으로 돕는 결과를 가져올 수 있다. 또한 태영호 전 영국주재 북한 공사가 지적했듯 '국제 공동체의 식량 지원이 도착할 때마다 북한은 주민들에게 장군님의 선군정치가 가져온 덕분'이라는 체제 선전으로 활용될 가능성도 있다. 김정은에게 모든 공이 돌아가고 체제 안정이 되면, 더욱이 핵(核)을 포기할 이유가 없어진다고 할 수 있다.

사돈 남 말,

특히 핵 개발을 김일성 시대부터 3대에 걸쳐 해오면서, 한편으로는 이를 속이고 각종 지원을 받아온 정권이라는 점도 염두에 둬야 한다. 세계 최빈국인 북한이 김씨 체제 유지를 위해 수억 달러가 드는 핵실험과 군비증강에만 몰두, 세계여론에 스스로 등을 돌렸다는 점도 간과해서는 안 된다.

이와 연관되어 북한이 미사일을 잇따라 발사하고 얼마 되지 않았다는 점도 잊지 말아야 한다. 북한에 잘못된 '시그널'을 줄 수 있다는 지적에서 벗어날 수 없는 셈이다. 이런 상황에서 설훈 더불어민주당 최고위원은 식량 지원을 하였으면 미사일 도발을 하지 않았을 것이라고 엉뚱한 말을 하고 있으니, 국민들은 더욱 불안해하는 것이다.

우리를 위협하는 도발자에게 평화 분위기 조성이라는 미명하에 저자세로 일관하는 것은 앞으로 당신들 마음대로 하시고 필요할 때 만나주기만 하면 된다는 말과 같다. 진정한 변화를 이끄는 데 있어 취해야 할 태도는 아니라는 말이다.

일각에서는 북한과 대화를 재개하고 연내 4차 남북정상회담, 3차 미·북 정상회담 등을 기대하면서 내년 총선에서 유리한 고지를 점령하려는 구상에 따라 식량 지원을 서두르고 있다는 우려도 나온다. 이런 식이 되면 김정은의 주가만 올려 주고 안보는 뒷전으로 밀려 북한의 비핵화는 물 건너가게 된다. 이럴 때일수록 심사숙고의 자세가 필요하다.

북한 목선 사건은
이대로 넘어가서는 안 된다

〈데일리NK〉 (2019.06.21)

———

　휴전선 '노크 귀순' 사태를 보면서 대한민국의 군이 어떻게 이 지경이 되었나 심히 우려스러움을 금할 길이 없다. 일찍이 청렴결백한 군인으로 이름난 한신 장군은 5.16 당시 내무장관을 지냈지만, 군으로 돌아가 1군 사령관과 합참의장을 지냈다. 그는 우리의 휴전선을 책임지는 1군 사령관 재임 당시 수시로 최전방 진지를 돌아다니면서 지휘관들에 "싸움에 진 지휘관은 용서할 수 있어도 경계에 실패한 군인은 용서할 수 없다"면서 철통같은 철책선 경계를 강조하였다. 당시만 해도 군에 부패한 일이 많던 시절이라 한신 장군은 이를 예방하기 위해 사전 통보 없이 아무 부대나 불시점검을 하면서 "잘 먹어라, 잘 입혀라, 잘 재우라"라는 말로 경계병들의 사기를 돋우었다. 이런 군인이 있어서 우리는 후방에서 군을 신뢰하면서 편안하게 살 수 있었다.

　로마 시대의 군사전략가인 베게티우스는 "평화를 원하거든 전쟁을 준비하라"는 말을 하였다. 이 말은 평화를 위해선 상대방을 격퇴할 수 있는 군사력을 키우고 전쟁도 불사할 수 있는 능력이 있어야 평화가 보장된다는 말과 일맥상통한다. 일각에서는 우리가 남

　　　사돈 남 말,

북정상회담 이후 마치 이 땅에 평화가 온 것으로 착각하고, 북한을 지나치게 신뢰한 나머지 모든 국방력이 약화되고 있는 것 아니냐는 우려가 나온다. 9.19 군사합의를 통해 한미 합동군사훈련중지, 병역기간 단축, 사단 수를 줄이거나 병력 감축, 서해나 동해에 해안 철책선 철거, 서울 침공의 취약지역인 한강하구 공동어로수역 설정 추진, GP 철수, 지뢰지대 제거, 복무 중의 휴대폰 사용 허용 등 북한은 변한 것이 없는데 남측만 군의 전투력 후퇴, 사기와 정신력을 약화하는 일만을 골라서 하는 것으로 비춰지고 있다. 하지만 북한의 김정은은 최근 미사일 발사 실험을 참관한 뒤 "강력한 힘에 의해서만 평화와 안전이 보장된다"고 했다. 남측은 스스로 군사력을 약화시키는 데 열을 올리고 있는 반면 우리의 주적인 북한은 오히려 대남 공격력을 높이고 있다는 것이다.

'탈북'한 목선은 출발지인 함북 경성 집삼 포구에서 출항 800km 거리나 되고 군사분계선에서 삼척항까지 130km나 되는 거리를 3박 4일간 항해했다. 이를 제대로 식별하지 못했다는 것은 변명이 안 된다. 더구나 경계에 실패한 군이 죄책감도 없이 이 배가 삼척항에 오는 시간에 파고 높이를 허위 발표하여 국민을 우롱하고 있다. 기상청은 파고가 0.4m에서 0.9m로 비교적 잔잔하다고 밝혔음에도, 우리 군은 1.5~2m에 달해 식별이 안 되어 북한 선박임을 파악하지 못했다고 핑계를 댔다. 여기에 군 당국은 최초 조사에서 '북한 어선의 계획적 귀순'임을 알고도 "조업 중 기관 고장으로 표류해서 삼척 인근 해상까지 왔다"고 발표하였다. 북한을 의식한 게 아니냐는 지적이 나온다.

군이나 국가기관에서 제일 큰 죄가 허위보고다. 전쟁 발발 시 허위보고는 곧 적으로부터 패배를 의미한다. 정경두 국방부 장관은 사과문을 발표하면서 허위보고나 은폐가 있었다면 법과 규정에 따라 엄정 처리하겠다고 하였다. 그러나 책임을 질 사람은 국방부 장관 그 자신이다. 경계 소홀의 책임은 자신을 포함하여 관계자 모두가 지겠다고 해도 시원치 않은 이 엄중한 시기에 국민들에게 이해가 가지 않는 사과문을 발표한 셈이다.

최근에 국가안보가 무너지는 모습이 여기저기 나타나고 있다. 국방부가 발행하는 국방일보는 '남북 평화 지키는 것은 군사력이 아닌 대화'라고 타이틀의 기사를 1면에 내걸었다고 한다. 또한 6·25전쟁에서 대한민국 수호를 위해 충성을 다한 백선엽 장군은 만주에서 일군에 있었던 일을 문제 삼아 친일파로 몰면서 오히려 일제하에서 독립운동을 하였다는 것을 구실로 북한창건에 공로자인 김원봉을 군의 뿌리라고 하고 있다. 국군 창설 당시는 군 경험자가 없어 일본군에서 군 지식을 습득한 사람들을 모아 이들이 주축이된 것을 간과하고 있다. 이런 논리라면 창군 당시 군 지식을 제공한 이들이 모두 친일파란 말인가? 조선민주주의인민공화국 창건에 기여하고 김일성 훈장을 받은 김원봉을 국군의 뿌리라고 하면 대한민국은 북한의 파생 국가인가?

안보가 무너지면 국가가 무너진다. 일벌백계로 군을 책임지는 국방부 장관은 물론 '경계 실패' 지휘 라인 모두가 책임을 지고 물러나야 한다. 눈치나 보고 승진이나 생각하는 군은 이 나라에서 존재 가치가 없다.

사돈 남 말,

'南 배반' 동일한 선택 최덕신 일가

〈데일리NK〉 (2019.07.16.)

류미영 전 천도교청우당 중앙위원회 위원장의 아들 최인국 씨가 지난 7일 평양에 도착해 소감을 발표하고 있다. 최 씨는 영주 목적으로 월북했다.

얼마 전 북한에 영구 거주하겠다며 평양으로 간 최인국의 부모는 월북한 남한 인사 가운데 최고위급에 오른 전 한국 외무부 장관 최덕신·류미영 부부다. 최덕신은 2남 3녀를 두었는데 최인국은 차남이다. 최덕신의 부 최동오는 임시정부 법무부장 등을 지냈다. 모친 류미영 전 북한 천도교청우당 중앙위원장은 임시정부 시절 참모총장을 지낸 독립운동가 유동열의 수양딸이다. 유동열은 광복군 참모총장으로 활동했다. 1세대인 최덕신의 아버지 최동오는 1903년 동학에 입교하였으며, 천도교 간부과정과 법정과를 졸업한 후 강도사로 임명되어 평안북도 의주대교구에서 활동하였다. 3·1운동 후 중국 상하이(上海)로 건너가 임시정부에서 활동하였으며, 광복 후 귀국하였다. 6·25 전쟁 때 입북하였고, 1963년 9월 16일 사망하였다.

김일성은 자서전 『세기와 더불어』에서 최동오에 대해 이렇게 적고 있다. 1926년 그의 아버지 김형직이 만주 무송에서 사망 후 오갈 데가 없어 14세 때 아버지 친구들의 권유로 최동오가 운영하는 만주 화성 의숙으로 가서 중학교 과정 학업을 1년 정도 계속하였다고 말이다. 당시 최동오는 김일성의 학업을 지원하였고, 여기서 'ㅌㄷ 제국주의 동맹'을 결성하였다고 한다. 최동오는 6·25 당시 북으로 넘어가 북한에서 장관급 대우를 받은 것으로 전해진다. 김일성과 최동오는 30년 후 북한에서 북한 수상과 재북 평화 통일 촉진협의회 간부로 재회하였다. 여기서 최동오는 1990년 대한민국 건국훈장 독립장 서훈을 받았다. 북한 정권 밑에서 벼슬까지 한 인물에 훈장을 서훈한 것은 문제가 있다고 볼 수 있다.

2세대인 최동오 아들 최덕신은 1945년 해방 후 한국에서 육군사관학교 교장과 제3사단장, 제1군단장을 거쳐 육군 중장으로 예편했다. 하지만 6·25 전쟁 발발과 함께 귀국해 한미 군의 반격이 시작된 9월엔 11사단장을 맡아 경남 일대에서 후방 안정화 작업을 맡게 됐는데 이때 수백 명의 거창 양민학살사건에 연루자로 지탄을 받았다.

1961년 5·16 군사정변으로 박정희 전 대통령이 집권하자 그해 10월 외무부 장관에 임명되었고 1963년부터 4년간 서독주재 대사를 지냈다. 최덕신은 외무장관과 천도교 교령을 지냈지만 천도교 교령 재선에서 박정희 정부의 지원이 미흡한 데 불만을 품고 해외로 이주, 아내 류미영과 함께 1976년 미국으로 이민을 갔다가 1986년

사돈 남 말,

독일에서 북한 국적을 취득했다.

입북 전 민주화운동을 가장한 반정부 활동을 하다 북한으로 넘어가 조국평화통일위원회 부위원장, 천도교청우당 중앙위원장 등으로 활동했으며 1989년 숨졌다. 최덕신은 북한으로 영주하기 전 74년 주서독 한국대사관에 마련된 육영수 여사 빈소에 찾아가 난동을 부리기도 하였다. 처 류미영은 남편 사망 후 천도교청우당 중앙위원장 등을 지냈으며 2000년 8월에는 북한 이산가족 방문단 북측 단장을 맡아 서울을 방문했다. 당시 류미영은 한국에 있던 차남 최인국과 막내딸 최순애 씨를 만나기도 했다. 최덕신·류미영 부부의 장남 최건국은 독일에 거주하다 숨졌으며 세 딸은 현재 외국에 살고 있고 한국에는 최인국만 일정한 직업 없이 살다가 7월 초 월북한 것이다.

최건국은 1942년 중국 충칭에서 태어났다. 서울대 사범대학 부설고등학교 출신이다. 이건희, 홍사덕과 고교 동기다. 서울에서 군대(공군) 제대 후인 1963년 9월부터 독일에 거주해 왔다. 아버지 최덕신이 서독대사로 발령받으면서부터다. 1970년대 중반 삼성전자의 프랑크푸르트 수재원이 되었다가 사직했다. 최건국은 1970년대 후반부터 동백림 사건에 연루된 유학생 출신 인사들과 교류하며 서독 교민을 규합, 한국 민주화운동을 빌미로 반한 활동에 뛰어들었다. 민주사회건설협의회(민건)에 적을 두고 좌파 활동을 했다. 윤이상과 정규명, 송두율, 이종현 전 민건 의장 등 친북 인물이 주요 멤버였다.

2007년 당시 최건국은 오스트리아 빈에 본부를 둔 한민족통일 연구회의 집행위원장이 되었다. 1980년대 후반 북한도 자주 왕래하면서 남북 경제협력 기업인 한백상사 대표로 남북합동 자원개발 사업을 목표로 사업을 했으며 북한이 한백상사에 관광 광고 사업 운영권을 넘기면서 북한을 자주 왕래했다.

최건국은 20여 년 이상 대북 사업을 해왔으나 북한의 대금 미결제 같은 약속 불이행 등으로 인해 매년 적자에 허덕이다 문을 닫았다. 조부 최동오, 부모인 최덕신 부부, 수양 외숙부, 이모 등 다섯 명은 평양 애국열사릉에 묻혀있다. 류미영의 이모 류영준도 항일단체 근우회를 조직했으며 북한에서 최고인민회의 상임위원 등을 역임했다.

최씨 일가는 자신들이 남북한 가장자리에서 민족이나 통일을 위해 일한 독립운동 집안이라고 자찬할 수 있으나, 다른 측면에서 보자면 기회주의자들로 자신들이 유리한 국면에 따라 남북을 오가면서 사리사욕을 채웠다는 비난에서도 자유로울 수 없다. 또한 대한민국에서 잘 나가다 뜻대로 되지 않자 끝내 배반했다는 지적도 끝까지 따라붙을 것이다.

사돈 남 말,

무너진 안보태세를 재정비해야 한다

〈데일리NK〉 (2019.08.02.)

나이 든 어르신네들이 지금 대한민국의 사태가 해방정국부터 6·25가 발발한 시기와 똑같은 모습이라고 개탄하고 있다. 우리 내부는 좌와 우가 나뉘어 극한 대립을 하면서 갈 데까지 가자는 모습이 그렇고 주변 4강에 이해 관계가 첨예하게 되어 전쟁이 다시 일어날 것도 같은 정세가 이어지는 것도 유사하다고 평을 한다. 서울을 자주 왕래하는 재일교포들도 한국은 북한이라는 위협이 코앞에 있는데 너무도 평화 분위기라 이해가 힘든 상황이라고 말들을 한다.

미국의 볼튼 안보보좌관이 한국에 와 있는데 동해 우리 영공을 러시아 중국기가 도발적으로 침범하는 상황이니 이러다가 과거와 같이 북·중·러가 야합하여 전쟁 도발을 한다면 대응이 될지 우려스럽다. 이들 국가는 모두 핵을 가진 국가이지만 우리는 그저 맨손으로 쳐다만 보는 비핵국가다. 한반도 평화의 최대 위협 요인은 북핵임에도 북핵 문제는 지지부진한 협상 속에 북핵 보유가 점차 기정사실화 되어 가고 있다.

트럼프 미 대통령은 내년 미 대선을 의식하여 김정은에게 각종 유화적인 언사로 비핵화 보다는 북한의 핵보유를 묵인하는 선언적인 확장억지력만으로 도발만을 봉합하는 모습을 보여 우리를 난감하게 하고 있는 모습이다. 우리 좌파 세력은 핵문제만 나오면 알레르기 반응을 보이면서 자해하는 말만 쏟아 내니 이들이 우리 국민인지 의심스럽다. 함께 힘을 합쳐도 어려운 판에 우방이라는 일본과는 북한보다 더 적을 지고 싸우고 있으니 도무지 이 나라가 어디로 가려는지 무대책만의 대책으로 가고 있다.

동북아에서 우리의 우호 세력인 일본과는 철천지원수의 길로 치닫고 있고 권부의 있는 관리들은 내년 선거를 의식하여 반일 선동만 하여 인기 영합으로만 가고 있으니 말이다. 우리의 외교력이나 리더십이 이 정도밖에 안되는지 한 치 앞을 가눌 길이 없어 보인다. 일본의 과거는 밉지만 이제 양국은 미래가 더 중요하다.

트럼프는 얼마 전 단거리 북한 탄도미사일 발사에도 어느 나라나 할 수 있는 일이라면서 김정은과 상호 친구 관계로 소통한다면서 대단치 않게 넘어가는 모습에서 모멸감까지 느끼게 한다. 여기에 며칠 전 왔다 간 볼튼 보좌관을 통해 한·미 공동 방위비를 우리 측에 5~6조 이상으로 인상해달라는 요구가 있었다는 말까지 나와 더욱 우리를 우울하게 만들고 있다. 더구나 미·북 중재자 역할을 자임했던 문 대통령은 국가의 안보가 위기에 처해 있는데 아직도 북한 김정은의 태도만 쳐다 고 극일만을 주장하고 있어 너무나 무능해보인다. 여기에 북한은 목선 띄우기 미사일 발사 능력 잠수함 진수 도발로 우리의 안보를 위협하고 있다. 군 극비문서인 '작전계획 5027'의 일부가 중국의 인터넷주소(IP)를 사용하는 해커에 의해 유출됐다고 월간조선이 보도했다.

기가 찰 노릇이다. 논란의 대상인 9.19 군사합의는 북한을 자극한다는 이유로 많은 양보를 하여 북한의 실체를 몰라도 너무나 모른다는 지적이 쏟아져 나오고 있다. 판문점 선언 2조 1항을 보면 "남과 북은 한반도의 모든 공간, 지상·해상·공중에서 군사적 긴장의 원인이 되는 적대 행위를 서로 안 한다"고 돼 있다.

여러 칼럼니스트가 지적한 바와 같이, 이는 적대 행위의 개념을 애매모호하게 표현한 것이다. 결국 북한이 이 말에 동의를 한 것은 한미연합훈련, 한국군 단독 훈련도 긴장을 조성하는 훈련이라고 간주하여 손발을 다 묶기 위한 술책이다. 군의 의무복무 기간을 18개월로 단축하고 병력도 현역 50만 명에 예비역 180만 명, 총 230만 명으로 감축하였다. 더욱 웃기는 일은 병력 감축으로 군대를 가고 싶어도 못 가고 제비뽑기를 하여 당첨이 되야 군대를 간다니 말도 안 되는 일을 하고 있다.

반면에 북한은 상응한 조치를 할 것이라는 조짐은 어디에도 없다. 오히려 국방백서에 의하면 북한은 복무 기간 10년인 120만 명의 현역과 770만 명의 준군사 부대를 포함한 총 890만 명의 대군인데도 미사일과 특수전 병력 같은 것들을 계속 늘리고 있다. 여기에 핵무기 양산과 핵탄두 실험을 계속하여 핵능력을 제고시키고 있다. 그나마 다행인 것은 얼마 전 북한정찰총국이 승려로 위장 잠투한 '직파간첩'을 정경학 간첩 검거 9년 만에 붙잡아 안보 당국의 체면치레를 하였다.

북한 인민무력부 정찰국은 천안함 주범 김영철이 2015년까지 6년간 총국장을 한 강성의 대남 공작기관이다 간첩호송을 하던 이 기관이 직파간첩을 보낸 것은 남한의 취약 정보를 수집하여 유사시 활용하려는 의도다. 현재 정찰총국 수장은 장길성이 맡고 있다. 잘 알려진 바와 같이 김영철은 정찰총국장에서 대남공작을 총괄하는 통전부장으로 자리를 옮겨 미·북 회담의 주역으로 활동하였다. 이 정부는 선거 공약인 국정원법 개정을 통해 대공수사기능을 국정원에서 경찰에 이관한다고 한다. 그러나 대공수사기능은 일조일석에 이루어지는 일이 아니다. 오랜 경험의 인적요소, 해외 네트워크, 사이버 능력, 방탐 장비, 암호 해독 능력, 해킹 능력 등 종합수사 능력이 필요해 현상 유지가 최선이다.

북한은 끊임없이 우리의 취약한 안보 상황을 파고들고 있지만 우리는 이와 반대로 평화를 앞세워 군의 경계 능력·방위 능력 약화, 우방국 정보협력 기능 약화, 대공 능력 약화로만 가고 있다. 이해가 안 간다. 현 정부는 이제 김정은에 대한 유화정책을 포기해야 한다. 대북정책에 일대 전환을 하지 않으면 동북아에 어느 누구의 도움이 없는 안보 고아가 될 것이다. 유일한 동맹인 미국의 방위분담금 요구도 슬기롭게 대처하여 첨단 무기 반입에 활용, 방위력 제고로 눈을 돌려야 한다.

차제에 미 국방대학에서 제의한 한미일핵무기 공유협정도 적극 고려할 만하다. 한·일 관계도 길어지면 길어질수록 양국 모두의 손실로 한·일 관계회복에 한 발짝씩 물러나야 한다. 양국의 싸움이 커지면 커질수록 좋아할 사람은 김정은이다. 내년 선거를 의식한 인기 영합보다는 안보 능력 제고와 방위력 집중에 총력을 기울이는 것이 우리의 현실적 안보 대응책이다.

사돈 남 말,

北 '해킹 외화벌이' 대응 강화해야

<문화일보> (2019.08.14.)

유엔 안전보장이사회 산하 대북제재위원회가 최근 안보리에 제출한 보고서에 따르면 북한이 불법 해킹을 통해 국제사회에서 챙겨간 금액이 20억 달러(약 2조 4,400억 원)에 이르는 것으로 분석했다. 특히, 한국의 피해는 전체 35건 중 10건에 이르며 피해액도 수억 달러에 달할 것으로 추정했다. 대북제재위는 이번 피해국이 인도, 방글라데시 등 17개국에 이르며 현재 이를 정밀 조사 중이라고 한다. 북한의 해킹은 2015년 12월부터 올해 5월까지만 집계한 것이다.

북한은 각국의 은행, 암호화폐거래소 등 금융기관을 해킹 대상으로 삼아 무차별 공격을 가했다. 지난봄 미국 연방수사국(FBI)은 북한이 국제사회의 제재 강화로 경제적 타격이 현실화하자 그 탈출구로 사이버 금융기관 공격을 자행하고 있다고 밝힌 바 있다. FBI 사이버범죄 담당 부국장도 "북한 해커의 신원을 밝혀내면, 그들의 목적을 무산시킬 수 있다"면서 북한 국적 해커 '박진혁'의 이름과 얼굴을 공개하고 지명수배를 내렸던 사실을 상기시켰다. 박진혁은 소니 영화사와 방글라데시 중앙은행 해킹, 악성 바이러스 워

너크라이 랜섬웨어 공격을 주도한 것으로 지목된 바 있다.

같은 시기에 국내 보안 전문 기업 이스트 시큐리티도 북한 해커 조직으로 추정되는 '금성 121'이 통일부를 사칭해 '남북 이산가족찾기 전수조사'라는 제목의 이메일로 악성 코드를 목표 전산망에 심어 해킹을 시도했다고 밝혔다. 당시 금성 121이 사용한 IP주소 중 하나인 '175.45.178.133'을 한국인터넷진흥원(KISA)의 주소 검색에서 조회한 결과 '북한 평양시 류경동 보통강구역'으로 나타났다. 최근에는 북한이 국가정보원 국가사이버안전센터를 사칭해 '메일 점검 요청'이라는 제목으로 인터넷 국내 북한 뉴스 매체에 이메일을 발송해 해킹을 시도하기도 했다. 메일에는 '사이버안전센터 사무관입니다. 메일이 해킹되었습니다. 비밀번호 변경하고 메일 점검해 주세요'라는 내용이 담겨 있었다.

지난달 말 워싱턴포스트(WP)는 해킹을 돕는 배후는 미국 정부의 제재를 받고 있는 중국 최대 통신장비회사 화웨이로, 비밀리에 북한의 상업용 무선망 건설 및 유지 작업을 도왔다고 보도했다. 북한 해커들은 한국을 제1의 목표로 삼고 해킹이 가능한 곳이면 전방위로 침투한다. 이들 해킹 집단은 제재가 강화될수록 금융망에 교묘히 침투해 현금 탈취를 노릴 것이다. 특히, 국가기관망, 사회안전망, 상용 포털망, 교통망 등을 목표로 각종 정보를 수집하고 사이버 보안 시스템 무력화를 시도할 것으로 우려된다. 전문가들은 북한 해커가 불리할 경우 트위터 공간에서 계정 폭파 등 사회관계망(SNS) 테러도 예상된다고 분석하고 있어 국가 차원의 대책이 시급하다.

북한의 무차별 사이버 해킹이 언론을 통해 보도됐지만, 정부는

사돈 남 말,

북한을 자극할 것을 우려해 피해 내용도 밝히지 않고 있다. 북한 눈치 보기식 안보 의식은 국가의 재앙적 피해를 초래할 수 있다.

관계 당국은 미국 FBI와 중앙정보국(CIA)은 물론 각국 정보기관 및 보안기관, 국제 금융 당국의 사이버 관련 부서와 협조해 북한의 사이버 침투에 대응해야 한다. 국정원·경찰 등 사이버대응팀은 안보 수사 전문 인력의 능력을 재점검하고 북한 사이버 공작기구의 조직·기술 등을 탐지해 해킹 공격을 차단해야 한다. 그런데 국정원의 국가사이버안전센터는 대통령훈령 제267호 '국가 사이버 안전 관리규정'에 따라 운영되기 때문에 권한이 낮아 사이버 관계 기관 조정 통합이 어렵다. 따라서 이를 법률로 제정해 북한의 사이버 침투에 대비한 통합 조정 대응력 강화가 절실하다.

한·일 지소미아 협정은 원상 복귀되어야 한다

〈계간 북한연구〉(2019년 3분기)

1. 개괄

일본의 화이트리스트 제외 방침에 대해 강하게 반발해온 우리 정부는 지소미아(GSOMIA) 한일군사정보보호협정을 파기하였다. 청와대가 8월 22일 NSC 상임위원회를 열고 한·일 군사정보보호협정(GSOMIA·지소미아)을 파기한다고 발표했다. 청와대는 파기 이유에 대해 일본 정부는 한·일 간 신뢰 훼손으로 우리를 '백색 국가'에서 제외하는 등 안보상 문제가 발생했기 때문이라고 했다.

지소미아는 해방 후 한일 양국이 최초로 맺은 군사협정으로, 지난 2016년 11월 23일 체결하였는데 북한군과 북한 사회 동향, 핵, 미사일 등에 대한 정보를 협정에 따라 공유하고 있다. 이 협정은 1년 단위로 재연장돼야 하며, 종료 90일 전에 어느 한쪽이라도 파기를 통보하면 폐기되며 현재의 협정은 2019 11월 24일 효력이 만료된다. 군사보호협정(GSOMIA)는 General Security of Military Information Agreement의 약자이며 동맹 또는 인접 국가들이 상호간 군사 정보를 제공할 때 제3국으로의 유출방지하기 위해 체결

사돈 남 말,

하는 협정으로 한국은 미국, 프랑스, 영국, 러시아, 중국, 호주, 폴란드, 스페인 등 32개국 및 NATO 등과 협정을 체결하였다. 한일 군사보호협정은 한일 간의 문제가 아니고 이를 오랜 기간 동안 중재한 미국과 관계가 더 중요한 것으로 동 협정체결이 오래 걸린 이유는 지금의 여당인 민주당이 반대해 왔기 때문이다.

미국이 체결을 강조했던 이유는 본 협정을 지키면 생기는 이익은 북한의 핵미사일 위협에 대해서 한미일의 효율적인 공동대처가 가능하여 안보상에 큰 도움이 되기 때문이라고 하였다. 미국은 영상정보(인공위성, 정찰기)가 뛰어나고 일본은 신호정보 수집 정찰기 다수가 북한을 감시하는 우수한 능력을 갖추고 있으며 우리나라는 휴민트가 뛰어나서 이를 종합 분석하면 시너지 효과가 크다고 하였다.

하지만 지난 2019년 8월 2일 일본 정부가 한국을 '화이트리스트(수출심사 우대국)'에서 제외하기로 결정한 뒤 더불어민주당은 "한일 군사정보보호협정(GSOMIA)을 파기하자"는 목소리를 내기 시작하여 이 협정 체결 당시의 반대 분위기가 재현되었다. 일본 각료회의에서 '화이트리스트' 개정안을 의결한 직후 청와대 정의용 안보실장은 국회에서 "상호모순된 입장을 유지하는 국가와 민감한 군사정보를 계속 교환할 수 있는지, 적절한 깃인지 검토가 필요하다"며 "GSOMIA가 없다고 하더라도 한·미·일 3국 간 별도의 정보보호협정이 있기 때문에 필요할 경우 그런 제도도 활용할 수 있다"고도 했다.

하지만 안보 문제를 화이트국가 배제 문제와 결부하여 이와 같은 입장을 내놓는 것은 문제가 있다. 파기 직전 이해찬 민주당 대표는 "이런 상황에서 한일 군사정보보호협정이 과연 의미가 있는가 하는 생각이 든다"고 했다. 이어 이인영 민주당 원내대표도 일본의 경제보복조치는 한국에 대한 경제전쟁 선포하는 경제침약 행위라고 규정했고 당 최고위원회의에서도 일부 의원은 "정부가 당장 한일 GSOMIA부터 파기하기를 주문한다"며 파기를 거들었다. 하지만 미 국방정보국 출신인 브루스 백톨 엔젤로주립대 교수는 대북 정보 부분에서 한국과 일본의 정보 공유가 필수적이라며 동맹 중 한쪽 편을 들 수 있는 중재에 개입하기는 어렵다고 분석했다.

한일군사보호협정을 파기한다는 것은 미국이 관여하고 있는 현 상황에서 한미 동맹에 영향을 줄 수 있으며 만약 이를 파기한다면 미국의 대한 신뢰도를 추락시키게 될 것이다. 결국 파기 후 미국은 즉각적인 거부 반응을 보였다. 데이브 이스트번 미 국방부 대변인은 "깊은 우려와 실망감을 표한다"고 했다. 마이크 폼페이오 미국 국무장관도 한국 정부의 결정에 "실망했다"고 전해졌다. 북한 핵과 미사일의 위협은 한미일이 받고 있으며 가장 크게 영향을 받는 나라가 당연히 한국이다.

따라서 한일 간 감정을 앞세워 이 협정을 파기한다는 것은 가뜩이나 취약해지고 있는 안보 현실을 너무 가볍게 보는 시각으로 한반도 현실을 간과하고 있다. 일본의 정보능력은 우리보다 훨씬 앞서고 있다. 특히 군사정보수집능력은 월등하여 우리가 일본에 의존해야 할 부분이 많다. 일본의 정보 수집능력은 아시아 최강으로 미국의 버금가는 정보수집능력을 보유하고 있다는 점이 간과되어 우려스럽기만 하다.

사돈 남 말,

2. 한·일 지소미아 체결 배경

1989년 당시 노태우 정부는 대북 군사정보 필요성에 따라 먼저 일본에 협정 체결을 제안했지만, 일본은 그다지 관심을 보이지 않았던 것으로 알려졌다.

이명박 정부 들어와 협정이 재추진돼 2012년 6월 성사 직전까지 협정을 논의하는 과정이 비공개로 이뤄진바 이는 진보 좌파측의 반일 감정이 강하고 '밀실 추진' 논란이 제기돼 무산됐었다.

지소미아 재추진이 결정된 것은 박근혜 정부 말기 북한의 4, 5차 핵실험과 잇따른 탄도미사일 도발 속에 한·미·일 안보 공조 필요성이 부각되고 북한 문제를 이유로 한·미·일 3각 공조를 강화해 '대중 봉쇄망'을 강화하려는 미국이 작용했다는 분석도 있었다. 한·미·일 간에는 2014년 말 체결된 정보공유 약정이 존재했지만, 미국은 한일 양국이 직접적인 군사공조 체제를 구축하기를 희망했다. 당시 진보 진영에 강한 반대 여론도 있었지만 2016년 11월 23일 서둘러 체결됐다. '최순실 국정농단 파문'으로 정국이 어수선했던 시절이어서 진보 진영의 '졸속 협상', '매국 협상' 등의 비판이 제기됐다. 당시 가서명 과정에서 한민구 당시 국방상관과 주한 일본대사기 서명 주체로 하였다. 당시 국방부는 협정 서명식도 비공개로 진행했다.

실제 한일 갈등이 지소미아 폐기 등 안보 분야로까지 확전되는 상황을 가장 우려하는 쪽은 미국이다. 미국은 '대중 포위전략'으로 일컬어지는 '아시아 재균형 전략'이나 '인도-태평양 전략'을 추진해 오면서 한미 동맹을 '린치핀'(linchpin)역할을 하고 있다는 점이다.

2019~2020년

최근에도 마크 에스퍼 미국 국방장관은 "이런 종류의 정보 공유가 계속되도록 권장할 것이다. 이것(지소미아)은 우리에게 핵심이다"라고 강조했다. 여기에는 단순히 한쪽과의 동맹에만 의존하는 전략으로는 미국의 목표를 달성하기 어렵다는 판단이 깔려있다. 또 한반도 유사시 주일 미군기지를 거쳐 증원 병력과 군사 물자를 한국에 보낸다는 점에서도 한일 간 군사정보 공유는 꼭 필요하다는 견해였다.

3. 한·일간 지소미아 운영 실태

군 당국은 대체로 지소미아가 상당히 유용하다고 평가한다. 일본으로부터 정보를 받을 수 있게 되면서 대북 정보출처가 다양해지는 만큼 더욱 정확하고 풍부한 정보를 얻을 수 있다는 것이다. 한일의 대북 감시·정보능력은 서로 다른 영역에서 비교우위를 갖고 있다.

한국은 백두, 금강 정찰기를 통해 평양 이남에서 군사분계선(MDL)까지의 군사시설에서 발신되는 무선통신을 감청하고, 각종 영상정보(시긴트·SGINT)를 수집한다. 고위급 탈북자나 중국과 북한에 인적 네트워크도 구축해놓고 있다. 일본의 경우는 과학정보 면에서 대북 정보 수집 및 분석 능력은 미국에 버금간다.

최근 국회에 보고된 국방부 자료에 따르면, 한 일은 지소미아 체결 이후 최근까지 모두 26건의 정보를 교류했다. 2016년 1건, 2017년 19건, 2018년 2건, 2019년 4건(8월 2일까지 포함) 등이다. 교환되

사돈 남 말,

는 정보는 그 자체가 비밀이어서 한일 양측이 누가 어느 쪽에 얼마만큼의 정보를 제공했는지 구체적인 내용은 확인되지 않는다.

군사 분야에서 한국은 일본에 북한에서 발사된 각종 탄도미사일 정보를 주고, 일본은 북한 잠수함 기지 및 잠수함발사탄도미사일 (SLBM) 개발 동향, 핵실험 및 탄도미사일 분석결과 등을 제공한 것으로 알려졌다. 군 당국자는 "상호주의에 의해 정보를 교환한다"고 밝히고 있다. 정보 교환 시 한국은 '군사 II급 비밀', 군사 III급 비밀'로 비밀등급을 표시해 일본에 주고, 일본은 '극비·방위비밀, 비(秘)'로 분류된 정보를 한국에 제공한다. 지소미아는 한일 양국이 북한의 핵·미사일과 관련한 2급 이하 군사비밀 공유를 위해 지켜야 할 보안 원칙들을 담고 있다. 일종의 절차법과 같은 것으로, 상대국에서 받은 군사비밀 등을 해당 국가에서도 비밀로 보호하겠다는 내용이다. 일본은 북한과 가장 가까운 곳에 각종 탐지자산을 둔 한국과의 정보공유를 필수적인 것으로 보고 있으며 방위당국도 동의 하는 것으로 알려졌다. 북한에서 발사된 탄도미사일은 한국군의 레이더에 거의 실시간으로 포착되고 있기 때문에, 일본도 이를 확인하여 요격정확도를 높일 수 있기 때문이다. 최근 북한은 지소미아 파기 이틀 후 북한은 한·미·일 정보 공조능력 테스트를 위해 '초대형 방사포'를 발사 도빌을 하였다. 동 발사를 최초 발표한 것도 일본이다. 이와 같은 상황에서 한미일은 지소미아 같은 정보 협력이 필수다.

4. 일본 정보기관과 수집 능력

가. 일본 주요 정보기관

1) 내각정보조사실

1945년 이후 일본의 정보수집 및 분석 임무를 담당하는 기능은 내각 관방부 산하의 내각조사실, 공안청, 외무성 국제 정보 총관실, 방위청의 내각조사실 1, 2과, 그리고 육해공 막료감부 조사과 등으로 분산되어 있었다.

1952년 4월, 요시다 내각에서 제2차 세계대전 종전 이후 일본의 정보기관은 크게 3대 기관으로 분리 운용되었다. 국가적으로 중추적 역할을 하는 내각정보국을 비롯해 군사 정보를 담당하는 정보본부 국내 치안을 위해 공안조사청을 창설했다. 내각정보조사실이 수집한 대부분의 정보는 뉴스 에이전시와 우방국에 의해 수집되었다. 전체 요원은 약 170명으로 다른 기관에서 파견된 120명이 포함되는데 대부분 일본 경찰청 소속이다.

일본의 가장 중추적 정보기관인 내각정보조사실의 초기 명칭은 관방조사실이다. 1952년 총리부 설치령에 따라 관방장관 산하에 창설된 소규모 기관이 시초다. 창설 당시 이 기관은 미국의 요구에 따라 공산권 정보 수집을 분석토록 한 것으로 알려져 있다. 초기 이들의 활동은 국내외의 각종 정보는 물론이고 대공 정보를 포함한 주변국 동향에 대한 정보 수집, 분석이 주 임무였다고 한다. 특히 소련의 공산주의에 대응한 반공 선전 홍보 활동도 관방조사실의 역할이었다. 이후 조직이 확대되면서 1957년 정부 조직 개편에 따라 명칭을 내각조사실로 바꾸고 사실상 국가정보기관으로 탈바꿈했다. 이어 1976년 다시 명칭을 지금의 내각정보조사실로 바꾸는 한편 직제 개편을 통해 기능과 인력을 대폭 보강하는 등 변화를 거듭했다. 1986년 나카소네 총리 재임시, 나카소네는 기존 조사실의 정보 기능에 '내각 종합 조정 기능'을 더해, 명실상부한 정보 권력기관으로 탈바꿈시켰다. 2001년에는 행정 개혁에 따라 내각정보조사실장이 내각 정보관으로 승격됐고, 정보 체계도 크게 확충되면서 위성 정보 등과 같은 별도의 임무도 부여받게 됐다.

내각정보조사실은 총책임자인 내각 정보관 산하에 차장이 있고 그 아래로 5개 부문과 1개 분석관, 1개 센터를 두고 있다. 현행 5개 부문에는 총무 부문을 비롯해 국내, 국제, 경제, 내각정보 집약센터가 포함되며 별도로 내각정보 분석관을 두고 있다. 아울러 5개 부문, 1분석관과는 별도로 내각 정보관이 직접 지휘하는 내각 위성정보 센터를 운영하며 국내뿐 아니라 주변국 동향정보도 수집하고 있다. 현행 내각정보조사실은 국가수반인 총리의 중요 정책 수행을 위한 정보 수집과 분석을 주로 하고 있고 각 부처와의 연락 및 조정 업무도 담당하는 것으로 알려져 있다. 또 내각 각 부처의 해외 업무에도 영향력을 미쳐, 외교안보 분야 부처의 정보수집 부서가 분석한 정보에 대해서도 종합, 관리할 정도로 막강한 권한을 행사하고 있다. 하지만, 여타 정보기관처럼 내각정보조사실이 원천 정보를 수집하기보다, 각급 정보기관이 얻은 정보를 종합적으로 관리하는 기구인 만큼, 인력 등의 조직 규모는 크지 않다. 일반에 공개된 자료에 따르면 내각정보조사실의 인력은 1995년 기준으로 120명에서, 2004년도 160여 명의 선으로 현재 200여 명 안팎

2019~2020년

이라는 것이 전문가들의 추정이다. 반면, 2001년 신설된 내각위성 정보센터의 인력이 출범 당시 320명 선이었던 것을 감안해 이를 더할 경우 조직의 요원 규모는 커진다.

내각정보조사실은 총리관저의 정보수집 능력을 높이고 매년 외교·안보정책의 사령탑 '국가안전보장국'(일본 NSC)과의 공조를 강화하기 위한 것이다. 최근 내각정보조사실직제를 보면 1명뿐인 내각정보관을 3명으로 늘려 국내, 대외, 방위의 3분야를 담당토록 하고 3명 가운데 1명을 국장격인 '내각정보감'으로 임명한다. 3명의 정보관은 경찰청, 외무성, 방위성 등에서 정보수집·분석을 담당하는 부서로부터 정보를 모아, 내각정보감이 분석 결과를 총리에게 보고하게 된다

정보위성센터는 1998년 8월 북한이 대포동 미사일을 발사하자 서둘러 설치하였다. 사이버 안보에 대응하기위해 내각 관방에 정보시큐리센터도 설립되었다. 내각정보조사실은 2007년 7월 국가 정보 취급 보안을 강화 하기 위해 내조실에 인텔리전스센터를 설치하였다.

세부적으로는 통신정보(코민트), 전자정보(에린트), 신호정보(시킨트), 인간정보(휴민트) 등으로 나누어져 북한, 중국, 소련의 정보를 수집하였다. 통신정보 수집을 위해 오키나와, 홋카이도 치토세, 토리네 통신소를 운영하였다. 이 통신소는 1970년대에는 모택동 후계자인 임표 망명을 추적하여 성과를 거둔 적도 있었다. 또 1983년 대한항공 여객기가 구소련 전투기에 의해 격추되었을 때는 자위대 막료감부 조사부 제2과에서 소련 전투기와 사할린 관제 센터 교신 내용을 추적하여 정확한 정보를 서방 세계에 알리기도 하였

다. 1990년대 이후는 냉전체제가 와해되면서 기존의 전통적 안보 개념에서 협력안보 공동안보 포괄 안보 등으로 국가정보체제의 강화로 방향을 선회하였다.

2) 방위청

한편 1990년대 이후 방위청은 군정보기관 통합을 추진하였다. 통합된 육해공 자위대 통합 정보본부는 총무부, 계획부, 화상부, 전파부, 분석부 등 5개 부서로 조직을 확대하고 인원도 1,600명으로 규모화하였다. 계획부는 정보수집 및 분석을 계획하고 타 부서와 연락조정을 하며 화상부는 미국 상업 위성과 계약을 통해 인공 위성 영상을 분석하는 임무를 수행하며 전파부는 예하에 6개 통신소를 운영하였다. 주로 북한과 중국의 전파정보를 수집 분석한다. 분석부는 해외 40여개국에 주재하는 방위청 무관들이 수집하는 군사정보를 종합 분석한다.정보본부장은 현역 자위대장성이며 정보본부장은 방위성 서무 차관 방위국장, 통합 막료회의 의장,육해공 막료로 구성되는 정보위원회의 통제를 받고 수집 분석된 정보는 직접 수상실에 보고한다. 2005년 이후 정보본부는 방위청 장관의 직할 조직으로 개편되었다.

나. 일본 정보 수집기구

1) 내각조사실 위성정보센터

1990년 일본 정부는 북한의 대포동 미사일 발사로 인한 독자 위성을 보유키로 결정하고 외무성 국제정보국이 주도하여 일본기업이 자체적으로 만들기로 하고 2003년 3월 최초 위성을 발사한 이래 400~600㎞ 궤도에 올려 지구를 하루에 15정도 선회하는 위성을 개발하였다. 이후 2013년 광학위성 2기, 레이다 위성2기 그리고 방위청 운용 정보위성정보도 보고를 받는다. 매년 위성 개발 및 유지를 위해 한화 7,000억 원 이상의 예산을 편성하여 내각 관방장관이 주재하는 정보수집 위성 추진위원회가 운용되는데 여기에는 내각 관방, 경찰청, 공안조사청, 외무성, 방위성, 경제산업성, 문부과학성, 총무성이 참가한다.위성정보수집 성과는 2011년 캄보디아 국적선이 미사일 운반 차량 4대가 북한에 인도되는 것과 이 차량으로 2012년 4월 북한의 퍼레이드 당시 탄도미사일을 운반차량으로 개조한 것을 밝혀내기도 하였다. 일본은 2012년 6월 북한의 탄도미사일 발사를 탐지하지 못하여 한국과 군사정보 협력 필요성을 제기하였다. 일본은 정보수집 확대를 위해 미국, 나토회원국, 호주 등과도 정보보호협정 지소미아를 체결하였다. 현재 일본은 정보수집 위성 6기와 1천㎞ 밖의 탄도미사일을 탐지할 수 있다

2) 방위청 정보수집 기구

① 방위성 정보본부(DIH : Defence Intelligence Headquarters)
군사정보수집과 분석을 담당하는 방위성 내에 정보기관으로 본부장은 중장급이며 6개부의 2,500~3,000명의 인력과, 각 지역별 통신소로 구성되어 있다.
위성, 항공기, 함정, 통신소 등 다양한 자산을 활용하고 있다.

사돈 남 말,

② 日 자위대의 정찰위성을 활용한 영상정보 수집

정찰위성(해상도 30~100Cm)으로 위성 정보수집, 미국보다 해상도는 낮지만 20분에 1회 한반도를 들여다보고 있다.

③ 日 전역에 19개소 통신소 운용

VHF/UHF/SHF 등 무선 가청 거리 5,000㎞

암호화 통신 감청/해독 가능

④ 북한 전담통신소인 '미호통신소'(美保通信所) 운용

정보본부 최대의 통신 감청 기지

상주 인원 10개 팀 300명 이상이 활동 중으로. 북한 내 모든 신호정보를 수집, 분석

⑤ 日 자위대 첨단 정찰기 운용

E767 AWACS 4대(레이다 탐지거리 800㎞)

E-2C공중조기경보기(17대)/ AEW&C(탄도미사일 추적 가능)

EP-3C 5대(신호통신정보 수집, 美日만 보유)

YS-11E(신호통신정보 수집, 日만 보유)

P-3와 P-1 등 해상 초계기 110여 대 능을 보유하고 있다.

⑥ 이지스 구축함

8척 보유,탄도미살일 요격 능력 보유,

각 구축함은 항공자위대, 탐지거리 1천㎞ 이상의 지상 레이더 4기 미군 요격자산과 실시간 데이터 링크 가능 일본은 탐지, 추적, 요격능력 모두 가지고 있음

정보수집 위성 6기를 통해 1천㎞ 밖의 탄도미사일을 탐지할 수 있는 레이더를 탑재

⑦ 미일 합동 탄도탄 대응 지휘소(Joint Tactical Ground Station)

2007년부터 미군과 공동 운용하며 C2BMC (Command Control Battle Management and Communication) 개설 운용 중임

미일이 함께 근무하며 탄도탄에 대한 합동 요격에 대비

5. 지소미아 파기는 자해 행위

일본은 북한을 완전 적으로 생각하고 한반도 전역을 실시간으로 들여다보고 있으며 한국은 미일과 정보공유 없이는 한국, 북 미사일에 '눈뜬 장님'이다. 최근의 우리의 정보수집능력 오류 실례는 사거리를 500㎞ → 600㎞ 수정발표하고 발사체를 탄도탄이라고 발표했지만 북한은 방사포라고 발표하고 발사지도 혼돈 수정발표하는 등 문제를 야기하는 데 반해 일본은 자체 위성에서 20분마다 한반도를 촬영하여 정확한 정보를 수집한다.

갈지자 행보를 보이고 있는 우리의 정보능력의 개선을 위해 지소미아 협정은 유지가 꼭 필요하다. 그런데도 불구하고 정치권은 유독 다른 행보를 보이고 있다. 일부 민주당 국회위원은 "이 지소미아 협정은 전범 국가 일본의 군대 보유를 가능하게 하는 평화헌법 개정을 위한 국제적 여론 조성 때문에 추진된 것"이라며 "일본이 한국을 안보 파트너로서 불신하고 부정했기 때문에 지소미아를 유

사돈 남 말,

지할 사유가 없다"고 극언 주장을 하지만 일본은 우리의 가장 가까운 이웃으로 한일관계가 정상화 된 이후 다방면에서 우리 경제의 주요 파트너 역할을 하였다.

북한과의 전쟁이 발발하면 미국의 병참기지 역할을 해야 함은 물론 미국의 전략상 중국, 러시아, 북한에 대응하는 국가다. 정치인으로서는 너무 편향적인 시각이라고 볼 수 있다. 뾰족한 대안 없이 '죽창론'으로 국민들에게 반일 선동을 하는 것도 무책임한 행동이다. 국내 일각에선 일본의 경제보복 조치 및 방사능에 대한 우려 등으로 도쿄올림픽 보이콧 목소리도 나오고 있어 저급하기 이를 데 없다. 안보 분야인 지소미아를 한·일 감정싸움의 도구나 특정인 비호용으로 삼겠다는 것은 무모한 발상이다. 일본은 잠수함정보와 감청능력(SIGINT)에서도 최강이다. 북한이 잠수함발사탄도미사일(SLBM)을 본격 동해에 배치하면 독도문제와는 별개로 일본의 대잠수함 정보가 우리의 득이 된다.

지소미아는 2014년 체결된 한·미·일 3국 간 북핵 및 미사일 위협에 대한 정보공유약정(TISA)'을 보완한 것이다. 세 나라 간 안보협력을 위한 발판으로서 한·미 동맹 유지·발전에 기여하는 측면이 작지 않다. 지소미아는 안보 면에서 실실석인 도움을 줘 왔다. 2016년 체결 후 양국은 모두 29건의 징보를 교환해 왔다. 일본은 위성으로 수집한 사진 자료 등을, 한국은 인적정보(휴민트)를 통해 얻는 정보를 나눠가지며 서로에게 적잖게 기여해 왔다. 지난해 말 강제징용 판결로 한·일 관계가 나빠진 뒤에도 7건이 교환되어 안보에 도움이 되고 있다. 정경두 국방부 장관도 최근 국회에서 "지소미아의 전략적 가치는 충분하다"고 시인한 바 있다.

지금은 정부가 반일(反日) 감정을 부추기고 '지소미아 파기'를 할 때가 아니다. 지난 7월 23일 독도 상공에서 벌어진 사태에서 누가 이 '안보 위기'를 초래했고 그 와중에 북한의 미사일 발사는 계속됐지만, 도널드 트럼프 미국 대통령은 '불쾌하지 않다'면서 한·일 갈등에 대해서 방관하고 있다. 중·러·북·일로부터 압박을 받는 중에 동맹국에도 외면당하는 안보 고립은 우리 정부가 자초한 면이 있다. 미국이 계속된 경고와 북한의 미사일 도발이 이어지면서 협정 연장 쪽으로 보였지만 돌변해 문 정부는 전격적으로 파기를 선언한 것이다. 미국은 지소미아 파기 후 국무부, 국방부, 하원 등 행정부 및 의회가 문 정부의 잘못된 정책에 불쾌감을 표시했다.

김정은의 눈치를 보면서 한미 합동 군사훈련은 소홀히 하는 반면 대규모 독도 훈련을 실시하여 한·일 간 적대감을 더 높이고 있다. 지소미아 협정에 대해 미국이 체결을 강조했던 이유는 그동안 북한의 핵미사일 위협에 대해서 한미일의 효율적인 공동대처에 유리한 인계선이었다. 지소미아는 한미일 정보협력이나 군사협력과도 직결되기 때문에 한국 정부의 지소미아 파기 결정은 자칫 미국의 반발을 초래하였다. 지소미아는 미국이 체결전 5~6년 종용하여 체결된 점을 감안하면 이를 파기할 경우 미국에 대한 도전으로 한·미 동맹에 영향을 줄 수 있다. 벌써부터 트럼프 미 대통령은 한·미 연례훈련에 대해 돈이 많이 들어 자신은 좋아하지 않는다면서 북한의 단거리 미사일에 대해서도 유엔 제재 위반이 아니라고 대놓고 북한의 비위를 맞추고 있다. 주한미군 주둔 방위비를 대폭 인상을 시사하여 한국의 주변 안보 상황이 더욱 어려워져 이러다가 주한미군 철수까지 나올지 우려스럽다.

사돈 남 말,

더구나 최근 좌파 단체가 중심이 되어 일본 정부의 무역 보복 조치에 항의하는 '아베 규탄 촛불문화제' 집회에서 "아베 정권 규탄" "한·일 군사정보보호협정(GSOMIA·지소미아) 파기"를 공공연히 들고 나왔다. 민노총을 비롯한 친북 단체인 민중당·한국대학생진보연합·한국진보연대·겨레하나·민노총 등 700여 개 단체의 연합체라고 주장하여 더더욱 우려스러운 면을 보이고 있다.

지소미아 협정에 대해 미국이 체결을 강조했던 이유는 북한의 핵 미사일 위협에 대해서 한미일의 효율적인 공동대처에 유리한 인게 선이다. 강상중 도쿄대 명예교수는 "지소미아는 미국의 개입을 촉구하기 위한 중요한 카드이기 때문에 이를 끊게 된다면 한미관계는 매우 어렵게 될 것"이라고 진단했다.

국무부 동아태 부차관보를 지낸 제임스 줌월트 사사카와 평화재단 대표는 "한국이 지소미아를 파기하면 동북아 역내 미국의 이익에 심각한 피해를 입힐 것"이라고 말했다.

주한 미국대사관 부대사를 지낸 마크 토콜라 한미경제연구소 부소장도 한-일 갈등과 지소미아 파기 여부를 연계해서는 안 된다고 말했다.

토콜라 부소장은 한국과 일본 간 살등 내문에 지소미아기 파기 대상이 돼서는 안 된다며, 미-한-일 모두 유용한 합의인 만큼 계속 유지돼야 한다고 말했다. 에스퍼 미 국방장관도 한일 갈등에 대해 자중을 강조하고 한미일 3국 안보협력을 위해 한일 군사정보보호협정(GSOMIA)의 유지 필요성을 강조했다. 지소미아 파기는 제 발등에 도끼찍는 안보 자해임을 우리 지도층이 각성해야 한다.

6. 결론

지소미아 파기는 우리나라가 안보적 외톨이가 되어 향후 미군 철수, 독도 영공 침공사태와 같은 안보적 위해가 빈번히 일어날 수 있고 일·중으로부터 무역 환율 등의 공격을 받아 국가 경제가 혼돈에 빠져 제2에 IMF 초래될 수 있다. 지소미아를 회복시키고 한·미 동맹 강화와 핵 무력에 대응한 강력한 북핵 억제력 구축만이 우리의 살길이다. 최근의 미 트럼프 대통령의 자국 우선주의로 방위비 인상과 맞물려 한·미 동맹의 균열을 가져올 경우 주한미군 철수나 제2의 에치슨 라인 추진 우려 소리까지 나오고 있다. 이제 김정은과 대화로 비핵화는 물 건너간 것이나 다름없다. 비핵화는 연목구어다. 허망한 이벤트성 남북한 정상회담과 이것도 저것도 아닌 대화만을 고집할 경우 안보문제는 뒷전이 되고 위험한 평화 구호만을 남게 됨을 경계한다. 이낙연 국무총리도 백색국가 제외를 해제하면 지소미아 협정 원상회복을 거론한 바 있다. 일본도 양국 다수 국민의 바람을 감안하여 백색국가 제외 등 무역 보복과 '한국 때리기'를 그만둬야 한다. 문재인·아베는 양국 국민의 적대적 관계를 거두고 양국 모두에게 윈-윈 하는 중재 방법을 찾아 대화를 시작해야 한다.

사돈 남 말,

북한 독재체제 장기화가 지속될 것인가?

〈경제포커스〉 (2019.08.26.)

김정은 체제가 8년째 접어들면서 장기 독재 체제가 정착화 되어 가는 모양새다. 대의민주제를 형식상으로나마 표방하는 국가가 3대에 걸친 권력 세습을 한 경우는 군주제 국가를 제외하면 현대사에 유례가 없는 일이다. 김정은은 그아비 김정일이 죽기 1년 3개월 전인 2010년 9월 28일 열린 조선노동당 대표자회에서 조선인민군 대장 칭호를 받고 조선로동당 중앙군사위원회 부위원장, 조선로동당 중앙위원회 위원에 임명받아 김정일의 공식적인 후계자임을 공표했다. 김정은의 이복형 김정남도 어린 시절 김정일이 자신의 후계자라고 생각하고 이와 같이 대장 계급을 붙여준 적이 있다. 북한군에는 대장과 원수 사이에 차수라는 식책을 두고 있다. 중국과 비교하여 마오쩌둥은 손자 마오신위도 아직 소장이다. 마오쩌둥은 자신이 생존 시 충분히 자신의 가계를 우상화하여 마오 정권의 영구화를 도모할 수 있음에도 불구하고 단지 4인방에 후계를 맡겨 체제구축을 시현 하였다가 몰락하여 대조적이다.

지난 2011년 12월 17일 김정일이 사망하면서 이는 현실이 되었다. 사실 2세 세습까지는 성공한 국가들이 꽤나 있다. 싱가포르,

시리아, 아젠바이젠, 가봉, 아이티, 니카라과 등이다. 말레지아는 압둘 라작에서 나집 라작 등이다. 나집은 압둘이 죽고 한참 뒤에 집권했다는 점에서 세습이라고 말하기는 힘들다.

싱가포르도 리콴유에서 혈육과 관계없는 고촉동을 거쳐 아들 리셴룽으로 이어진다, 리콴유가 아들 리셴룽에게 직접 세습하기보다는 총리로 한번 건너뛰었지만 리셴룽은 능력을 갖춘 인물이다. 대만과 달리 싱가포르는 민주주의이기는 한데 엘리트주의에 입각한 일당 우위의 정치를 고수한다. 리콴유의 장남 리셴룽의 아들 중 1명이 싱가포르 4~5대 총리에 오를 가능성도 있고, 그렇게 되면 3대 세습이다.

이걸 보고 몇몇 정치학자들은 싱가포르를 '잘사는 북한'이라고 비난하기도 한다. 작은 나라에서 언론이 완전히 통제되며, 유치원부터 국가가 모든 것을 정해주는 제도 안에서 자라난 사람들이 하는 선거가 민주적이라고는 보기 어렵기 때문이다. 다만 집권 자체는 대만은 장제스, 옌자간, 장징궈로 2세 세습에 성공, 싱가포르처럼 중간에 옌자간을 1명 두었다가 장징궈(장경국)으로 넘어갔다. 장징궈는 집권 말기에 야당 활동을 허용하고 계엄령을 해제, 1988년에 총통직을 승계한 리덩후이가 총통 선거를 직선제로 바꾸고 입법 의원 선거가 총선으로 바꾸면서 민주정치를 확립했다.

시리아는 하페즈 알 아사드는 아들 바사르 알아사드로 세습, 이들 부자 역시 철권통치로 시리아를 50년간 통치하여 사실상 아사드 왕조를 개창한 것과 같이 여겨지기도 한다. 아제르 바이젠 헤이다르 알리예프에서 아들 일함 알리예프으로 세습에 성공한 케이스다. 자이르는 초대 대통령 로랑 데지레 카빌라가 암살당한 이후 그

사돈 남 말,

아들 조제프 카빌라가 대통령에 취임했다.

아이티의 초대 대통령인 프랑수아 뒤발리에가 그의 아들 장 클로드 뒤발리에에게 대통령 자리를 물려주며 세습에 성공했다. 사실상 이게 어린 나이로 따지자면 가장 김정은과 비슷하며 장 클로드 뒤발리에가 대통령 물려받을 당시의 나이가 고작 19살이었다.

미국의 조지 부시 부자, 파키스탄의 부토 부녀, 인도네시아의 수하르토 부녀처럼 타 민주주의 국가들에도 2대가 나란히 최고 집권자에 등극한 경우는 제법 많이 있지만, 이들의 경우는 어디까지나 아버지(또는 어머니)의 후광만 입었을 뿐 집권 자체는 민주적인 절차를 통해서 한 것이므로 위의 경우들과는 비교할 수 없다.

물론 신격화를 동반한 김일성. 김정일 세습의 비할 바는 아니지만, 싱가포르와 중국은 서구 언론에서 아시아 민주주의 위기의 진원지로 칭하는 국가다. 능력 있는 일당 독재로 국가가 부유해지면 국민들이 민주주의 필요성을 못 느끼고, 국가 경영의 책임을 소수의 엘리트들에게 위임하는 데 비해, 민주주의는 선거권을 가진 시민이 지도자를 선택하는 가장 민주정치 제도다. 전 국민적 레벨의 시민 의식, 교육 수준, 가치관 등이 일정 수준 이상이어야 하며 시민의 끊임없는 권력자 감시 제도 등이 모두 있어야 이상적인 민주주의가 가능하다. 싱가포르나 대만 같이 착실한 개념을 갖고 국가를 경영하면, 민주주의보다 더욱 효율적인 국가 성장이 가능하다. 그리고 이런 성공 사례들이 많을수록 아시아에서 '민주주의의 확산에 어려움이 가중될 것이라고 예상하기 때문이다. 이런 국가들의 성공 사례를 빌미로 독재의 정당성을 주장하는 무능한 정권들이 아시아에서 활개를 칠 수도 있다.

2019~2020년

독재자가 견제가 없는 상황에서 독재자나 그 측근들이 부패하게 되면 '절대 권력의 절대 부패'로 이어져 백성의 원성을 사게 되어 결국 정권이 무너지게 마련이다. 중국의 시진핑도 지난해 전인대에서 주석연임 제한 조항을 폐지해 종신으로 갈수 있어 언론이 시황제라고 이름을 붙여 독재 체제를 비웃고 있다. 북한이 핵개발을 하는 것도 김 씨 체제를 영원히 지키고자 하는 수단이지만 결코 언젠가는 북한 주민의 고혈만 짜는 무모한 수단으로 체제 보호막이 될 수 없을 것이다. 물이 오랫동안 고여 있으면 썩기 마련이다.

사돈 남 말,

북한,
조국 사태 관련 편파적 선전선동을 중지하라

〈데일리NK〉 (2019.10.11.)

북한이 조국 법무부 장관과 그의 가족 비리로 불거진 최근 남한 정세와 관련하여 한국당을 강력히 비난하는 모습을 보이고 있어 주목된다. 북한 노동당 기관지 노동신문은 한국당을 비롯한 보수 진영의 장외집회, 그리고 내달 3일 광화문광장에서 예고한 대규모 집회 등을 거론해가며 "이미 촛불 민심의 준엄한 심판을 받은 남조선의 보수역적패당이 지금에 와서까지 아무런 죄의식도 없이 민중의 이름으로 그 누구를 심판한다는 한국당과 남조선 보수패당의 망동은 '헌정수호'와 '법치'의 간판 밑에 정권찬탈 흉계를 실현하기 위한 정치쿠데타"라고 비난했다.

또한 보수 세력들은 집권자의 법무부장관 임명 강행을 저들에게로 쏠린 민심의 비난 여론을 딴 데로 돌리고 보수 세력을 규합해 권력 야욕을 채울 수 있는 좋은 기회로 삼으면서 반정부 공세에 필사적으로 매달리고 있다며 보수야당을 극렬 비난했다.

북한 조선중앙통신도 남측 언론보도를 인용해 부산과 광주에서 검찰개혁을 요구하는 학계와 문화예술계, 종교계, 교육계 등의 서명운동과 시국선언사실을 보도하여 현 정부 정책을 옹호하는 모습을 보였다. 북한의 이러한 모습은 남측의 좌파 세력을 지원하는 모습에서 '게는 가재 편', '초록이 동색'이라는 우리의 옛 속담의 모습과 닮았다. 북한이 남한 보수 정당의 활동을 비난해온 것이 어제오늘의 일은 아니지만 이와 같이 노골적으로 강렬히 남한 보수 세력을 비난하는 것은 나름대로 우호 세력으로 간주하는 현 좌파 정부가 궁지에 몰리자 후원을 자처하는 모습으로 비추어진다. 또한 북한은 "한국당을 비롯한 남조선 보수패당의 망동은 정권 찬탈 흉계를 실현하기 위한 정치쿠데타"라고 규정, 비난하여 보수 정당의 재집권을 경계하는 모습을 보이고 있다.

북한의 호의적인 우리 내부 좌파 세력은 크게 PD계와 NL계로 분류된다. 조국은 PD계다. PD 계열은 한국 사회 문제의 원인으로 자본주의하에서의 노동-자본 간 계급 문제에 주목하면서 노동운동을 기반으로 좌파 활동을 벌였다. PD는 80년대 중반부터 공장에 위장 취업해 노동조직을 건설하는 데 주력했다. 조국 법무부 장관을 비롯해 민주당 송영길·박용진 의원, 정의당 심상정 의원 등이 PD계 출신으로 분류된다. 청와대에선 하승창 전 사회혁신수석 등이 PD계였다.

노동운동에 무게를 둔 PD계는 80년대 중반부터 공장에 위장 취업해 노동조직을 건설하는 데 주력했다. 문제의 조국은 사노맹 사건 당시 울산대 교수로 재직하면 동 대학 내 사회과학원을 이끌었다. 박노해 사노맹 세력은 당시 민중무장봉기에 의한 사회주의 혁명 달성을 목표로 폭발물을 만들고 무기 탈취계획을 세우고, 자살용 독극물 캡슐을 만든 반국가 조직이었다. 이석기 RO조직과 유사한 모습이다. 조국은 1993년 울산대 교수 재직 시절 '사노맹' 사

사돈 남 말,

건에 연루돼 국가보안법 위반 혐의로 징역 2년 6개월, 집행유예 3년을 선고받았다.

친북을 기반으로 태동해온 NL은 80년 광주항쟁 이후 대학가에서는 반미운동 세력으로 전두환 정권에 항거하면서 86년 '강철'이라는 필명의 김영환(서울대 법대 82학번) 씨가 편지 형태의 친북 성향 유인물(일명 강철서신)을 대학가에 유포하면서 운동권에 NL이라는 사조가 확산되었다. 현 여권에서 임종석 전 대통령 비서실장을 비롯해 더불어민주당 이인영·우상호 의원, 오영식·한병도 전 의원 등이 전대협 출신이다. 임종석이 전대협 의장으로 활동 시 임수경을 북한에 보내 '통일의 꽃'이라고 칭송을 받은 바 있다. 김영환의 경우는 밀입북 방북하여 김일성을 접촉 주체사상에 대하여 대담을 한 후 김이 이념 자체를 잘 모르고 있어 실망하고 복귀 후 이들 세력에서 이탈하였다.

유동열 자유민주연구원장은 조국의 사노맹 활동 관련 조국은 공소장과 1심 판결문을 통해 '우리사상'에 수록된 류선종의 글이 실제로는 조국이 쓴 것임을 확인했다고 밝혀 조국의 이념적 문제점을 지적하였다. 당시 조국이 가명으로 발표한 "2편의 논문 중 1편은 창간호에서 민중민주주의혁명론이고 2편은 강령(綱領)의 실천적 이해를 위하여' 대한민국의 자유민주주의와 시장경제 체제를 명백히 부정, 위협하고 노동자계급의 투쟁에 의한 사회주의 혁명을 선동하는 것으로 자유민주주의 기본질서를 위태롭게 하는 주장"이다. 조국은 사노맹 활동 시 울산대사회과학원 사무처장, 강령연구실장인 백태웅(가명 이정로) 다음가는 핵심 이론가로 자유민주주의 체제 수호와 법 정의를 세우는 대한민국 법무부 장관이라면 국민에게 모든 의혹과 의구심을 해소시켜야 한다.

결국 북한이 조국 후보를 지원 옹호하는 것은 조국이라는 인물이 남한 내 좌파 세력의 지도자로 문 정부의 후계자가 될 경우를 염두에 두면서 연공 합작의 적합 인물로 생각하는 것이 아닌지 우려된다. 북한은 조국 사태로 국내가 좌파와 우파가 분열과 혼란된 틈을 호재로 지속적인 이간책동을 계속할 것으로 예상된다. 이제 북한은 남한 교란책동을 걷어치워야 한다.

사돈 남 말,

軍은 '국가 수호'를 본분으로 삼아야 한다

〈데일리NK〉 (2019.10.17)

조국 사태로 우리 내부가 진영 논리로 갈라졌고, 우리의 안보 문제에서도 이와 유사한 형태가 나오고 있다. 즉 안보의 최후 보루인 군 수뇌부는 대한민국을 지키는 책임자인지 북한을 대변하는 대변인인지 도무지 분간이 가지 않는다는 이야기까지 나온다. 이러한 논란의 정점에 있는 인물이 정경두 국방부 장관이다.

정 장관은 지난달 국회에서 북한의 금년 신형 미사일 도발이 '적대 행위' 아니냐는 질문을 여러 차례 답변을 회피하다가 "직접 도발이라고 표현할 수는 없다" "우리도 미사일 시험 개발하는 것은 어떻게 표현해야 하느냐"고 되레 되물었다. 국방상관이 북 미사일 도발보다 우리 미사일 개발을 문제 삼은 것이다. 덩달이 국방부 관계자도 기자들을 불러놓고 "한국도 미사일 시험을 한다" "북 단거리 발사체를 9·19 군사 합의 위반이라고 한다면 우리도 군사 합의를 위반하고 있는 것"이라고 했다. '북이 잘못했다면 우리도 잘못한 것'이라고 둘러대는 코미디 같은 상황이 벌어진 셈이다.

또한 정 장관은 지난 9월 초 국회 국방위원회에서 NLL(서해북방한계선) 상의 함박도는 북한 땅이 맞다고 하면서 '주소가 우리 섬으로 되어 있는 것은 행정상 오류'라고 하였다. 전략적으로 중요한 이 섬은 등기부등본상 '인천광역시 강화군 서도면 말도리 산97'이라는 주소로 등록돼 있고, 등본상 소유권자는 대한민국 산림청으로 돼 있다. 또 국토교통부의 토지이용계획에서도 함박도의 개별 공시지가까지 나와 있다. 산림청은 노무현 정부 때인 2005년, 해양수산부는 이명박 정부 때인 2010년 함박도에 대한 실태조사를 실시하기도 했다. 그뿐 아니라 1965년 10월 29일 발생한 북한의 우리 어민 납치 사건 때 이를 보도한 신문 기사에 실린 지도에는 함박도가 NLL 이남에 있는 것으로 표시된 사실도 확인됐다.

김정은은 금년 들어 "남조선에 보내는 엄중한 경고"라고 공언하면서 신형 미사일 도발을 11차례나 진행했다. 9·19 군사 합의에 명시된 '적대 행위 중단'을 북이 명백히 위반했는데도 우리 안보 책임자들은 '미사일 문구가 없으니 괜찮다'고 북을 변호하는 듯한 모습을 보이고 있다. 또한 국군 통수권자인 문재인 대통령의 발언도 문제다. 그는 최근 유엔에서 "북은 작년 군사 합의 이후 단 한 건의 위반이 없었다"고 하자 국방장관과 정부 관계자가 '대통령 말씀 맞는다'고 합창을 하였다. 지금 이 나라의 안보가 어디로 가는지 심히 우려스럽다.

미국은 어떤가. 도널드 트럼프 미국 대통령도 단거리 미사일 발사는 통상 다른 나라에서도 있다고 하였다. 하지만 미 국무부 전

사돈 남 말,

차관보는 "북 미사일을 간과하는 것은 엄청난 실수"라고 하고 있다. 우리는 왜 이런 지적의 목소리가 적은 것인가?

이러한 가운데 이승도 해병대사령관은 최근 국회 국방위원회 국정감사에서 함박도에 북한군 선박이 접안하는 등 군사시설 설치와 관련한 동향이 처음 포착된 2017년 5월 4일 이후 집중 감시에 돌입하는 한편 유사시 초토화 타격 계획을 세웠다고 밝혔다. 우리 안보를 위협은 "북한"이라고 하여 그나마 최근에 군 지휘관으로서는 눈치를 보지 않고 소신을 밝혔다. 참 군인의 일면을 보여주었다는 평가가 나온다. 하지만 서해 5도는 우리 해병대가 지키는 관할구역으로, 이 같은 발언은 어쩌면 당연하다고 할 수 있다.

국방부 장관이나 각 군 총장은 군의 최고 지휘관으로서 군에서 산전수전을 다 겪은 사람들이다. 이제 더 올라갈 데도 없고 누구의 눈치를 볼 필요도 없는 사람들이다. 국가의 안보가 위태로울 때는 아무리 인사권자인 대통령에게라도 바른말을 해야 한다. 안중근 의사가 우리에게 남겨준 유묵(遺墨) 중 가장 대표적인 것이 '견리사의견위수명(見利思義見危授命)'이다. 이로움을 보았을 때에는 정의를 생각하고 위태로움을 당했을 때에는 목숨을 바치라는 뜻의 글귀다. 현재 우리 군이 가슴에 새겨야 할 구절이라고 할 만하다.

북한이 스톡홀름 회담을 걷어차고 ICBM(대륙간탄도미사일), SLBM(잠수함발사탄도미사일) 등 전략 무기 시험 발사 등을 시도하려고 하는 이 시점에서 군 지도부의 안일한 정신자세로는 우리의 안보를 지키는 데 어려움이 따를 것이다. 특히 군은 허망한 남북평화 구호에 젖어서는 안 된다. 주적 개념을 다시 바로 세우고 경계에 온 힘을 다해야 하며 특히 김정은의 대남 전략전술에 절대 말려 들어가서는 안 될 것이다.

사돈 남 말,

'정보요원' 생활 27년 동안
그가 겪은 국정원 출신 친목 모임
양지회장 송봉선 사노맹 검거 등 秘話 고백

〈월간 조선〉 (2019.10.), 조성호 월간조선 기자(chosh760@chosun.com)

2019~2020년

⊙ '후배' 최종흡·김승연 재판을 빠짐없이 방청한 '의리파'

⊙ 'DJ 비자금 뒷조사' '국정원 댓글사건'은 언젠가는 재조명돼야

⊙ 양지회원들의 수사 상황 적은 메모 한 장 때문에 檢 조사 받아

⊙ "국정원 '메인 서버'에 담겼던 극비자료, 변호사·검사들에게 유출"

⊙ 사노맹과 조국, 그리고 '박노해 검거'

⊙ '이름 없는 별' 중 한 명인 故 최덕근 영사 暗殺 비화

⊙ 장승길 이집트 주재 北대사 아들 만나 '망명 의사' 최초 포착

⊙ 2018년 한 해에만 1200여 명 脫北… 文 정부하에서도 이어지는 '탈북 러시'

　　국가정보원(국정원) 출신들의 친목모임인 사단법인 양지회는 문재인 정권 출범과 함께 불어닥친 이른바 '적폐청산'의 유탄을 맞았다.

　　'국정원 댓글사건'에 양지회 회원들이 개입했다는 이유로 검찰 조사 대상에 오른 것이다. 양지회는 압수수색을 당하는 한편 전·현

직 국정원 직원들이 소환돼 검찰 조사를 받았다.

이 과정을 누구보다 참담한 심정으로 바라본 이는 송봉선(宋鳳善·73) 양지회장이다. 조사 대상자 중 대다수가 송 회장의 국정원 후배였기 때문이다. 송 회장도 자택을 압수수색 당하는 한편, 검찰에 불려가 참고인 조사를 받았다.

양지회가 '융단폭격'을 맞았음에도 송 회장은 정권의 눈치를 보지 않았다. 오히려 일간지에 "北 '해킹 외화벌이' 대응 강화해야" "文·金 공조가 한·미 동맹보다 우선인가" "국정원 對共수사권은 유지돼야 한다"는 제하의 칼럼을 꾸준히 게재하며 문재인 정부의 안보정책과 대북정책을 매섭게 비판했다.

의리파

국가정보원 청사. 취재차 몇 번 만난 적이 있는 송봉선 회장이지만, 그에 대해 깊은 인상을 받은 건 'DJ 비자금' 의혹을 취재하면서다. 송 회장은 최근 'DJ 비자금을 뒷조사했다'는 혐의(국고 손실 등)로 구속 수감된 최종흡 전 국정원 차장과 김승연 대북전략국장 재판을 빠짐없이 방청했다. 재판을 방청하러 갔을 때, 그에게 인사를 건네면 으레 "어이, 조 기자 왔어?"라며 안부를 물었다. 송 회장이 매번 방청한 이유는 간단했다. 두 사람 다 '아끼는 후배'여서다. 전직 국정원 관계자들은 그런 송 회장을 '의리파'라고 입을 모은다.

사돈 남 말,

1973년 중앙정보부에 입부(入部)한 그는 중동(中東) 등지에서 해외 정보관 생활을 오래 했다. 국가안전기획부(안기부) 시절엔 북한 연구조사실 단장을 맡아 대북 정보 분석에 있어서도 전문가로 불린다. 2000년 국정원에서 퇴직한 그는 현직 시절의 전문성을 살려 북한 관련 서적도 다수 집필했다.

송 회장은 올해 말, 3년 임기의 양지회장직을 마무리 짓는다. 송봉선 회장으로부터 재임 중 겪은 '양지회 수사'를 비롯해 국정원을 개혁 대상으로 바라보는 문재인 정부에 대한 시각, 현직 시절의 비화(秘話) 등을 들어봤다.

— 2017년 양지회가 '국정원 댓글사건의 본산(本山)'이라는 식의 보도가 나와 떠들썩했는데, 곧 잠잠해졌습니다. 지금 어떻게 진행되고 있습니까.

"댓글과 국정원 특활비까지 포함해 총 39명의 전·현직 국정원 직원이 기소돼 재판에 넘겨졌죠."

— 그중 인신구속된 사람은 몇 명입니까.

"22명이죠. 재판 과정에서 집행유예로 나온 사람도 있고, 구속기간 만료로 나온 사람도 있어요. 1년에서 1년 6개월 형 받은 분들은 거의 다 만기 출소한 상태예요."

— 전직 국정원 심리전단장들이 주로 고초를 겪고 있던데요.

"'댓글 혐의'를 받은 유성옥 전 단장은 항소심에서도 실형을 받아 수감 상태입니다. 민병주 전 단장은 대법원에서 집행유예 확정 판결을 받았고요."

— 양지회에서 전·현직 간부 중 직접적인 혐의를 받은 사람은 누군가요.

"전직 양지회장 두 명 중 한 명은 집행유예에, 다른 한 명은 무죄를 받았어요. 전직 기획실장은 징역 8개월에 집행유예 2년을 받았습니다."

비화 1. 메모 하나로 검찰에 불려가

— 전직 회장들이야 전(前) 정권 시절 회장을 지냈으니 이해가 가는데, 본인은 왜 조사를 받은 겁니까?

"한창 검찰 조사가 이뤄질 때 양지회 차원에서 대책회의를 연 적이 있어요. 대책회의라기보다는 티타임 수준의 간담회였죠."

— 그게 조사받을 이유가 됩니까?

"그때 내가 A4 용지 한 장 분량으로 조그맣게 메모를 한 게 있어요. 누가 어떤 이유로 조사를 받았고, 어떻게 됐는지를 적은 메모

사돈 남 말,

였죠. 그걸 가지고 검찰이 '왜 이런 걸 썼느냐'고 묻더라고요. 내가 '명색이 양지회장인데 당연히 우리 회원이 어떤 경위로 조사를 받고 있는지 확인을 해야 하는 기 아니냐'고 반문했죠. 두 번이나 그렇게 조사를 받았어요. 우리 집도 압수수색당하고."

― 당황스러웠겠습니다.

"건수만 하나 있으면 구속하려고 그러는데…. (검찰이) 전직 회장 중 한 명에게 '국정원으로부터 격려금 500만 원씩 받고 (양지회가) 댓글을 썼다'고 몰아붙였는데, 나중에 돈 받은 적이 없는 걸로 확인돼 결국 무죄 판결을 받았죠."

― 별건(別件) 조사로 의심되는 정황은 없었습니까?

"우리 여직원 중 한 명이 컴퓨터에서 어떤 파일을 실수로 지웠나 봐요. 그걸로 그 사람은 여섯 번이나 검찰에 불려갔어요. 검찰에서 여직원한테 '(송봉선)회장이 (지우라고) 지시했냐'고 물어봤다는데, 내가 시킨 적이 있어야죠. 그 여직원도 '그런 적 없다'고 했고요. 결국 컴퓨터를 가서가 뒤지고 했는데, 특별한 건 안 나왔어요."

― 양지회 회원들이 했다는 댓글 조작이 말 그대로 조직적인 거였습니까?

"난 몰랐는데, 우리 사무실 지하에 컴퓨터가 두 대 있었대요. 회원들이 사무실 오면 가지고 놀던, 뭐 그런 거였나 봐요. 거기서 뭘 좀 한 거 같더라고."

— 문제의 댓글을 읽어봤는데, 대선(大選) 당락에 영향을 주는 그런 내용이라고 보십니까?

"그런 건 아니죠. 좌파들의 체제 전복 활동을 비판하는 거잖아요. 그런데 국정원 퇴직자 중 김모라는 사람이 '(국정원이) 안가(安家)에서 댓글 작업 하고 있다'고 현직 여직원을 고발하는 바람에…."

비화 2. 사노맹과 조국, 그리고 '박노해 검거' 秘話

— 그 국정원 여직원이 고초를 겪었죠.

"민주당 인사들이 그 여직원 오피스텔로 몰려갔잖아요. 나중에 보니 민주당을 직접 겨냥한 댓글이라기보다는 좌파 세력의 준동을 비판한 댓글에 불과했어요. 사실 국정원이라는 데가 뭐하는 뎁니까. 좌파들의 활동에 맞대응하는 곳 아닙니까. 지금은 일이 이렇게 돼버렸지만, 이 사건은 언젠가 반드시 재조명해야 한다고 생각합니다."

— 얼마 전 출소한 이병기·이병호 전 국정원장은 최근에 만나봤습니까.

"만났죠."

사돈 남 말,

— 무슨 얘기를 나눴습니까.

"이병기 원장 애길 들어보니깐 박근혜 전 대통령하고 독대(獨對)를 못 해봤대요. 이병호 원장도 아마 독대를 몇 번 못 한 것 같아요. 원세훈 원장은 이명박 대통령을 수시로 만났거든요. 대통령은 정보 수장(首長)인 국정원장의 얘길 들어야 하는데 박 대통령은 그런 점에서 좀 부족했던 게 아닌가…."

— 조국 법무부 장관 후보자(인터뷰 당시 후보자 신분)로 인해 정국이 시끄럽습니다. 조국 후보자가 연루됐던 '사노맹 사건'에 대해 과거 안기부 수사관 얘길 들어보니 '평생 그렇게 적발하기 어려운 공안사건은 처음이었다'고 하더군요. 실제로 어땠습니까.

"일단 조국 씨의 역할은 그리 별 볼 일 없었어요. 사노맹에 가입한 게 아니라 사노맹의 연구단체 격인 '남한사회과학원'에서 사회주의 관련 유인물을 제작하는 정도에 불과했죠. 수사망에 들어왔을 때에도 안기부는 (조국 씨에 대해) 그리 큰 비중을 두지 않았고요."

— 그때 안기부가 동원한 수사 인력만 1,000명이 넘는다고 하던데요.

"주범은 박노해 부부, 그리고 백태웅이었죠. 수사에 관여했던 이들의 말을 종합하면, 박노해 검거 과정이 재밌었다고 해요. 박노해가 하도 신출귀몰하니까 수사관이 머리를 썼어요. 박노해 아내한테 '당신 남편이 어디서 연애를 하고 있는 것으로 파악된다'고 속임수를 쓴 거죠. 그 얘길 듣고 아내가 화나서 남편의 소재지가 어딘지 밝혔다고 하더라고요. 그 덕에 검거할 수 있었던 거죠."

비화 3. "DJ 비자금 뒷조사 재판, 본말이 전도"

— 얼마 전 'DJ 비자금 뒷조사' 관련해 최종흡 국정원 차장과 김승연 대북전략국장의 1심이 마무리되지 않았습니까. 결국 1심에서 두 사람 모두 실형을 받았습니다.

"본말이 전도된 판결이라는 게 내 생각입니다. 당시 도○○ 미국 시애틀 영사가 보내온 DJ 비자금 관련 첩보를 최종흡·김승연 두 사람이 맡아 조사한 게 답니다. 왜 조사를 했나? 첩보의 내용이 'DJ 비자금으로 의심되는 돈 중 일부가 북한으로 흘러 들어가려는 정황이 있다'는 거였기 때문입니다. 의심되는 비자금의 총액은 '13억 5,000만 달러'였고, 그중 '1억 달러'가 북한으로 들어간다는 게 도 영사의 첩보였어요. 국정원은 그걸 응당 추적해야 할 의무가 있죠. 손 놓고 있어서야 되겠습니까. 근데 재판부는 사안의 본질은 간과하고 회계 처리의 미비만 가지고 두 사람에게 유죄를 선고했습니다."

— 당시 '원세훈 국정원'이 관련 '수표 사본(寫本)'을 확보했다고 하지 않았습니까.《월간조선》이 그에 대해 보도를 했습니다만.

"제일 중요한 게 그겁니다. 1억 달러 수표 사본이 존재하는 것과 그 수표를 인출하기 위해선 네 사람의 코사인(co-sign·공동서명)이 있어야 한다는 것이죠. 그 네 사람이 누군지도 재판에서 언급됐어요. 사인한 장소인 한 호텔, 거기다 사인한 증서(證書)까지 다 입수했다고 해요. 증거가 명확한 셈이죠. 그런 건 안 따져보고 무슨 회계 처리 미비 어쩌고…"

― 도○○ 전 영사는 최종흡·김승연에게 유리하게 진술하지 않았습니까.

"유리하게 했어요. 유리하다기보다는 사실대로 얘기했죠. 근데 그렇게 말해봐야 뭐해… 재판부가 받아들이지 않는데요."

― DJ 일가와 친분이 깊고, 이 사건의 핵심 인물인 A씨를 만났더니 비자금에 대해 모른다는 입장입니다.

"그렇겠지. DJ 일가가 다치니까. A씨는 조사를 받았나?"

― 참고인 조사도 받은 적이 없답니다.

"그렇다면 DJ가 흠집 날까 봐 국정원 쪽만 치는 거 아닌가. 말이 안 되는 얘기지. 다시 한번 말하지만 회계가 본질이 아니고 'DJ 비자금과 그중 일부가 북한으로 유입되려는 정황이 있었다'가 본질이죠. 언젠가 다시 조사해서 《월간조선》이 또 특종하세요."

― 최종흡·김승연 두 사람 면회도 갑니까.

"엊그제도 갔어요."

— 최종흡 차장과 김승연 국장은 어떤 성격의 소유자입니까.

"열심히 하는 친구지. 최종흡은 과거 이병호 국정원장이 말레이시아대사로 있을 때, 거기서 같이 일해서 두 사람이 가까워졌죠. 최종흡 씨는 러시아에도 있었고요. 열심히 일하는 친구야. 의리도 있고요. 김승연은 나랑 같이 일했는데, 육사를 나오고 아주 똑똑한 사람입니다. 그 일만 없었으면… 미국의 어느 회사에서 일하려고 준비 중이었는데…. (출소하면) 머리가 좋은 친구라 잘될 거예요."

비화 4. 文 정부 국정원 개혁은 잠복 중…
총선 승리하면 再浮上할 수도

— 국정원 얘기를 해보겠습니다. 문재인 정부가 만든 '국정원 적폐청산위원회'가 '슈퍼컴퓨터를 열람해 비밀자료를 열어봤다'는 등 의심을 받은 적이 있습니다.

"그걸 원(院) 내부에서는 흔히 '메인 서버'라고 부르는데, 그걸 열었다는 거잖아요. 그래 뭐, 서버를 열어서 보는 건 그렇다 칩시다. 문제는 그 자료가 특정 변호사는 물론, 판사들의 사무실에까지 들어가 있다는 거죠."

사돈 남 말,

— 극비자료가 그런 식으로 유출돼 있다고요?

"일부가 그렇게 가 있나 보더라고. 보안상 문제가 커요. 아무리 적폐청산이 중요하다고 해도 대외비(對外秘) 자료를 그렇게 다루면 안 되죠."

— 한창 적폐청산 운운할 때, 이 정부가 국정원의 명칭을 '대외안보정보원'으로 바꾸겠다고 했는데, 지금은 잠잠해졌습니다. 왜 그런 겁니까.

"국내정보 파트를 없앤다면서 그 얘기가 나온 건데, 사실 국정원은 그 어떤 이름을 써도 상관은 없어요."

— 문재인 정부의 국정원 개혁 의지가 퇴색했다고 봐도 되는 겁니까.

"퇴색이라기보다는 현재는 개혁 드라이브를 잠시 중단하고, 잠복하고 있는 걸로 보여요. 내년에 여당이 총선에서 승리하면 다시 또 수면으로 떠오를 수 있어요."

— 국내정보가 막혀 있다 보니 서훈 국정원장도 (국내) 정보에 목말라하는 거 같습니다. 양정철 더불어민주당 민주연구원장을 만난 것만 봐도 그렇고. 최근엔 '문재인 국정원'도 민간인 사찰을 하고 있다는 보도도 나왔습니다. 이게 다 국내정보 수집이 안 돼 빚어진 문제 아닙니까.

"정확히 알 수는 없지만 가능성은 있죠. 정보기관이 국내정보

수집을 안 한다고 그게 되겠습니까. 중요한 건 두 사람(서훈·양정철)이 만난 자리에서 어떤 정치적 밀약(密約)이나 국정원이 선거에 도움 주겠다는 얘기가 없었어야죠. 그간의 약속이랑 배치되니까요. 김태우 전 청와대 특별감찰반원이 얘기하는 거 들어보니까, 조국 씨가 민정수석으로 있을 때 하는 일을 유심히 봤는데 옛날 국정원이 하던 일을 하고 있더랍니다. 이게 뭘 말하는 거겠습니까."

— 국정원의 국내정보 수집이 마치 정치 개입으로 비친 감이 있죠.

"국내정보 수집을 안 한다고 국정원이 공언했지만, 정보라는 건 국내외·대북 정보가 전부 같이 맞물려 돌아갑니다. 국내정보는 반드시 해외나 북한으로 연결되기 마련입니다. 이 세 개는 떼려야 뗄 수가 없어요. 국정원이 절대로 해선 안 되는 게 바로 선거에 개입하는 겁니다."

비화 5. '이름 없는 별' 중 한 명, 故 최덕근

— 서훈 원장 얘기가 나와서 여쭤봅니다. DJ 정부 시절 국정원 고위직을 지낸 사람에게 물어보니 서 원장 자체는 '나이스(nice)하다'고 하던데요.

"흔히 말하는 왼쪽 성향은 아니에요. 지금 저쪽 진영에 속해 있으니까 아무래도 성향이 그렇게 비치는 감은 있죠. 성격도 원만하고 괜찮은 사람이에요. 서훈 원장을 훈육한 훈육관도 그렇게 평가

하고요. 운동도 만능이었다고 해요."

— 김만복 전 국정원장과 마찬가지로 안기부 시절 '학원사찰' 업무를 하
　　지 않았습니까.

"학원과에서 근무했었죠. 거긴 잠깐 있었고, 그다음엔 남북대화
담당하는 전략국에 있었어요. KEDO(한반도에너지개발기구) 일을 맡
아 2년가량 북한에 가 있었죠."

— 그때 북한에서의 행적에 대해선 별로 알려진 게 없습니다.

"북한에 있었으니까 우리로선 알 수 있는 방법이 없죠."

— 서훈 원장은 김대중-노무현-문재인 세 정권에 몸담으며 남북정상회담
　　을 세팅한 주역(主役)입니다. 북한 김정일은 생전에 '서훈 동지'라고 부
　　르면서 서 원장의 안부를 묻곤 했다는데, 왜 그랬을까요.

"글쎄… 유능하니까 '저만한 사람이 있으면 좋겠다'고 생각한 거
아닐까. 뭔가 좋아할 만한 구석이 있었겠죠."

— KEDO에 있을 때 북한 고위층과도 안면이나 교분을 쌓지 않았을
　　까요.

"자세한 건 모르지만 그럴 수도 있죠."

― 국정원 원내에 '블랙요원(신분을 숨기고 활동하는 요원)' 임무를 수행하다가 순직한 이들을 위해 세운 '이름 없는 별'이란 조형물이 있지 않습니까. 이들이 수행한 임무에 대해 구체적으로 말씀해주십시오.

"잘 알겠지만 보안상 요원들의 개별 활동에 대해선 밝힐 수 없어요(웃음).《조선일보》기자도 그것 좀 자세히 알려달라고 그랬는데 알려줄 수 없었어요."

― 몇 개만이라도 좀….

"생각이 잘 안 나네. 원(院)에서도 보안사항이라 안 알려주려고 합니다.《조선일보》기자도 못 얻고 돌아갔다니까요."

― 그중 한 명이 1996년 북한에 의해 암살된 최덕근(당시 블라디보스토크 영사) 씨 아닌가요.

"최덕근을 알아? 최덕근 씨는 원래 우크라이나 영사를 하다가 블라디보스토크로 명령이 나서 갔다가 변(變)을 당했어요."

― 최덕근 영사도 원래 국정원에서 오랫동안 정보분석하던 분 아닙니까.

"그 사람 애널리시스(analysis·분석) 하던 분인데 안타깝게도 안전에 조금 소홀한 면이 있었죠. 너무 안됐지."

사돈 남 말,

— 안전이요?

"그 양반이 안타까운 게 원래 새 임지에 부임하면, 보안시설이 다 돼 있는 전임자의 숙소로 입주하는 게 관례예요. 근데 최 영사는 블라디보스토크에서 새 집으로 들어갔대요. 문제는 그 집이 CCTV가 제대로 안 돼 있었던 모양이더라고. 보안이 허술했던 거지. 그래서 북한 놈들이 냄새를 맡고 살해한 거 같아요."

비화 6. 장승길 駐이집트 北대사 망명 비화

— 이듬해 황장엽 북한노동당 비서와 장승길 이집트 주재 북한대사가 망명했는데, 장승길 대사 건(件)은 본인이 관여하신 거 아닙니까.

"내가 (관여하고) 있었죠. 사실 장승길 아들 중에 장철민이라고 있어. 걔가 이집트 영국문화원에 영어를 배우러 오곤 했어요. 그때 아마 열일곱 살이었을 거예요. 담배도 피우고 그랬는데⋯. 근데 그 놈이 우리 대사관저에 전화를 해 '내가 북한대사 아들인데 남조선으로 가고 싶다'고 그러는 거예요. 그래시 내가 만나서 '너 정말 (남한으로) 가고 싶어?' 그랬더니 '가고 싶다'고 그래요. 왜냐고 물으니까 '조선이 싫다'고 하더라고요."

— 그랬더니요.

2019~2020년

"본부(안기부)와 장철민을 국내로 송환할지 여부를 두고 의논을 했습니다. 본부 입장은 '(장철민이) 미성년자이기 때문에 국제 분쟁으로 비화될 소지가 있다'였어요. 납치라는 오해를 받을 수 있다는 거죠. 그러는 와중에 장철민이 이스라엘로 튀었어요.(웃음) 아마 미국하고 접선(接線)을 했던 거 같아요. 그러다가 캐나다로 간 거까지 확인했는데 그 뒤는 모르겠어요."

― 장승길 대사는요?

"그로부터 얼마 안 있다가 장승길이 탈출한 겁니다. 난 장승길을 이집트 공항에서 만난 적도 있어요."

― 그건 장승길 망명이 이뤄질 때의 얘긴가요.

"그전에 우연히 봤을 때 얘기죠. 그때 장승길더러 '여긴 어쩐 일입니까. (김일성·김정일) 배지가 좋아 보입니다'라고 농(弄)을 하니까 '에티오피아에서 손님이 와 기다리고 있는 중'이라고 하대요. 그러더니 나한테 '여기(이집트)에 한국 사람 많이 나와 있죠'라고 물어봅디다. 내가 '많이 있습니다' 했더니 '그 사람들 돈은 얼마나 받습니까'라고 또 묻대. '한인 식당 주방장의 경우, 한 3,000달러 받습디다' 했더니 '어이구, 그렇게 많이 주느냐'며 놀라더라고.(웃음)"

― 실제로 그렇게 많이 줬어요?

"맞아 그랬어. 사실 북한대사 봉급이 얼만지 내가 빤히 알았거든. 그때 북한대사 봉급이 250~300달러 정도였어요. 그 돈 가지고 생활이 불가능하죠. 담배나 술을 '프리숍(free shop)'에서 싸게 사갖고 시중에 비싸게 팔면서 이익 챙기는 게 일이었어요."

— 결국 쪼들리는 생활비와 아들 때문에 장승길이 탈출을 감행한 거군요.

"그때 장승길의 친형이 프랑스 북한무역대표부 대표로 있던 장승호였어요. 장승길이 장승호한테 연락해 형제가 같이 미국으로 갔죠. 그 뒤로 우리가 심문을 요청했는데 미국이 거절해 어떻게 됐는지 몰라요. 우리가 관여도 못 했고요. 아마 아들하고 부인하고 다 같이 미국 정부의 보호하에 살고 있는 거 같아요."

— 장승길 부인이 북한에서 유명한 배우였죠.

"유명한 북한의 혁명가극 〈꽃파는 처녀〉에 나오는 배우 최혜옥이었지. 굉장한 미인(美人)이고 키도 커요."

비화 7. "'흑금성' 김정일 안 만나… 만나줄 級 아냐"

— 작년에 개봉해 화제가 된 영화 〈공작〉 아시죠. 영화의 실제 주인공 '흑금성' 박채서가 벌인 대북공작 역시 본인이 직접 관여했던 걸로 압니다.

"관여라기보다는… 뭐 잘 알곤 있죠."

— 박채서가 '김정일을 만났다'고 주장했는데, 실제로 만난 거 맞습니까.

"안 만났어. 박채서 본인한테는 미안한 얘기지만 그 정도 급(級)은 김정일이 만나주질 않아요."

— 당시 안기부도 박채서의 움직임을 다 파악하고 있었죠.

"그렇지. 그때 대선(1997년)을 앞두고 있었잖아요. 박채서가 우리랑 일을 벌이면서 동시에 정치권 유력 인사들하고도 선(線)이 닿아 있더라고요."
— 일종의 '이중 플레이' 같은 건가요.

"보기에 따라선 그렇죠. 영화에서는 흑금성이 북한에 가 김정일을 만나고, '총풍(銃風) 사건'을 기획했다는 식의 얘기도 나오던데 전혀 사실과 다릅니다. 북한에서 광고 촬영권을 얻어 사업을 하겠다는 게 다였지, 그 외에는 사실이 아니란 점을 알아야 합니다. 다만, 북한은 박채서를 이용해 선거 정국에서 나오는 정보를 좀 얻으려고 한 거 같아요. (박채서는) 그 이후에 작전교범을 현역 육군 소장한테 건네받아 북한에 준 걸로 한 번 더 걸렸을걸요?"

— 자신의 3사관학교 선배인 현역 소장한테 받아 유출한 걸로 2010년
　구속됐죠. 그 장성(將星)은 보직해임돼 구속됐고요. 중장 진급을 목전

사돈 남 말,

에 두고 있었습니다.

"장성씩이나 된 사람이 아무리 공개된 교범이라고 해도…. 그건 말이 안 되지. 잘못된 거죠."

— 총풍 얘기가 나와서 그런데, 그건 '김영삼 청와대'가 직접적으로 연관
   됐던 거 아닙니까.

"중국 베이징에서 북한 공작원하고 접촉해 '이회창 씨 당선을 위해 휴전선에서 총을 쏴달라'고 부탁한 경남 마산 출신의 B씨를 안기부가 검거했죠. 우리(안기부)가 정보 수집을 통해 처음 포착한 겁니다. 당시 안가가 꽉 차 있어 내가 우리 부(部)의 정모 심문관한테 '김포공항에서 B의 신병을 인수한 뒤 모텔로 가 조사하라'고 지시했어요. 사실 총풍은 안기부하고는 전혀 무관해요. B씨가 '청와대 비서관 누구누구하고 친분이 있었다'는 얘기만 있을 뿐이죠."

— 김영삼 정부 시절인 1996년 총선 직전, 안기부 예비비를 선거자금으
   로 썼다는 이른바 '안풍(安風) 사건'도 있었습니다. 강삼재 당시 신한국
   당 사무총장이 ㄱ 돈을 받아 지구딩(현재의 딩협위원회)에 뿌렸다는 건
   데요.

"국회 차원에서 돈을 받아 여당이 쓴 건 확실해요. 중요한 건 (안기부 돈을) 여당만 받아 쓴 게 아니라는 거지."

— 김대중 씨가 총재던 새정치국민회의나 김종필 씨가 이끌던 자유민주
연합도 받아 썼다는 얘긴가요.

"여당이 좀 더 많이 받았겠지만 야당도 받아 썼어요. 지금은 큰
일 날 일이지. 하지만 그 당시에는 안기부 돈을 여야(與野)가 나눠
쓰는 게 별문제가 없었나 봐요. 나도 국회 예결위원장 출신 중진
국회의원한테 들은 거예요."

비화 8. 지금도 '탈북 러시'는 이어지고 있다!

지금도 북한 동향을 계속 분석하고 있는 송봉선 회장은 "보도가
안 돼 그렇지 2018년에만 1,200여 명의 북한 주민이 탈북했다"고
귀띔했다. 통상 2,000명 수준이던 데 비해 감소한 수치지만, 문 정
부하에서도 남한으로 향한 '탈북 러시'는 계속 이어지고 있다는 얘
기였다. 이렇듯 북한 정권이 무너져가고 있음에도, 문재인 정부가
'김정은 숨통 틔워주는 데에만 골몰하고 있다'는 요지의 비판도 했
다. 그의 말이다.

"이 정부는 북한에 맹목적이에요. 대화에 굶주려 있어서 그런지
문재인 대통령은 북한을 유리잔같이 조심스럽게 다루려고만 해요.
반면 북한은 아랑곳하지 않고 우리를 비난하는 데에만 열을 올리
고 있어요. 문재인 정부를 이용해 어떻게든 제재 국면에서 벗어나
려고 애를 쓰는데, 우리 정부는 그런 북한에 기대나 하고… 걱정이

커요."

송 회장은 "오는 11월 부산에서 '한(韓)-아세안 정상회담'이 열리는데, 이때 정부가 전격적으로 김정은을 초청할 수 있다"고 내다봤다. 남북정상회담이라는 '한반도 무대'를 넘어 김정은을 '국제 무대'에 데뷔시켜준다는 의미에서 가능성이 있다는 주장이었다. 그러면서 "(문재인 정부가) 내년 총선에서 소기의 목적을 달성하기 위해서라도 어떤 식으로든 김정은의 방남(訪南)을 추진할 것"이라고 했다. 이어 "트럼프 대통령도 내년 재선(再選)을 앞두고 있어, 미국 입장에서도 그리 나쁘지 않은 카드라고 본다"고 덧붙였다.

'호언장담' 김정은,
사실은 겁먹었다

〈조선일보〉 (2019.12.25.)

북한 김정은이 리설주와 함께 백마를 타고 백두산에 오르는 모습이 화제를 모았다. 연말이 다가오면서 북한은 연일 미국을 협박하는 메시지를 쏟아내고 있다. 김정은은 정말 미국을 상대로 일전을 벌일 만큼 자신감에 차 있는 걸까.

지난 10월 김정은의 삼지연 방문 동향이 한국 매체에 사전 노출되자 북한 보안 기관들에 "남조선에 1호 행사 관련 정보를 알려준 자들을 색출하라"는 지시가 떨어졌다. 김정은의 현지 지도 동선은 1급 비밀에 해당하는 금기 사항이다. 공안·방첩 기관이 대대적 검열·수색에 나섰다. 김정은은 최근 신변 불안으로 외부 행사 일정과 장소를 갑자기 바꾸고, 폭발물·독극물 탐지 장비를 해외에서 들이는 등 경호를 크게 강화하고 있다고 한다.

북한 내 700만 대나 되는 휴대전화를 통한 정보 유출을 막으려는 조치와 함께 국경 지역 주민들의 중국산 휴대전화 사용을 대대적으로 단속하고 있다. 특히 김일성 항일 활동의 성지로 알려진 삼

사돈 남 말,

지연 일대에는 호위사령부 소속 중대 2개가 경계 근무를 서고 있다고 한다.

　김정은이 비핵화 협상 시한으로 제시한 연말이 다가오면서 미·북은 피할 수 없는 충돌 국면으로 접어들고 있다. 북한은 트럼프 미 대통령에게 "망령든 늙다리" 같은 말 폭탄을 쏟아내고, 트럼프 대통령은 "김정은, 적대 행동하면 모두 잃을 것"이라고 타이르고 있다. 이런 모습만 보면 북한이 기 싸움에서 밀리지 않고 미국을 압박하는 것처럼 보인다. 그러나 김정은은 미국이 자신에 대한 참수작전 카드를 만지작거리는 것은 아닌지 경계하는 것으로 보인다. 북한 내부 동태가 그런 김정은의 심리를 전해주고 있다.

북한 편들기 급급 안보 수장들⋯
나라가 위태롭다

〈데일리NK〉 (2019.11.07.)

대한민국 안보를 책임지는 청와대 국가안보실장과 국방부 장관 등이 북한의 미사일 도발에 대해 상식 밖의 발언으로 우리 국민을 실망시키고 있다. 먼저 최근 국회 운영위원회 국정감사에 출석한 정의용 국가안보실장은 "(북한 미사일 도발은) 우리 안보에 위중한 위협이 된다고 보지 않는다" "9·19 군사합의 위반은 아니라고 본다" "결의 위반도 아직 안보리가 판단을 내리지 않고 있다"고 했다. 구구절절 북한 도발을 감싸는 모습이다.

북한은 문재인 대통령이 모친상을 당한 와중인 초대형 방사포를 발사하면서 올해 들어 12번째 '미사일 도발'을 감행했다. 이러한 위중한 정세에 국가의 안보를 책임지고 있는 안보실장의 말이라고 도저히 믿을 수 없다. 정 실장은 또 "우리도 북한보다 적지 않게 미사일 시험 발사를 하고 있다" "양적으로 질적으로 우리 미사일 능력이 북한보다 훨씬 우세하다"고도 했다.

정경두 국방 장관도 마찬가지다. 북한이 단거리 미사일이나 잠수

사돈 남 말,

함발사탄도미사일(SLBM)을 발사해도 "직접적인 도발이라고 표현할 수 없다" "9·19 합의에 명시된 부분은 없다"고 계속 북한을 감쌌다. 이러니 문재인 대통령이 북한의 대변인이라는 비아냥 소리를 듣는 것이다. 북한이 우리 대통령을 얕보고 '삶은 소대가리'라고 저급하기 이를 데 없는 조롱을 해도 제대로 대응하지 못하고 있다.

다른 나라는 어떤가. 미국은 북한의 도발을 "동맹에 대한 위협"이라고 하고 있고, 일본은 "유엔 안보리 결의 위반"이라고 규탄했다. 그런데도 정 실장은 "전쟁 위협이 현저히 감소한 것은 틀림없는 사실"이라며 "북한이 함부로 전쟁을 일으킬 상황은 절대 아니다"라고만 하고 있다.

이뿐만이 아니다. 정 실장은 "북한의 대륙간탄도미사일(ICBM)은 이동식 발사대(TEL)로 발사하기 어렵다. 동창리 미사일 실험장이 폐기되면 북의 ICBM 발사 능력은 없다고 자신 있게 말씀드린다"고 했다. 김유근 안보실 1차장도 "현재 북한의 능력으로 봐도 ICBM은 TEL로 발사하기 힘든 것으로 파악하고 있다"고 맞장구를 쳤다. 안보 담당 책임자가 단정적으로 왜 이런 말을 하는지 이해가 안 간다.

북한은 미국의 감시망을 피해 이리저리 옮겨 다니면서 미사일을 발사할 수 있는 이동식 발사대 개발에 집중해 왔다. 실제로 2017년 ICBM급 미사일을 세 차례 발사하면서 이동식 발사대를 이용했다. 이동식 발사대에 미사일을 싣고 가 고정식 발사대로 옮겨 쏜 적도 있다. 그렇기 때문에 미 전문가들은 하나 같이 "북한은 TEL

에서 ICBM을 발사할 역량을 갖추고 있다"고 입을 모으고 있는 것이다.

한편 서훈 국정원장은 최근 국감에서 '이동식 발사대에서 ICBM이 아닌 중거리 탄도미사일(IRBM)을 발사한 사례는 있다'고 말했으며, 북한은 TEL로 미사일을 옮긴 뒤 발사 장소에 받침대를 세워서 미사일을 발사했다는 점에서 이동식 발사를 인정했다. 하지만 청와대는 논란이 일자 보도자료를 내면서 "TEL이란 운반(Transporter), 직립(Erector), 발사(Launcher) 기능을 하나로 통합하여 운용하는 체계이나 북한은 ICBM을 3번 발사할 동안 TEL을 운반과 직립까지만 이용했을 뿐 발사는 미사일을 따로 떼 실시했으므로 본래의 기능을 발휘하지 못했다" "서 원장의 국회 증언은 중거리미사일로 ICBM이 아니기 때문에 TEL 발사로 규정하지 않는다"는 변명 주장만 했다.

그나마 서 원장은 북한판 이스칸데르, 초대형 방사포 등 4종 대남 타격 무기를 개발해 2, 3년 내 양산체제라고 경고했다. 더구나 이 무기는 종전 액체 연료에서 고체 연료로 전환하여 시간상으로나 효용도 등을 훨씬 높여 위협이 가중될 가능성까지 경고하고 나섰다. 하지만 청와대의 안보 라인은 일척간두(一擲竿頭)의 위협이 전개되고 있는데도 불구하고 현실과는 동떨어진 소리만 한다. 이런 인물들이 주요 자리에 틀어 앉아 '북한 바라보기' 정책만을 고수하고 있는 셈이다.

사돈 남 말,

얼마 전 동부전선 안보 시찰 때 봤던 화천 등 전방 지역 주민들이 직접 내건 '일방적 병력축소 반대한다'는 현수막이 눈에 선하다. 우리의 주적은 비대칭 무기와 신형 미사일로 우리를 위협하고 있는데 전투사단을 대폭 줄이고 병력을 감축하고 북한의 맹방인 중국과는 3불 정책이나 약속하니, 국민이 비통함을 느끼는 것이다.

이란 참수 작전 성공,
북한에도 적용 가능한가?

데일리NK (2020.01.27.)

———

　미국이 지난 5일 이란의 거셈 솔레이마니 이란혁명수비대 정예군 사령관을 MQ-9 리퍼 무인공격기로 살해한 후 북한 김정은에 대한 참수 작전 가능 여부가 국내외로 이슈로 떠올랐다. 많은 군사전문가들은 김정은 참수 작전이 어려운 것은 사실이지만 불가능한 것은 아니라고 지적하고 있다.

　일단, 무인 공격기로 평양의 촘촘한 방공망을 뚫고 작전할 수 있는가 하는 문제다. 평양 주변 지역에는 세계에서 가장 조밀한 방공망이 포진해 있어 침투가 쉽지 않다는 것이다. 이번 솔레이마니 참수 작전에 활용한 리퍼 무인기는 레이더에 잡히지 않는 스텔스가 아니고 속도도 최대 시속 482㎞이고 순항속도도 시속 313㎞로 느려 발견 시 쉽게 격추된다고 한다. 북한보다 방공 능력이 떨어지는 예멘의 후티 반군이 과거 리퍼를 격추한 사례에서 보듯이 조밀한 방공망이 있는 곳에서 리퍼로 작전하는 것은 쉽지 않다는 것이다. 솔레이마니를 암살한 이라크 바그다드는 미국에 적대적인 대공 미사일 배치가 거의 없어 리퍼가 쉽게 비행할 수 있는 상황이었다.

사돈 남 말,

다만 2019년 말 주한 미 공군은 그레이 이글 12대를 전북 군산 미군 기지에 배치하였다. 이 드론은 헬파이어 공대지 미사일 R9X, 레이저유도폭탄 등을 투하할 수 있어 김정은에게는 더 큰 위협적이다.

또한 김정은의 동선 파악이 어렵다는 점도 난관으로 지적되고 있다. 하지만 미국은 여러 대의 정보위성을 띄워 한반도 상공을 거의 실시간으로 들여다보고 있어 이 또한 어려운 것이 아니다. 최근에는 데일리NK 등 민간 대북 첩보 수집 기관에서 김정은의 백두산 삼지연 특가 방문 동선을 파악 보도해 북한 국가보위성 등 보안 기관이 소동을 벌인 적이 있다.

우리 정보 당국자도 김정은 동선 정도는 휴민트나 과학정보, 신호정보를 통해 수집이 가능하다는 점을 인정하고 있다. 정보 당국자들은 과거보다는 우리 정보기관의 정보수집 능력이 진일보하였다고 조심스럽게 밝히고 있다. 우방국인 일본의 경우도 정찰 위성이 7개나 되어 정보협력을 통해 김정은의 동선 파악이 가능하다. 김정은의 경우 항상 평양에만 있는 것은 아니다 지방에 소재한 30여 개 특각이나 북한 전 지역 현지지도 빙문으로 수시로 그의 동선이 드러나고 있다.

지난해 국가정보원과 국방정보본부의 국회 정보위 보고 자료에 의하면 김정은 집권 이후 북한 관영매체의 2012년부터 2019년까지 8년 동안 김정은 공개 활동 보도 전수조사통계 자료는 총 1,236회로 연평균 155회의 현지지도를 한 것으로 나타나고 있어 김정은의 동선 파악은 어려운 것이 아니다.

혹자는 김정은의 실시간 동선을 알 수 있는 가장 확실한 방법은 김정은 측근이나 경호 관계자 등을 통한 인간 정보가 절대 필요하다고들 하지만 첩망과는 연락 수단이 원활치 않아 오히려 참수 작전에 도움이 되지 않을 수 있다. 참수 작전은 과학정보를 통한 실시간 정보 수집이 훨씬 유용할 수 있다.

참수 작전은 김정은 제거 뒤 강경파 군부 등에 의한 핵 무력 보복 가능성도 우려되는 등 전쟁 위험도 가져올 수 있다. 이란 솔레이마니가 살해된 후 전쟁 가능성을 점쳐지기도 했지만 전쟁이 일어나는 것은 쉬운 일이 아니다. 북한은 세계 최빈국으로 비대칭 핵미사일이나 포병 전력이 우세하지만 전쟁을 수행할 수 있는 에너지나 가용 군수물자가 절대 부족, 지구전이 불가능하다.

특히 김정은 제거 참수 작전이 성공하더라도 김정은만큼 확실한 북한 권력을 장악할 대안세력 여부에 대한 우려도 상존한다. 중동의 독재자들인 카다피나 사담 후세인, 무바라크 등 독재정권이 붕괴된 후 어렵지만 새로운 지도자가 나와 민주화가 되어 가고 있다. 북한 내부 고위층 내에는 표출되지 않은 제2의 황장엽 같은 불만 세력이 분명히 있을 것이다. 김정은 제거 후 또다시 김씨 일가가 대안세력으로 고려한다면 참수 작전을 안 하느니만 못하다. 북한 김 씨 3대는 70여 년간 북한을 지배하면서 무자비하게 주민을 박해하고 정적을 숙청하였다. 북한에서 김 씨 체제가 무너지지 않으면 통일도 비핵화도 되지 않는다는 것은 명약관화하다. 결국 레짐 체인지 외에 방법이 없다.

김정은이 제거되면 분명히 개혁 세력이 등장할 것이다. 최악의 경우 북한 내 친중 정권이 수립된다고 해도 현재와 같은 폐쇄 정권보다는 오히려 개혁개방에 도움이 될 수 있다. 북한은 퇴행적 김씨 신권체제나 봉건 왕권 체제가 개혁개방을 가로막아 오늘날 최악의 빈곤 독재국가로 전락했다. 김정은 3대 독재 체제가 이제 2021년이면 10년이 된다. 그동안 문재인 친북 좌파 정권이 저자세로 대화를 구걸하여도 이를 거부하고 있는 점을 고려할 때 북한을 외교적으로나 평화적 방법으로 안착시키는 방법은 거의 불가능한 수준에 이르렀다.

김정은 정권이 유지되면 핵물질이 국제 테러 세력에까지 확산될 수 있어 한국은 물론 전 세계가 위험에 빠질 수도 있다. 김정은은 핵무기 하나로 세계 최강 미국을 조롱하고 대외 관계를 단절하면서 자력갱생을 외치고 있다. 김정은 참수작전은 국제평화를 위해 심각히 고려되어야 할 문제다.

北 특정 정당 비난 공세, 안보적 차원 대응 필요하다

〈데일리NK〉 (2020.02.19.)

———

북한이 우리의 4월 총선이 가까워지면서 대남 선전 활동을 강화하고 있다. 북한의 우리 선거 개입은 어제오늘의 일이 아니다. 선거 때만 되면 대남 선전매체를 동원하여 북한의 유리한 정당이나 친북 인사들의 편을 들면서 보수정당이나 인사들에 대해선 낙선을 선동하곤 하였다. 이번 총선에도 어김없이 통일전선부 전위 대남 선전매체인 '우리민족끼리'와 '메아리' '구국전선' 등을 통해 보수통합 활동 및 특정 인사 등에 대한 모략 선동내용을 전파하고 있다.

매체별 선전선동 동향을 보면 '우리민족끼리'는 매일 총선투쟁 관련 논평기사와 만평, 동영상 등을 게재하면서 "보수를 심판해야 한다"고 선동했고, '메아리'는 '극우 보수 쓰레기 무리를 싹쓸이해 역사의 오물통에 처박자'고 선동했다. '구국전선'은 올해 들어 20여 회에 걸쳐 총선 관련 대남선동을 전개했다.

특히 '우리민족끼리'는 자유한국당이 문재인 정권의 심판론을 선거 기치로 들고나온 것을 흉내 내 "보수야당을 심판해야 한다"면서

사돈 남 말,

한국당에 대해 갖가지 막말 비난을 하는 등 구태의연한 모습을 보였다. 또한 "역대 남조선(한국)에 국회의원 선거는 현 집권자에 대한 중간평가 성격을 가졌지만 이번엔 그런 전례를 깨고 보수야당 심판론이 더욱 고조되고 있다"고 시국을 제멋대로 해석하기도 하였다.

아울러 "까마귀 열두 번 울어도 까욱 소리뿐"이라며 "보수패당이야말로 민족의 존엄과 이익을 송두리째 팔아먹는 사대매국의 무리, 현대판 을사오적의 무리가 아닐 수 없다"고 맹비난했다. 지난 1월 초 '추악한 오명으로 얼룩진 자유한국당의 1년간 행적'이라는 논평에서는 "한국당 파산 지령과 함께 야당이 한국 국민들의 지향과 염원을 역행했다"고 악의적으로 선동하고 "보수패당에 대한 환멸"이라고 비하했다.

이 밖에 매체는 "지난해 자유한국당을 비롯한 보수 세력들이 남조선 인민들의 지향과 염원에 역행하여 죄악만을 쌓았다"며 "북남관계 문제는 말할 것도 없고 사대매국과 민생외면, 반민주적행태, 부정부패, 저질스러운 막말, 깡패적 난동 등으로 모든 사람의 경악을 자아냈다"고 비판했다.

또한 선거 이슈의 한축인 한미 동맹 관계에 대해서는 "원래 보수패당이 친미사대를 저들의 생사존망과 관련되는 필수적인 것으로 여기고 있다"면서 국내 좌파 세력이나 일부 친북 여권 세력의 야당 비판을 유도하는 모습이다.

아울러 한미 간 방위비 분담금 특별협정 협상에 대해서는 "천문학적 액수의 돈을 더 내라는 미국의 강박에 못 이겨 방위비 분담금 증액에 막대한 국민 혈세를 미국에 섬겨 바치려고 해 남조선 인민들이 도저히 받아들일 수 없는 것"이라는 주장을 펼쳤다. 또한 지난 연말 지소미아 연장 결정에 대해서는 "남조선 각계가 일본과의 군사정보 보호협정 파기결정에 대해 적극 환영할 때에도 유독 보수패당만은 '우려스러운 결정, 최악의 결정' 등으로 비난했다"고 했다.

또한 북한 선전매체들은 안철수 국민의당 창당준비위원장을 향해서는 '정치철새' '기회주의자' 등 막말에 가까운 단어를 써가며 공세를 퍼부었다.

반면 더불어민주당에 대해서는 오히려 선거에서 실수해서는 안 된다는 훈수까지 두고 있다. 매체는 '오만하면 심판받는다'라는 제목의 글을 통해 "자칫 자기도취나 진영에 매몰되면 선거는 예측 불허가 될 수 있다"면서 민주당이 이번 총선에서 민심을 잡는 요령까지 가르치려 드는 등 노골적인 우호적 모습을 보이고 있다.

북한의 이 같은 선거 개입 공작은 그동안 북한과 합의한 4·27 판문점 선언 및 9·19 평양 공동선언, 그리고 미북 정상회담 합의선언과 정면 배치되는 것이다. 때문에 우리 정부는 북측의 선거 개입을 절대 묵인해서는 안 된다.

사돈 남 말,

북한은 과거 14대 대통령 김영삼 정부 말기 통전부에서 베이징에 요원을 파견하여 15대 대선에 개입한 것으로 알려졌다. 이를 모티브로 한 흑금성이라는 영화까지 나오는 등 웃지 못할 일이 있었음을 우리는 기억한다. 북한의 남한 선거 개입에 여야는 정파를 초월하여 안보적 차원으로 강력하게 대응해야 할 것이다.

홍범도 유해 송환,
한쪽 면만 부각할 일 아니다

〈데일리NK〉 (2020.03.11.)

문재인 대통령은 얼마 전 3·1절 101주년 기념식 기념사에서 "오늘 저는 온 국민이 기뻐할 소식을 전하고자 한다"면서 "봉오동 전투와 청산리 전투의 승리를 이끈 평민 출신 위대한 독립군 대장 홍범도 (1868~1943) 장군의 유해를 드디어 국내로 모셔올 수 있게 되었다"고 했다. 이어 "지난해 계봉우·황운정 지사 내외분의 유해를 모신 데 이어 '봉오동 전투 100주년'을 기념하며 카자흐스탄 대통령의 방한과 함께 조국으로 봉환하여 안장할 것"이라며 "봉오동·청산리 전투 100주년을 맞아 국민들과 함께 3·1독립운동이 만들어낸 희망의 승리를 자랑스럽게 기억하고 싶다"고 말했다.

홍범도의 항일 무장투쟁 공로로 홍범도의 공산주의 활동이나 이념적인 면은 가려진 채 홍범도의 항일활동 역할만을 부각시키고 있어 이를 지적하고자 한다. 또한 문 대통령의 모든 국민의 기쁨이라는 시각에 동의할 수 없다. 홍범도 장군이 봉오동 전투나 청산리 일제와의 전투에서 공로가 인정되지만 그는 한때 공산주의 활동을 했던 인물이다. 홍범도는 함경도 지방에서 의병항쟁을 전개

사돈 남 말,

한 뒤 소련의 연해주 지방과 중국의 동북 지역을 왕래하며 항일
활동을 하면서도 소비에트 정권을 지원하였다. 레닌 주도의 볼세
비키 세력인 적군(赤軍)을 지원하여 반 볼세비키파인 러시아 백위
파(白衛派)를 상대로 투쟁하기도 하였다.

소련에 들어간 이후에 적군(赤軍)과의 연합투쟁을 위해 러시아
공산당에 입당하여 공산주의 활동을 하였다. 홍범도가 1920~30
년대 제3세계 식민지 피압박 약소민족의 민족해방운동에 중추적
역할을 했던 코민테른이나 소비에트 러시아 당국의 국제적 지원을
받은 점 등은 홍범도가 공산주의자임을 입증한다.

또 일부 진보 좌파 세력들은 홍범도의 무장활동은 김좌진(金左
鎭)·이범석(李範奭) 등 우리의 독립운동세력인 북로군정서(北路軍政署)
군대와 연합하여 봉오동·청산리전투에 성과가 있었음에도 홍범도
를 제외하고 이들만의 전과로 돌린다고 비판한다. 그러나 독립운
동 유공은 맞지만 공산주의자였던 인물을 대통령이 나서서 그의
활동을 거양시키는 것은 맞지 않다고 본다.

얼마 전 정부는 보훈처 주관하에 약산 김원봉을 대한민국 건국
공로자로 추서하려다 국민적 저항에 부딪히고 논란이 일자 이를
거두어 드린 바 있다. 김원봉은 비록 독립운동에 기여했다고는 하
지만 해방 후 귀국하였다가 자진 월북하여 북한 정권에 기여한 인
물이다. 북한에서 혁명열사릉이나 애국 열사릉에 묻힐지언정 대한
민국 건국과는 상관이 없는 인물인데 문 정부는 이를 밀어붙이려
했다.

평창동계올림픽 때 김영남, 김여정 등 북한 대표단 앞에서 신영복 선생님을 가장 존경하는 사상가라고 말한 바 있다. 대한민국 대통령이 아무리 남북대화 차원이라 하더라도 북한 대표들 앞에서 간첩 활동을 한 죄로 20년이나 복역한 사람을 어떻게 가장 존경하는 사상가라고 말할 수 있는가.

문 대통령은 얼마 전 김정은의 여동생 김여정으로부터 모욕적인 욕설을 들었다. "청와대의 저능한 사고방식" "구체적이고 완벽하게 바보스러울까" "세살 난 아이들과 크게 달라보이지 않는다" "적반하장의 극치" "겁을 먹은 개가 더 요란하게 짖는다" 등 노골적인 조롱의 수준이었다. 그러나 이에 대해 청와대는 한마디 비판도 없이 일체 반응을 보이지 않았다. 일각에서는 '북한에 무슨 약점 잡혔나'라는 의문을 제기하기도 하였다.

또한 항일독립운동을 하였다고 북한 김일성도 서훈에 넣어야 겠느냐고 반문하는 국민도 있는 것이 사실이다. 이제 홍범도 유해 봉환은 대통령 주도로 이루어지겠지만 우리의 정체성 훼손에 악영향을 끼치는 건 아닌지 되새겨볼 필요가 있다.

사돈 남 말,

4·15 총선 앞둔 북한의 선거 개입

〈월간조선〉 (2020.04.)

⊙ 남한 시국 제멋대로 왜곡하는 북한 선전·선동 매체들

⊙ '극우보수 쓰레기 무리를 싹쓸이해 역사의 오물통에 처박자'고 선동

⊙ 총선 출마 탈북자 신변 보호 필요… '제2의 이한영' 나와선 안 돼

북한 김정은은

우리의 4월 총선이 가까워오면서 대남(對南) 선전 활동을 강화하고 있다. 북한의 우리 선거 개입은 어제오늘의 일이 아니다. 선거 때만 되면 저들은 대남공작기구나 선전매체를 동원해 북한에 유리한 정당이나 친북 좌파인사들을 편들면서 보수정당 비난이나 보수 인사들에 대해 낙선을 선동하고 비난해왔다.

북한의 이번 목표는 우리 총선에서 보수 세력의 승리를 저지하고 좌익세력이 절대다수 의석을 확보하게 하는 데 있다. 남한 좌파 정권의 연장이 제1목표라는 의미다. 이 외에도 북한 정권은 당(黨)

규약에서 제시한 전국적인 범위 내에서 '김일성주의' 완성으로 영원한 김 씨네 신권(神權) 왕국 기반의 구축을 꾀할 것이다.

이번 총선에도 어김없이 통전부 전위(前衛) 대남 선전매체들인 대남공작기구 통전부 산하 매체 '우리민족끼리' '메아리' '구국전선' 등을 통해 보수정당 통합 활동과 특정 인사 등에 대한 모략 선동내용을 무차별 전파하고 있다.

북한에 우호적인 정당이 개헌 가능한 3분의 2 이상 절대다수 의석을 확보할 경우, 개헌으로 남북한 연공합작(聯共合作)의 기틀을 마련하게 될 것이다. 북한은 목적 달성을 위해 합법·비합법적 모든 수단과 온·오프라인을 동원해, 친북 좌익세력을 적극 지원할 태세다.

惡意에 찬 비속어 동원 보수 정당 비난

이미 그런 움직임은 곳곳에서 감지되고 있다. '우리민족끼리'는 미래통합당이 문재인 정권 심판론을 선거 기치로 들고나온 것을 두고 "보수야당을 심판해야 한다"면서 통합당에 대해 갖가지 막말과 비난을 하는 등 선전·선동에 집중하는 모습을 보이고 있다. "역대 남조선에 국회의원 선거는 현 집권자에 대한 중간평가 성격을 가졌지만 이번엔 그런 전례를 깨고 보수야당 심판론이 더욱 고조되고 있다"고 시국을 제멋대로 왜곡하기도 했다.

사돈 남 말,

동(同) 매체는 "까마귀 열두 번 울어도 까욱 소리뿐"이라며 "보수 패당이야말로 민족의 존엄과 이익을 송두리째 팔아먹는 사대매국의 무리, 현대판 을사오적의 무리가 아닐 수 없다"고 맹비난했다.

지난 1월 초 '추악한 오명으로 얼룩진 자유한국당의 1년간 행적'이라는 논평에서는 "한국당 파산 지령과 함께 야당이 한국 국민들의 지향과 염원을 역행했다"고 악의적인 선동을 하며 "보수패당에 대한 환멸"이라고 비하했다.

北 선전·선동기구 남한 우파 비난 선동 총력
북한 선전·선동 매체 '구국전선'

북한은 선전·선동 매체 '구국전선' '우리민족끼리' '메아리'《로동신문》등을 통해 대남 선거 심리전 활동을 적극 전개하고 있다. 북한이 해외에 건설한 180여 개 사이트가 미국·중국·일본 등지에 숨어 적극 연계활동 중이다. 조선중앙통신과 '내나라' '조선의소리', 유튜브, 페이스북, 트위터 등의 수단이 동원되고 있다.

'반제민족민주전선(반제민전)'은 통일전선부(통전부) 소속으로서 1964년 결성된 통혁당의 후신(後身)이다. 1997년 대남 흑색방송인 '남조선해방민주민족연맹방송'은 통혁당 목소리로 변신하면서 대남 흑색방송을 해왔다. 1980년대 이후 '한국민족민주전선'(약칭 한민전, 일명 민민전)으로 개칭하여 '구국의소리'로 대남 선전방송을 해왔다. 동 매체는 우리 내부의 종북 좌파 세력을 지원하면서 2005년 3월 이후에는 '반제민전'으로 '구국전선'의 좌파 지원 활동을 독려해왔다.

이런 선전기구는 국내 주사파 운동권과 종북세력 활동을 남한의 애국 전위세력으로 부추기면서 자신들이 상급 조직으로 메시지를 내려보내는 등 국내 혼란을 획책하였다.

2020년 남한 총선의 해를 맞이하여 이 공작기구들은 지난 1월 김정은에게 드리는 충성 맹세문을 발표하고, 보수 세력의 재집권 야망을 분쇄하기 위한 투쟁에 나서겠다고 맹세하였다. 통전부 웹사이트 '우리민족끼리'는 올 들어 현재까지 총선투쟁 관련 논평 기사와 만평(漫評), 동영상 등을 게재하면서 "보수를 심판해야 한다"고 선동했다. '메아리'는 "극우보수 쓰레기 무리를 싹쓸이해 역사의 오물통에 처박자"고 선동했다. '구국전선'도 올해 들어 20여 회에 걸쳐 총선 관련 대남 선동을 전개했다.

'韓美동맹' 모략 선전
북한 선전·선동 매체 '메아리'

선거 이슈의 한 축인 한미 동맹 관계는 "원래 보수패당이 친미사대를 저들의 생사존망과 관련되는 필수적인 것으로 여기고 있다"고 국내 좌파 세력이나 일부 친북 여권세력의 야당 비판을 유도하는 모습을 보이고 있다. 한미관계 현안문제와 관련해 북한 선전매

사돈 남 말,

체들은 "미래통합당이 미국의 우려와 동맹균열, 안보자해 소동 등을 운운하며 한일군사정보보호협정(GSOMIA·지소미아) 파기 결정에 대해 미국의 부정적 반응에 대한 항의 메시지, 지지율 결집을 위한 졸속결정으로 현 당국을 공격했다"고 비난했다.

한미 간 방위비 분담금 특별협정 협상에 대해서는 "천문학적 액수의 돈을 더 내라는 미국의 강박에 못 이겨 방위비 분담금 증액에 막대한 국민 혈세를 미국에 섬겨 바치려고 해 남조선 인민들이 도저히 받아들일 수 없는 것"이라는 모략성 주장을 하기도 했다.

지난해 말 지소미아 연장 결정에 대해서는, 남조선 각계가 일본과의 군사정보보호협정 파기 결정에 대해 적극 환영할 때에도 유독 보수패당만은 "우려스러운 결정, 최악의 결정" 등으로 비난했음을 상기시켰다. 지난해 10월 황교안 당시 자유한국당 대표가 발표한 '민평론(民平論)'도 비하하는 성명을 발표했다.

北, 과거 선거개입으로 우리 정보기관 와해
북한 선전·선동 매체 '우리 민족끼리'

북한이 적화통일사업을 벌이는 이유는, 첫 번째로 한국에 정치적 격변기가 일어났을 때 국내 좌파를 연동해 강력한 지하조직으로 반란을 일으키고 적화통일을 완수하려 함이다.

둘째로는 북한의 적화통일전략에 동조할 수 있는 사람을 국회의원이나 대통령에 당선시키기 위함이다.

예를 들어 1997년 대선 때 허동웅(본명 허동풍)이라는 중국 동포가 크게 이슈가 된 일이 있었다. 당시 언론에서 이른바 '북풍사건'으로 지칭된 사건이다. 이 사건을 담당한 통전부 출신 간부가 탈북하여 진술한 내용이다.

옌볜 조선족 교포 허동웅은 원래 《흑룡강일보》 신문기자 출신인데, 통전부가 포섭해 북한을 드나드는 여행사 대표로 위장시켜 한국에 보내서 야당 대선 후보와 측근들을 만나 사진도 찍고, 중국 전국인민대표대회(전인대·全人大) 위원장 측근들과 동행하는 등 지령을 통해 공작사업을 진행하면서 대남 첩보수집 공작을 전개했다.

통전부는 허동웅으로 하여금 직접 방북도록 해 중국 내 공작원으로 심었다. 통전부는 허동웅에게 대남지령을 주고 선거전을 위한 투쟁구호를 제시해주며 자금투입도 하였다. 허동웅은 좌파정권 시절이던 2007년 말, 일부 언론 단체와 손잡고 자신의 간첩혐의는 허위라는 내용의 책을 출판해 자신의 활동을 정당화했다.

1998년 김대중 정권이 출범하자, 허동웅이 간첩이라는 증거자료를 채증(採證)하려던 국정원 직원들이 오히려 "순진한 중국 교포를 포섭하여 간첩으로 만들려 했다"고 피소되는 일이 있었다. 이 일로 권영해 전 안기부장을 비롯한 북한조사실 간부 등 관계 직원 5명이 실형을 받았다. 도둑 잡는 경찰이 오히려 도둑에게 피격을 당한 꼴이 되었다.

북한은 2004년 총선을 앞두고 반(反)한나라당 투쟁지침을 제시

사돈 남 말,

했는데, 여기에는 북한의 대남 공작기관끼리 서로 역할 분담까지 되어 있었다. 주도적 사업을 벌이는 곳은 노동당 산하 통전부다. 통전부 등 북한 공작기관의 선거개입 공작 자료를 보면, 2007년 대선 이후 선거 때마다 7차례 직접 관여해왔다.

북한은 공개적인 성명과 언론 매체, 그리고 종북세력에 대한 지령을 통해 1990년 이후 남한 선거에 3,000건 이상 대남 심리전 차원의 선전·선동을 전개하며 선거에 개입해왔다. 실제로 2016년 총선 때에는 200여 건으로 가장 많았다고 분석되어 있다. 당시 총선을 앞두고, 북한은 남한의 종북세력과 장기 구축된 지하당 조직을 통해 우리나라 관계 기관의 민간인 불법사찰을 과대포장해 지지층 와해를 노렸다. 북한 정권은 "집권 우파정당과 보안정보기관을 싸잡아 때려 부수자"는 식으로 투쟁을 독려하는 등 끊임없이 선거개입 공작을 펼쳐왔다.

김영삼 정권 말기에는 통전부에서 베이징 캠핀스키 호텔에 통전부 요원을 상주시켜 15대 대선에 개입하려고 했다. 이때 정보사 소령 출신 흑금성 박채서는 북한에 포섭되어 우리 정치인들의 정보를 제공하는 등 이적활동을 했다. 이를 소재로 〈공작〉이라는 영화가 제작되기도 했다. 2010년 박채서는 북한 측에 '작계 5025'와 우리 측 전술 교범을 제공했다는 등의 혐의로 5년 실형을 선고받았다.

탈북자 출마에 신경질적인 반응
21대 총선 출마를 선언한 태영호 전 영국 주재 북한공사

북한은 미래통합당 후보로 총선에 출마하는 태영호 전 영국 주재 북한공사와 탈북자 출신인 지성호 나우 대표에 대해서도 원색적인 비난을 퍼붓고 있다. 대외 선전매체 '메아리'는 '대결광신자들의 쓰레기 영입 놀음'이라는 제목의 기사를 통해, 태영호 전 공사와 지성호씨를 영입한 통합당을 맹비난했다.

'목발 탈북'으로 유명한 탈북자 인권운동가 지성호 씨. 지 씨도 21대 총선을 앞두고 보수야권에 영입됐다.
태영호 전 영국 주재 북한 공사에 대해서는 "우리 공화국에서 국가자금 횡령죄, 미성년 강간죄와 같은 온갖 더러운 범죄를 다 저지르고 법의 준엄한 심판을 피해 도망친 천하의 속물, 도저히 인간부류에 넣을 수 없는 쓰레기"라고 허위날조 주장을 했다.

'우리민족끼리'는 '인재영입이 아니라 쓰레기 구입'이라는 제목의 글에서 "'참신한 인재' '당을 혁신할 인물'들이라고 골라 온 자들이 하나와 같이 악취 풍기는 인간쓰레기들"이라고 비난했다.

지성호 대표는 북한에 거주하던 1996년 화물열차에서 석탄을 훔치려다 굶주림에 탈진해 선로에서 기절한 쓰라린 경험이 있다. 당시 지나가던 열차에 치여 왼팔과 다리를 마취도 없이 절제한 것으로 알려졌다. 2006년 목발을 짚은 채 중국과 동남아를 거쳐 한

사돈 남 말,

국에 온 그는 2018년 1월 도널드 트럼프 미국 대통령이 의회 연두
교서를 발표하는 자리에 초청돼 국제적으로도 큰 주목을 받았다.
당시 트럼프 대통령은 그가 겪은 탈북 스토리를 소개했다.

총선 출마 탈북자 신변보호 필요

1997년 2월 16일 이한영 씨가 피습당한 분당 현대아파트 418동
엘리베이터 앞 현장. 이한영 씨가 괴한으로부터 권총에 맞아 쓰러
지며 흘린 핏자국이 남아 있다.

북한이 탈북자를 보복 살인한 적이 있는데, 피살자는 김정일의
처조카 이한영이다. 황장엽 씨에게도 살해조가 접근했으나 관계기
관의 사전 정보수집으로 미수(未遂)에 그쳤다.

이한영 피살 당시 필자가 담당했지만, 신병은 경찰이 관리하고
신변정보는 국정원이 수집했다. 이한영은 생전에 김정일의 실체를
언론에 폭로해 신변에 위험이 따를 것이란 분석이 있었다. 그러나
이한영은 '신변보호에 협조하라'는 당국의 요청을 묵살했고, 그 바
람에 북한 공작조에 피살되었다.

그는 1982년 스위스에서 한국으로 귀순하였다. 북한에 있을 때
는 김정일의 장남(長男)인 김정남 성장 시 이모 성혜림의 집에서 김
정남의 친구가 되어 김정일의 왕래를 목격해, 성격이나 뒷얘기 등
을 파악하고 있었다. 기억력이 뛰어나 김정일의 심기를 건드리는

각종 뒷이야기를 우리 언론에 특종으로 제보했다. 이에 앙심을 품은 김정일이 독기(毒氣)에 차 살해한 것이다.

이런 사례에 비춰봤을 때, 선거 기간 중 태영호 전 공사나 지성호 대표에 대한 각별한 신변보호가 요망된다.

북한의 주제넘은 훈수… 우리의 대비책은?

북한이 최근 국내 보수세력이 결집하는 현상을 보이자, 민주당에 대해 "선거 리스크를 잘 관리하라"고 훈수까지 함은 문재인 정권의 선거 패배를 우려하는 것으로 볼 수 있다. 특히 미래통합당에 대해 맹비난하면서도 민주당에 대해서는 오히려 '선거에서 실수를 해서는 안 된다'는 식의 훈수까지 두고 있다.

'우리민족끼리'는 '오만하면 심판받는다'는 제목의 글에서 민주당이 이번 총선에서 민심 잡는 요령까지 가르치는 등 우호적인 듯한 모습을 보이고 있다. 이 매체는 "민주당이 안정적 지지세를 유지하는 것은 제1야당의 행태에 대한 반사 리익에 기인한다"며 "자칫 자기도취나 진영에 매몰되면 선거는 예측 불허가 될 수 있다"고 선거전략까지 제시하며, 노골적인 선거개입에 나서는 듯한 행태를 보이고 있다.

북한의 이런 선거개입 공작은 그동안 북한과 합의한 4·27 판문

사돈 남 말,

점 선언, 9·19 평양 공동선언과 정면 배치되는 것이다. 문재인 정부가 북한의 선거개입을 묵인한다면 야당이라도 북한의 선거개입 중단 요구 성명을 발표해야 한다. 북한의 남한 내 선거개입은 필연적으로 일어날 것으로 여야의 정파를 초월한 안보적 차원의 강력한 대응이 필요한 시점이다.

"전 세계 유일의 분단국…
北 김(金)씨 일가 있는 한, 전쟁은 끝나지 않았다"

〈일요서울〉 (2020.05.15.)

―――――

'北 김정은 사망설'로 한반도가 시끄럽다. 정보기관에서는 'NCND(Neither Confirm Nor Deny·긍정 및 부정을 하지 않는다)'라는 원칙을 고수했다. 바로 우리의 눈이 되고 있는 '첩보망'을 지키기 위해서다. 경솔한 첩보망 노출은 북한 내부를 들여다볼 수 없는 결과로 이어진다. 이를 계기로 한반도의 현주소를 파악하고자 지난 1973년부터 국가정보원의 전신인 중앙정보부·국가안전기획부에서 북한연구조사실 단장 등을 비롯해 해외 정보관(이집트대사관 영사관 등)으로 활동한 송봉선(74) 한반도미래연구원 이사장을 찾았다. 2000년 국정원 퇴직 후 '북한 전문가'로 명성을 쌓아 온 송 이사장을 일요서울이 지난 13일 서울의 한 사무실에서 만나봤다.

"보안정보 가운데 대공(對共) 정보 절실한데… 해체 수준까지 왔다"

― '北 김정은 사망설'로 한동안 시끄러웠다. 왜 국정원은 빠르게 밝히지 않았는지.

"북한의 최고지도자에 대해 우리 측 정보를 쉽게 공개했다가는 오히려 우리에게 정보를 제공하는 공작원이 북한 측 보안기관에 의해 색출될 것이다. 그러잖아도 북한은 폐쇄적인데, 하물며 북한 지도자의 동정에 대해 아는 사람이 얼마나 되겠나. 과거 김정일 중병 시 '칫솔질'이라는 말이 정보기관에서 나온 적이 있는데 이 말이 유출되면 칫솔질을 볼 만큼 가까운 인물들을 조사하지 않겠나. 이렇게 되면 애써 만들어 놓은 첩보망을 무너뜨리는 것이다. 따라서 정보기관은 정확한 정보를 수집했더라도 긍정·부정도 하지 않는 것이 기본 원칙이다."

— 문재인 정부 집권 후 '국내정보 폐지론'이 힘을 받고 있다. 어떻게 봐야 하는가.

"국내정보 자체가 문제가 되는 것은 아니다. 정책 결정자에게 필요할 수 있다. 기본적으로 정보를 다루는 정보관, 공작관, 분석관 등은 모든 것을 무덤까지 가져간다고 믿어야 하는 '천직'이다. 그런데 정보기관 간부가 일신의 영달을 위해 정보를 악용하는 경우가 있다. 매우 좋지 않은 모습이다. 국내정보 수집이 잘못된 것은 아니다. 그리고 국내·국외·내북 정보가 구분되어 있는 것이 아니다. 정보란 순환되기 때문이다. 지금 국내정보를 국정원이 다루지 못하게 하고 있어 검·경이 하고 있을 것이다. 과거 국내 정치정보 등을 잘못 다뤘던 적이 있었다 하여 국내정보 자체를 폐지하면 정보 순환 과정에서 공백이 발생할 텐데, 국가안보와 직결된 보안정보 등에 많은 지장을 가져올 수 있다."

― 안보위해사범을 잡아내는 이른바 '대공수사(지금은 안보수사)'에서도 틈이 생길 것 같은데.

"고위공직자범죄수사처(공수처)가 설치될 경우, 국정원이 대공(對共)수사권을 제대로 발동해 안보위해사범을 잡아낼지 우려스럽다. 공수처와 별도로 대공수사 과정 상의 변화가 없다고는 하지만 수사권 없이 피의자를 다루기가 어렵지 않을까 예상된다. 게다가 상대는 '간첩' 혐의자다. 앞서 언급한 국내정보에 이어 보안정보와 직결된 '대공정보' 분야 또한 휴업 상태다. 우리나라는 현재 전 세계유일의 분단국가 아닌가. 전 세계가 보안을 강화하는 추세에 있는데, 북한의 대남 위협이 계속되고 있어 '대공정보'가 무엇보다 필요하다. 그런데 지금 보안정보를 제대로 하고 있는지 안 하는지… 유야무야됐지 않은가. 우리 군이 지금 그러한 모습이다. 북한은 군을 총참모부·총정치국으로 이원화했다. 총정치국을 통해 북한군 총참모부를 감시해 불순분자를 색출하는 것이다. 우리 군도 그동안 보안 활동을 잘해 왔는데, 이 정부 들어 기무사를 비롯한 대공 부서는 해체 수준까지 왔다. 대표적으로 이번 GP 피격 사건이다. 군이 해이해졌다. 뭘 하고 있는지… GP 공격을 받아도 제대로 대처하지 못하고 우왕좌왕한다. 대공 위협에 대한 인식 자체가 실종됐다."

― 지금 우리의 안보 문제는 어떠한가? 그리고 북한 정세는?

"북한의 대남 위협에 대한 인식 자체가 무너졌다. '친북(親北)'이

사돈 남 말,

마치 하나의 트렌드처럼 됐다. 아주 위험스러운 상황으로 가고 있다. 남북 관계가 걸림돌이 되고 있는 것은 바로 '北 김정은'을 비롯한 김 씨 일가다. 이들은 핵(核)만이 생존의 수단으로 알고 있다. 여기에 김일성 시대부터 북한을 사교 집단으로 만들어 왔다. 이미 북한은 주체사상을 바이블로 조선노동당을 통한 '조직지도부'와 '선전선동부', 악랄한 '보안기관 체계'를 확립했다. 400만 명가량의 노동당원이 주민과 북한군을 감시하고 있다. 여기 110만의 북한군이 있고 북한이 멸망하지 않길 바라는 중국공산당과 국내 친북(親北)세력이 북한을 떠받치고 있다. 이런 요소들로 인해 북한이 멸망하지 않고 생존할 수 있게 한다. 그런데 남북교류를 통해 자유의 물결을 넣고 협력 체계를 만든다고? 언어도단(言語道斷)이다."

— 北 김정일·김정은·김여정이 맡은 첫 당무는 '선전선동부'다. 이것의 의미와 원리는 무엇인가.

"전체주의로 대표되는 나치의 히틀러나 괴벨스를 떠올리면 된다. 선전선동의 원리는 '계속 정당화하려는 행위'로 집약된다. 대표적으로 북한에서 주장하는 '보천보 전투', 이른바 '항일 빨치산'은 전부 협잡과 거짓말이다. 김일성이 항일연군 시절, 보천보의 일개 파출소 수준의 보안소에 위해를 준 것을 마치 민족사를 뒤바꾼 엄청난 사건인 양 각인시키고 있는 것이 북한의 선전선동이다. 이는 역사적 왜곡이다. 조선노동당은 중앙당에서 세포조직까지 침투해 구조화하는 일명 '조직지도술(術)'과 연계되면서 이념적으로 일체화를 이루게 된다. 바로 이러한 선전 선동과 조직 활동이 북한이 70년간 북한 김 씨네 정권을 유지해 온 지도체계다."

— 러시아에서 북한 공작원 추정 인물에게 피살된 故 최덕근 영사에 대
　해 알려 달라.

"최 영사는 '공작관'이 아닌 '애널리스트(분석관)'였다. 통상 해외
정보관으로 근무지에 부임하면 새집이 아닌, 보안이 확인된 전임자
의 '숙소'를 이용한다. 그런데 최 영사는 보안시설이 되어 있지 않은
새집으로 이사했다가 테러를 당했다. 북한은 바로 이러한 기회를
노려 테러를 한 것이다. 보통 백색 정보관이나 해외 무관의 경우
외교관 신분이기 때문에 거의 그렇게 되지 않는데 이런 일이 발생
했다."

— 국정원의 비밀 기록이 담긴 메인 서버를 민간인들이 들여다봤다. 어
　떤 문제가 발생하나.

"앞으로 정보 협력을 기대할 수 없다. 모든 게 기록된 정보기관
의 비밀이 공개되면 어느 나라가 우리와 협력하겠나. 전 세계 정보
기관 중 우리 같은 곳은 없을 것이다. '적폐 청산' 명목으로 나온
민간 신분의 조사관이 비밀 취급인가도 없이 메인 서버에 접근한
다는 것은 어불성설(語不成說)이다. 공개법정에서 재판 관계자 등에
의해 노출될 보안정보는 또 어떻게 될 것인가. 결국 이는 정보기관
존립을 위태롭게 할 뿐 아니라 대외 공신력까지 해(害)하는 것이다."

사돈 남 말,

— 국정원에서 근무하던 故 변창훈 검사에 대해 알고 있나. 왜 그런 일이
  종종 일어나는가.

"국정원 파견 검사들은 모두 나라를 책임질 엘리트 공직자들이
다. '음지에서 나라를 지킨다'는 '명예' 하나만을 먹고 사는 사람들
이다 보니 자부심이 매우 강하다. 그런데 흠집 하나를 보고 엄청난
범죄자로 매도해 망신을 줬지 않은가. 입장 바꿔 생각해 보시라. 국
가를 믿고 정당하게 임무 수행을 했는데 배신감 느끼지 않겠나."

— 이런 일은 왜 일어나는가. 정보기관이 이에 대해 할 수 있는 일은 없
  는가.

2019~2020년

"전무하다. 정보기관의 '공작(operation)'은 근본적으로 비합법적
영역이다. 그런데 이 정부는 이를 법의 잣대로 들이댄다. 앞으로
공작 활동을 하는 공작관은 적극 나설 수 없을 것이다. 앞서 이해
찬 더불어민주당 대표가 과거 교육부장관을 거치면서 '참교육' 슬
로건을 내세운 전교조가 등장, 지금의 허리 세대로 잘못된 교육이
유입됐다. 이들은 전쟁의 비참함에 대해 깊이 알지 못했다. 역사를
잊은 민족에게 미래는 없다고 하는데, 우리의 미래는 상당히 어두
운 게 아닐는지…."

민변, 누구 위해 탈북 저지 나섰나

〈조선일보〉 (2020.05.27.)

중국 닝보(寧波)의 북한 식당인 류경식당 종업원 열두 명과 함께 지난 2016년 탈북했던 식당 지배인 허강일 씨가 민변(민주사회를 위한 변호사 모임)과 정대협(한국정신대문제대책협의회)이 위안부 할머니 피해자 쉼터에서 일부 탈북 종업원에게 "북한으로 돌아갈 것을 권유했다"고 폭로했다. 허씨에 따르면 민변 소속 변호사가 "탈북 종업원 전원이 한국으로 간다는 걸 모르는 상태에서 탈출했다고 공개 기자회견에서 말하라"고 종용했으나 허씨는 그들의 제안을 거절했다. 그러자 민변 소속 변호사는 그에게 "류경식당 종업원들의 탈북은 조직적 국가 범죄다. 저지른 응분의 죗값은 치르고 속죄하며 새 삶을 살기를 바란다"는 문자메시지를 보냈다고 한다. 허씨는 목숨 걸고 탈북한 사람에게 "탈북은 죄"라고 말하는 걸 듣고 신변 위협을 느껴 제3국으로 망명했다. 민변 측은 류경식당 집단 탈북 종업원들에게 월북을 회유했다는 허씨 주장에 대해 "허위 사실 짜깁기"라고 했다.

류경식당 종업원 탈북 사건이 발생했을 때 민변은 국정원의 기획

사돈 남 말,

이라고 주장했다. 하지만 자의적인 탈북 의사가 없는 상태에서 한 두 명도 아닌 열세 명을 중국에서 국내로 호송한다는 건 불가능하다. 현 정부 들어서도 "류경식당 종업원들은 자발 적 의사에 따라 입국했다"는 사실이 재차 확인됐다. 통일부는 "제3국에 체류하는 동안 이들의 입국 희망 여부를 확인한 것으로 안다"고 밝혔다. 민변은 '국정원 측의 기획 탈북' 주장이 받아들여지지 않자 정대협 측과 협의해 이탈자들을 만나 월북을 종용한 것으로 보인다. 탈북자 월북 회유는 자유를 찾아 탈북을 꿈꾸는 북한 주민의 희망을 절망으로 만드는 행위다.

김정은의 건강과 향후 전망

〈계간 북한연구〉 (2020.06.)

I. 서언

북한은 주지하는 바와 같이 지정학적으로 남한과 함께 동북아시아 중국 턱밑에 붙은 한반도 분단의 소국으로 김일성 이래 3대가 70여 년을 지배하면서 세계 최빈국으로 만들었다. 일반적으로 통치자의 나이는 중요하지 않다고 하지만 김정은이 올해 37세이고 그를 보좌하는 김여정이 33세 정도로 아직 연소하다. 김정은의 경우 실제 나이는 34살로 추정되고 있어 공식 발표보다 더 어린 셈이다. 김정은의 경우 남쪽으로 치자면 이제 대학을 졸업하고 군대를 필한 후 직장에 들어가 애숭이 때를 벗어날 정도의 나이다. 하지만 김정은은 운 좋게 김일성의 손자로 태어나 모든 북한 주민이 백두혈통이라고 불러주고 업적도 없는 그에게 '존엄'이라는 명칭을 붙여주는 등 온갖 존경의 미사여구를 모두 끌어다 붙인다. 김정일 시대에는 김일성이 1912년 4월 15일생인지라 김정일은 김일성 출생년도와 끝자리를 맞추기 위해 실제 출생년인 1941년에서 한 살을 줄여 1942년 2월 16일생으로 만들어 이를 공식화하였다. 김정은도

사돈 남 말,

이와 같이 생년월일을 1982년 1월 8일생으로 고치다 보니 2살이 더 늘었다. 김정은은 어린 나이에 지도자가 되어 선대의 유업인 핵무기개발을 완성하면서 세계 최강국인 미국에 맞서 해위협 공갈을 하고 남쪽은 아예 자신들의 급에 한참 못 미치는 하수로 취급, 상대도 하지 않으려 한다. 이제 그들에겐 핵무기를 제외하고는 어느 하나 내세울 것이 없다. 만약 핵이 없다면 세계인이 북한 지도자에게 관심을 가질 이유가 전혀 없다. 김정은은 집권 이후 '선무당 사람 잡는다'는 우리 속담과 같이 마음에 안드는 주변 인물과 친인척을 처참하게 쓸어버리고 군 인사를 마치 병정놀이 하듯 하루아침에 계급장을 올렸다 떼었다 하는 등 별짓을 다 하면서 광기를 보였다. 김정은이 북한의 지도자가 되었을 때 어린 시절 스위스에서 교육을 받아[1] 이제 북한의 형편이 좀 나아질 것이라고 하였지만 그와는 정반대의 길로 가고 있다. 김정은은 조부나 친부와 같이 날조된 역사를 그대로 이어받아 백두 혈통이라고 칭송, 신과 같은 존재로 만들어 무자비한 독재를 펴왔다. 이제 그는 선대부터의 숙원인 핵이라는 보검을 만들어 이를 마음껏 휘둘러 대며 한국은 물론 강대국들에게도 더없이 유명해지게 되었다. 언론의 관심을 받게 된 김정은이 공개적인 모습을 나타내지 않으면서 핵공갈의 유명세를 타고 세계 각국의 언론 매체들이 갖가지 건강 이상설을 제기하면서 추측 기사를 생산하고 있다. 아마도 김정은은 이와 같은 자기에 대한 외부의 기사를 보면서 속으로는 즐기고 있을지도 모른다. 김정은의 아버지 김정은도 선군정치라는 듣도 보도 못한 용

2019~2020년

---

1)　송봉선, 『김정일과 후계』 (서울: 한국교육문화원, 2008), p.136.

어를 쓰면서 술판 정치를 벌여 많은 토픽 기사를 만들었고, 실제로 외부에서 자기를 화제로 하는 기사가 나왔을 때 "소설을 쓰고 있다"고 일갈을 한 적이 있다. 최근에도 김정은은 한동안 모습을 안 보이다가 지난 7월 초 정치국 확대회의에서 코로나 방역 관계로 회의를 주재하는 모습이 나타난 적이 있다. 국내외 언론은 한동안 김정은이 잠적할 때마다 그의 건강에 대해 갖가지 추측을 제기해오다가 최근에는 다소 잠잠해졌지만 아직도 일부에서는 화면의 인물이 "가짜 김정은"이라고 하면서 그의 건강을 의심하고 있다. 특히 미국과 일본에서 김정은의 건강에 대한 관심이 높다. 본고에서는 김정은의 건강과 향후 전망에 대해 분석해보고 북한의 의료시설 및 의료 환경을 살펴본다.

II. 김정은의 건강

1. 김정은의 건강을 위협하는 요소들[2]

김정은은 키 172cm, 몸무게 125~150kg 정도의 비정상적 비만 상태로서 갖가지 질환을 예측할 수 있다. 김정은은 어릴 때부터 동복형 김정철보다는 약간 뚱뚱해보였지만 비만은 아니었다. 어린 시절을 지켜본 일본인 요리사 후지모토 겐지(藤本 健二)가 쓴 『김정

---

2) 중앙일보, 2020.5.3.

사돈 남 말,

일의 요리사 책』[3]과, 10대 때 같이 공부했던 스위스 국제학교 동급생 인터뷰 내용도 김정은이 비만이기보다는 김정일의 체형을 그대로 빼닮았다고 하였다. 농구를 좋아해서 자주 즐겼다는 증언을 보면 코트에서 뛰고 달릴 정도의 체형과 체력을 가졌던 것이다. 그러나 3대 세습 과정에서 부족한 정통성과 업적을 '할아버지 흉내'로 메우려다 보니 몸집도 김일성처럼 불릴 필요가 생겨 뚱뚱해지려고 노력했을지도 모른다.

북한 선전매체는 2010년 9월 일제히 김정은을 후계자의 모습으로 공개했다. 김정은을 처음 본 북한 주민들은 "수령님(김일성) 판박이"라고 했다. 당시 김정은은 김일성 머리에 김일성 옷을 입고 김일성 박수를 치며 단상에 등장했다. 어투도 김일성을 베꼈다. 불룩한 배를 내민 채 뒷짐 지고 걷는 모습에서 김일성을 떠올리게 하였다. 김정은이 지도자로 모습을 보일 때 김정은 체중은 당시 80~90kg 정도였는데 지금은 130~140kg으로 추정되어 50kg 정도가 늘어난 것으로 보인다. 그는 어릴 때 누구보다 지기 싫어하고 심지어 동복형인 김정철과 농구를 편 갈라서 한 후 경기에 졌을 때는 참지 못하고 신경질적인 모습을 보이면서 왜 경기를 졌는지 함께 경기를 한 경호자들과 복기를 하는 등 승부에 강한 모습을 보였다고 김정일의 일본 요리사 후지모도 겐지는 증언히였다. 이러한 그가 정권을 잡게 되니 모든 것을 자기 마음대로 하게 되니 심사가 편안하게 되어 아마도 비만이 더 촉발되었을지도 모른다.

김정은은 어린 시절부터 흡연을 하여 지금은 만성 골초가 되어

---

3)　조갑제, 『김정일의 요리사』 (서울: 월간조선사, 2003), p.137.

담배는 뗄 래야 뗄 수 없는 기호품이 되었다. 현지 지도 중에도 담배를 손에 든 김정은의 모습을 북한 매체를 통해 쉽게 볼 수 있고 2019년 특별열차를 타고 제2차 미·북 정상회담이 열리는 베트남 하노이를 향해 가던 길에도 담배를 태우는 모습이 포착되기도 하였다. 여행 중 밀착 수행을 하는 여동생 김여정이 재떨이와 쓰레기통을 함께 들고 다니면서 직접 수거하는 모습을 보이기도 하였다. 이는 김정은에 대한 극도의 건강 보안을 지키기 위해 직접 거두는 것이라 볼 수 있다. 자칫 타액이나 모발 등을 통한 건강 또는 DNA 정보가 새 나가는 걸 막기 위한 차원이다. 적성국이나 비우호 국가를 방문한 대통령이나 최고지도자급 인사들이 배설물이나 모발 등을 모두 챙겨가는 것도 마찬가지다. 과거 소련의 브레즈네프 시대의 미국은 그의 배설물로 건강정보를 수집하기도 하였다.

김정은에게 가장 위협이 되는 것은 김 씨 일가의 가족력인 심혈관 질환이라 할 수 있다. 김정은의 할아버지 김일성과 아버지 김정일은 모두 급성 심근경색으로 사망했다. 특히 심근경색은 가족력과 흡연, 고혈압, 비만, 당뇨, 스트레스 등이 원인이 되어 발병한다. 김정은의 생활 습관, 체질, 체형도 할아버지와 아버지로부터 물려받았다. 이러한 가족력을 보면 김정은의 건강이 급격히 나빠질 가능성도 있다. 김정일은 의료진의 도움이 조금만 있었으면 김일성이 사망하지 않았을 것인데 그렇지 못했다면서 김일성이 심근경색으로 사망한 묘향산 향산초대소가 보기 싫으니 폭파하라고 지시했다는 설도 있다.

김 씨 가계 중에서 심장질환과 거리가 먼 예외적인 인물이 있다. 김일성의 친동생인 김영주로 김정은의 종조부 할아버지다. 김영주

사돈 남 말,

는 1920년 9월 21일생으로 올해 100세다. 북한에서 최장수 인물로 보여지는데 아직 사망했다는 소식이 없다. 아마도 이 정도 장수한 것은 심장질환이 없다는 것을 의미한다.

최근에 김정은이 코로나 사태 이후 자주 모습을 보이지 않는 것은 북한내부 의료시설이 부족하여 코로나가 창궐할 경우 자신은 물론 북한 전체가 위기 상황에 처할 수 있기 때문으로 보인다.

2. 김정은의 각종 질환들

전문가들은 김정은의 심혈관계 질환에 주목하고 있다. 이는 김정은의 할아버지 김일성과 아버지 김정일이 모두 급성 심근경색으로 사망하여 김정은이 심혈관 계통 질환에서 벗어나기 어려울 것으로 보기 때문이다.[4] 특히 김정은의 가족력과 비만도를 감안할 때 급성심근경색은 가장 치명적인 질환이 될 가능성이 높다.

급성 심근경색은 심혈관 질환의 하나로 국내 사망 원인 2위이다. 심장에 혈액을 공급하는 관상동맥에서 혈전이 혈관을 막아 발생한다. 이로 인해 피가 공급되지 못해 심장근육의 괴사가 일어나게 된다. 갑작스러운 가슴 통증을 일으키며, 3~6시간 내 응급처치가 생사를 가를 수 있다.[5] 심장 분야 전문가들은 김정은이 급성 심근경색으로 치료를 받았다면 스턴트 시술일 확률이 높다고 보고 있

---

4) 〈중앙일보〉 2020.5.3.
5) 〈중앙일보〉 2020.4.22

다. 급성 심근경색이 발생하면 심장의 관상동맥을 넓혀주는 풍선확장술, 스턴트 삽입술 등 시술을 받는다. 증상이 심하면 흉부를 열어 관상동맥 우회수술을 받아야 한다.

스턴트 시술은 막힌 혈관 부위에 그물망 모양의 스턴트를 넣어 혈관을 넓히는 치료법으로 허벅지나 손목 동맥으로 가는 관을 넣어 좁아진 혈관까지 밀어 넣고 혈전을 뽑아낸다. 스턴트 시술은 중증 정도에 따라 심장 상태가 좋지 않으면 중환자실에 입원한다. 관상동맥우회수술을 받으면 회복 기간이 오래 걸린다. 한 심장내과 교수는 "시술이 아닌 가슴을 열어 심장에 대체혈관을 연결해야 하는 수술을 받을 경우 일주일 이상 장기 입원해야 한다"고 하였다.

김정은은 자기 마음대로 정책을 결정하기 때문에 스트레스가 그다지 크지 않을 것으로 보이지만 그래도 나름대로 북한의 정점이니 일정한 스트레스가 있을 것이다. 김정은이 고모부 장성택을 고사포로 처형한 후 일그러진 그의 사진을 보면 그가 많은 고민을 한 것이 단적으로 나타나고 있다. 신적인 존재인 김정은의 건강에 대해 감히 이래라저래라 할 수가 없으니 자기 자신이 폭식과 폭음, 줄담배로 스트레스를 푼다. 결국 이러한 것들은 심혈관 질환에 모두 좋지 않은 요소이고 브레이크 없이 먹고 마시게 되니 체중이 증가할 수밖에 없다.

김정은을 위협하는 요소 중 제일 큰 것이 초고도 비만이다. 김정은의 친부인 김정일도 죽기 전에 고도 비만, 고혈압, 당뇨병, 뇌졸중 등을 앓았다. 165cm 키에 체중이 90kg나 되었다. 김정은 집권 후 북한군 전방 초소에서 근무하던 10대 후반 병사의 체중이 46kg 정도 이었는데, 보급이 좋은 전방 군인의 영양 상태가 이 정

사돈 남 말,

도라면 일반 주민 사정은 말할 것도 없다. 한 고위 탈북자는 "평양에서 40년을 살았는데 김정은처럼 뚱뚱한 사람은 북한에서 본 적이 없다"고 했다. 김정은 체질량지수(BMI)를 계산하면 '40이상'이 나온다. 30대는 18.5~23이 정상 범위다. 어느 탈북자는 북한 내 단 한 명의 초고도 비만자라고 하였다.

김정은이 당뇨 등 다른 질환으로 손발 관절에 이상이 있다는 분석도 있다. 김정은은 2014년 발목 이상으로 수술을 받고 40일 정도 공개석상에 모습을 드러내지 않다가 그해 10월 지팡이를 짚은 모습으로 나타난 바 있다.

김정은이 자리에 앉을 때 왼쪽 손목을 180도 비틀어 탁자에 기대는 모습이 여러 차례 포착됐다. 38노스는 국소성 이긴장증(focal dystonia: 인체의 한 부분에 근육의 뒤틀림이 발생해 비정상적 자세를 유발하는 근육운동 장애)을 겪고 있을 가능성을 제기했다. 김정은의 손목에 붕대가 감겨 있는 모습도 포착되어 이를 뒷받침하고 있다.

김정은 키는 170~172cm 정도이고, 체중은 130kg이 넘는 것으로 알려져 있다. 김정은은 2011년 12월 집권한 직후부터 체중이 급격하게 늘었다. 국정원은 2016년 국회 업무보고에서 "김 위원장은 집권 당시 체중은 90kg 수준이었으나 5년 만에 130kg까지 늘었다"고 정보위에서 보고했다. 38노스는 당뇨병 등 과체중에 따른 합병증을 앓고 있을 가능성이 있다고 지적하였다. 익명의 심장전문의는 팔목에 있는 작은 붉은 자국은 심장시술을 받은 것이라고 하였다.

하지만 국정원은 지난 5월 6일 국회정보위 비공개 현안 보고에서 김정은이 "적어도 심장 관련 시술이나 수술 등을 받은 것은 없다.

최근 공개활동을 하지 않을 때에도 정상적으로 국정운영을 해왔다"며 "만약 김정은이 심장 수술을 받았다면 아무리 가벼운 수술이라도 이후에 4~5주 정도는 건강관리를 해야 한다고 전문가들이 이야기한다"고 밝혔다. 국정원은 "올해 김정은의 공개활동 횟수가 5월 6일 현재 17차례로 예년 동기 평균(50회)과 대비해 66% 감소한 역대 최소 수준"이라며 "김 위원장이 군 전력과 당정회의를 직접 챙기는 등 내부 전열 재정비에 집중하고, 코로나가 겹쳐 공개활동이 대폭 축소되었다고 평가하고 있다"고 설명했다.[6]

김정은이 미·북 정상회담을 하기 위해 2018년 6월 10일부터 2박 3일간 묵은 싱가포르 세인트 레지스 호텔(The St. Regis Singapore)은 일정 기간 객실에 손님을 받지 않았다. 김정은은 1박 비용이 한화로 약 780만 원인 이 호텔 20층 '프레지덴셜 스위트룸'(약 335㎡, 약 101평)에 묵었다. 김정은이 떠난 뒤에도 혹시 남아 있을지 모르는 그의 머리카락이나 지문 등 '생체정보' 노출을 막기 위해 손님을 받지 않도록 북한이 조처했다. 지난 2월 김여정 노동당 중앙위 제1부부장이 평창올림픽 참석차 한국에 왔을 때도 북측은 호텔 직원의 청소를 극도로 경계했다.

북한은 김정은의 건강정보 유출에 각별한 신경을 쓰고 있지만 국정원은 나름 정확하게 김정은의 건강 상태를 파악하고 있다고 하였다.[7] 국정원 측은 화면에 나온 김정은의 모습만 봐도 컴퓨터로 입체적 분석을 통해 대략 알 수 있다고 한다. 2018년 4월 27일

---

6) 정보위가 끝난 후 김병기 더불어민주당 간사가 기자들에게 브리핑한 내용이다.

7) 〈조선일보〉 2019.8.20

사돈 남 말,

첫 판문점 남북정상회담 때 김정은은 북측 판문각에서 남측 평화의집까지 약 200m의 거리를 도보로 이동하는 것을 힘거워했다. 실제 평화의집 방명록에 서명할 때 가쁜 숨을 몰아쉬었다. 대화 도중에도 숨이 찬 듯 말을 멈추거나 깊은 호흡을 했다. 2016년 당시 국정원은 김정은의 몸무게를 130kg으로 추정해 국회에 보고했다. 김정은의 체질량지수(BMI)는 45다. 조경환 고려대 안암병원 가정의학과 교수는 "BMI 지수가 30 이상일 경우 고도 비만에 속하는데, 김정은은 그것을 뛰어넘어 초고도 비만(35 이상)군에 속한다"며 "실제 김정은은 뒷목과 턱밑의 살이 두껍게 접히는데, 이것은 초고도 비만의 증거"라고 말했다. 초고도 비만의 경우 뇌졸중, 심근경색 가능성이 크다는 것이 전문의들의 공통된 설명이다. 200m를 걸으며 헐떡인 것에 대해 전문의들은 김정은의 뱃살이 장기(臟器)를 누르면서 폐활량이 떨어졌다고 분석했다. 2018년 4월 27일 남북정상회담 만찬 당시 화면을 분석해보면 김정은의 호흡 간격은 평균 2.9초였다. 2013년 신년사를 발표할 때는 6.2초였다. 두 배가량 숨이 가빠진 셈이다. 일반 성인 남성의 호흡 주기가 5~6초 수준인 것을 감안하면 비정상적으로 호흡 주기가 빠르다. 2018년 6월 10일 오전 김정은은 판문점 내부 약 200m를 걸은 뒤 평화의집에 도착해 42초간 방명록을 작성했다. 42초간 숨을 내쉰 횟수는 35회로 1.2초에 한 번꼴이다. 김정은이 매우 긴장했거나, 운동을 거의 하지 않아 폐활량이 떨어졌음을 예상할 수 있는 대목이다. 2019년 6월 30일 트럼프 대통령과 김정은의 만남을 최근접 거리에서 지켜본 터커 칼슨 폭스뉴스 앵커는 자사 프로그램 "폭스 앤드 프렌즈"와의 인터뷰에서 "김정은이 폐기종 환자처럼 쌕쌕거리며 숨을 쉬었다"고 표현했다. 그는 "김정은을 모욕하기 위해 하는 말이 아니다. 김정은은 헐떡이는 사람처럼 숨을 내뱉었다"고 설명하고 "역사적인 순간이 그의 숨을 가쁘게 했을 수도 있다"고 했다. 그러나 칼슨은 비전문가로서 나는 '이 사람이 매우 건강하지 않다'고 생각했다'고 덧붙였다. 이에 대해 트럼프 대통령은 7월 1일 트위터에 올린 글에서 "이번 주 북한 김정은과 함께한 것은 훌륭했다. 그는 매우 좋고 건강해 보였다"고 반박했다. 하지만 대부분의 의료관계자들은 김정은의 이러한 모습에 대해 공통적으로 좋지 않게 분석하고 있다. 요즘 각종 질환이 있는 나이 든 사람에 대해 '종합병원'이라는 말을 쓰는 경우가 있다. 그의 현재 모습은 일본의 스모 선수형으로 종합병원과 같은 상태일 수도 있다.

의료 관계자들은 극도의 스트레스와 과도한 흡연, 가족력을 김정은의 3대 건강 위협요인으로 꼽는다. 촘촘한 대북제재와 풀리지 않는 남북 및 북·미 관계, 그리고 경제난으로 인해 자신의 건설 계획마저 차질을 빚는 상황은 공개회의에서 간부들을 질책하는 영상을 통해서도 드러난다. 줄담배를 피우며 가쁜 숨을 몰아쉬는 모습은 2018년 9월 평양 남북정상회담 때 부인 이설주가 "내 말을 도통 안 들으려 한다"는 실토를 통해서도 확인됐다. 할아버지 김일성과 아버지 김정일이 모두 심근경색으로 급작스레 사망했다는 점도 김정은 건강에 대한 우려를 높인다.[8]

북한의 관영매체들은 이후 5월 초부터 김정은의 활동을 다시 보도했다. 당시 언론과 북한 전문가들은 김정은의 얼굴이 벌겋고 다

---

8)   송봉선, 『김정일과 후계』 (서울: 한국교육문화원, 2008), p.292.

사돈 남 말,

리를 절며 팔목에 상처가 있는데 이것은 분명히 수술 흔적이라고 분석하였다. 그러나 국정원은 지난 5월 6일 국회정보위 현안보고에서 김정은의 건강이상설을 공식 부인했다. 김정은 팔목에 있는 벌건 자국을 두고 심근경색 시술로 보는 의료진도 있다. 최근에도 잠적했다가 다시 모습을 나타낸 것은 지난 7월 8일 김일성 사망 26주기를 맞아 최룡해 최고인민회의 상임위원회 위원장, 박봉주 국무위원회 부위원장, 김재룡 내각 총리 등 국무위원회 위원, 당 중앙위원회 정치국 위원·후보위원, 당 중앙군사위원회 위원 등과 함께 금수산 태양궁전을 참배하는 것이었다. 최근 김정은의 장기 잠적이 빈번한 것은 신종 코로나 바이러스 때문에 특각 등에 머물면서 사람들 접촉을 피하기 위한 것으로 보인다. 물론 그는 최신 의료 장비로 예방조치를 하겠지만 만약 질환에 걸릴 경우에는 열악한 의료 환경으로 치명적일 수 있기 때문일 것이다. 김정은은 자신의 모습을 한동안 숨겼다가 '깜짝 등장'하여 세인의 관심을 높이고 언론을 농락하는 것을 그 자신이 즐기고자 하는 속내도 있어 보인다.

3. 김정은 건강에 대한 외부의 관심

김정은 관련 첩보에 각별한 관심을 보이는 것은 한국은 물론이고 미국과 일본도 많은 관심을 가지고 있다. 비핵화가 답보상태에 있는 가운데 북한 지도자의 건강 문제는 분위기를 변화시킬 수 있기 때문이다. 중국의 경우에도 북한과의 북·중 우호조약을 1961년부터 공유하면서 지금에 이르고 있으나 김정은의 건강 관련 첩보수집 출처는 한국, 미국, 일본과 별로 차이가 없다. 이외에 대만, 몽골 등이 활발하게 정보 수집에 나서고 있는 것으로 알려져 있다.

중국은 북·중 친선관계를 토대로 정보 교류가 활발하게 이루어지고 북한을 잘 들여다보고 있다고 생각할 수도 있지만, 실제로는 그렇지 않다고 알려져 있다. 최고지도자의 건강이나 권력 핵심의 동향 등 민감한 정보는 '거래' 대상이 아니라는 것이다. 중국 전문가들은 북·중 간에는 통보제도라는 시스템이 있어 웬만한 정보는 상대측에 건네준다며 이 때문에 상호 간에 평양과 베이징을 무대로 정보전을 펼치는 일은 거의 없다고 했다. 그러나 지난 2011년 김정일 사망 당시 우리가 중국 측에 신속히 관련 정보를 전해주었고, 이에 대해 중국 정보 당국이 사의를 표한 것을 보면 민감한 정보는 전달되지 않는 것으로 보인다.

지난 6월 25일 고노 다로(河野太郎) 일본 방위상은 일본에 체류 중인 외신 기자들의 모임인 외국특파원협회(FCCJ) 초청 기자회견에서 김정은의 건강과 관련해 "의심을 갖고 있다"고 말하였다. 신종 코로나 바이러스 또는 다른 원인으로 김정은의 건강에 어떤 문제가 있을 수 있다고 밝힌 것으로 볼 때 고노 방위상은 계속 김정은의 건강 관련 정보를 수집하고 있는 것으로 보인다. 대만은 군 정보기관이 중요한 역할을 하고 있는데 정교한 일 처리로 다른 국가의 정보기관으로부터 끈질기게 일한다는 호평을 받고 있다. 몽골은 서울을 무대로 북한 관련 정보수집에 공을 들이고 있고 최근 들어 활동이 더욱 활발해지고 있다고 한다.

한국의 국정원은 김정은의 건강 관련 정보를 수집하는 중추기관으로서 김정은의 체형 변화를 3차원(3D) 분석 프로그램을 이용해 수시로 평가하고, 건강 상태를 분석해온 것으로 국회정보위에 보고하였다.[9] 국정원이 도입한 이 프로그램은 김 위원장이 등장하는 각종 동영상을 입력하면 그의 몸을 그물망처럼 360도로 스캔해 이전 체형과 달라진 부분을 분석하도록 설계되었다. 예를 들어 김정은이 뒷짐을 지고 걸을 경우 허리에 통증이 있어서인지 전립선에 문제가 있는지 등을 확인할 수 있는 것으로 전해졌다.

Ⅲ. 김정은 선대의 건강관리

김정은의 선친 김정일은 자신의 아버지 김일성의 건강과 자신의 장수를 위해 1978년경부터 만수무강연구소를 기초과학원으로 개칭하여 은밀히 운영해 왔다. 이를 일명 기초역학연구원이라고 부른다는 설도 있다. 김정은도 그의 가계가 유전적으로 선대로부터 혈관질환에 약하다는 것을 잘 알고 있어 이를 계속 운영하는 것으로 알려져 있다. 동 연구원은 당 중앙위원회 재정경리부 산하에 소속되어 있으며 평양시 대성구역 미산동 문덕거리 인민무력부 보위국 건물 맞은 편에 위치해 있나.[10]

기초과학원 외에 규모는 작지만 만청산연구원과 청계산연구원도 김 씨 일가의 건강을 위한 연구소로 알려져 있다. 이들 연구원에

2019~2020년

---

9) 〈중앙일보〉 2018.11.2.
10) 탈북자증언, 『북한 실상 종합자료집』(서울: 내외통신사, 1995), p.53.

는 연구직원, 연구조수, 실험 일꾼 등 총인원 1,500명이 근무하고 있다고 한다. 이들의 연구 대상은 식료품, 천연식물, 육류 채소 및 과일, 물고기, 담배, 질병연구, 종합분석 등 8개 종합 분야로 나뉘어져 있는데 연구에 필요한 자료와 원료는 전국 각지에서 공급받는다고 한다. 이곳에 종사하는 사람들은 실력이 우수하고 출신 성분이 좋은 사람 중에서 선발된다고 한다. 연구직원은 김일성대학, 평양의과대학 졸업생으로 화학, 물리, 미생물, 식품공학, 유전공학 등의 관련 분야를 전공한 자들이라고 하며 연구조수는 관련 분야 전문학교 졸업 이상자이며 실험 일꾼은 고등중학교 졸업 이상자들 중에서 선발된다고 한다.

이들 연구원에서 사용되는 기재들은 미국, 일본, 독일 등에서 수입된 최신 장비들이라고 한다. 연구 방법은 지도자와 나이·체질이 비슷한 사람을 연구 대상으로 하여 기호품과 건강에 좋다는 각종 음식물 을 일정한 횟수와 양만큼 섭취하게 하여 건강상태를 점검하며 독소가 함유되어 있다고 생각되는 음식물은 가축들에게 테스트를 한 후 이상이 없으면 다음 단계로 연구대상자들이 섭취하게 하여 상태를 확인하는 방식으로 한다. 기초과학원은 8개 전문분야로 나누어 연구, 분석, 개발하고 있는데 각 연구실의 연구내용과 임무가 다르다고 한다.[11]

제1연구실로 불리는 식료품 연구팀에서는 곡물 연구조, 술 연구조, 향료 연구조로 구분하여 맛이 좋고 영양가가 높은 식료품과 술·음료수를 개발한다.

---

11) 송봉선, 『사생활로 본 김정일』 (서울: 솔잎, 2004), p.183.

사돈 남 말,

제2연구실인 천연식물 연구팀에서는 효소연구조, 기름연구조, 약재 연구조 등으로 구분하여 주로 천연 식물들로부터 수명을 연장시킬 수 있는 성분을 추출하는 방법을 연구하며, 약재 연구는 산삼, 인삼, 영지버섯 등 희귀식물을 대상으로 하고 있다.

제3연구실인 육류 연구팀에서는 소 연구조, 돼지 연구조, 가금 연구조 등으로 구분하여 영양가가 높고 콜레스테롤이 적은 우수 육질을 얻는 방법을 연구한다. 황해북도 황주 목장에서는 이에 필요한 각종 가축들을 시험 사육하고 있다.

제4연구실인 채소과일 연구팀에서는 남새 연구조, 과일 연구조 등으로 구분하여 북한산 및 남방산 채소와 과일의 맛을 좋게 하는 농법과 위생처리 방법 등을 연구한다. 황해남도 과일군에 전용 온실을 만들어 남방 과일을 재배 생산하고 있다.

제5연구실인 물고기연구팀에서는 민물고기 연구조, 바다고기 연구조, 먼바다고기 연구조 등으로 구분하여 어종별 영양성분을 조사하고 생선의 비린내 제거 및 장기보관 방법 등을 연구한다.

제6연구실인 담배 연구팀에서는 북한산 담배 연구조, 외국산 담배 연구조로 구분하여 니코틴·타르 제거 등 해롭지 않은 담배 제조방법을 연구한다. 강서군에 김 씨 일가만을 위한 특별 담배 제조소가 있다고 한다.

제7연구실인 질병 연구팀에서는 비만 연구조, 동맥경화 연구조, 고혈압 연구조 등으로 구분하여 전국 각지에서 생산 공급한 식료품과 재료들을 짐승들에게 먹여보고 그 상태를 연구한다.

제8연구실인 종합분석연구팀에서는 지도자에게 제공되는 모든 제품을 분석하고 있다고 한다.

2019~2020년

기초과학원 종사자들은 채용 전에 이곳의 업무와 관련한 모든 사항의 비밀을 엄수하겠다는 서약을 한다고 한다. 이들은 북한에서는 이례적으로 온수가 나오는 고급 아파트에 살고 있으며 임금도 일반인의 2배를 받는다고 한다. 이들은 자체 연구소 농장에서 조달되는 육류와 채소, 수산물 등의 부산물도 먹을 수 있는 특혜를 받고 농촌지원 노력 동원에서도 면제된다고 한다. 그러나 연 2회 실시하는 지도자의 건강 진단에서 이상이 발견되면 즉시 다른 곳으로 전출된다고 한다.

IV. 북한의 의료환경

1. 북한의 의료기관

김 씨 일가의 진료는 평양시 보통강 구역 신원동에 있는 봉화진료소에서 전담한다고 한다. 공식명칭은 봉화종합병원이지만 보통 봉화 진료소라고 한다. 김일성이 생존 시 봉화 병원을 방문하여 의료진과 나눈 이야기를 '위대한 수령 김일성 동지께서 1992년 0월 0일 봉화진료소 리락빈 소장과 한 담화'라는 제목을 붙여 교시를 하였기 때문에 주민들은 그렇게 인식하고 있다. 또한 북한 당국이 비밀을 유지하고 봉화종합병원의 규모와 의미를 축소하려는 의도

사돈 남 말,

에서 비롯된 명칭일 개연성도 있다.[12] 김일성 사망 당시 보건부 부부장을 겸임하였던 리락빈은 북한 주민들로부터 수령의 만수무강을 보장하지 못하였다고 책임을 묻는 항의와 규탄을 받았다. 김정일은 김일성의 전철을 밟지 않기 위해 김일성 사망 후 해외에서 구급차를 들여와 김정일이 지방시찰이나 군부대를 지도 방문할 때는 항상 구급차를 달고 다녔으며 주치의 3명을 동행시켰다고 한다. 이 중 한 명이 심장 전문가이었다. 봉화병원 치료 대상에는 김 씨 일가 외에 김정은 측근들과 관료들도 포함되어 우리나라의 장관급에 해당하는 상이나 제1부부장 그리고 그 가족까지 포함된다고 한다. 그 외에 기타 주요 부서라고 할 수 있는 조직지도부, 선전부, 국제부, 군수공업부를 비롯한 중앙당 부처의 부부장들은 본인만 치료대상이라고 한다. 또한 김 씨 일가의 건강을 관리하는 외에 이들의 처가도 치료대상이라고 한다.

김정일 말기에 최고지도자 치료를 전담하는 부서가 봉화 병원 내에 생겨서 특수부서로 지금까지 관리된다고 한다. 봉화병원 의료진은 북한에서 최고의 실력을 갖춘 의사들로 이들은 평양의과대학 최우등 졸업생들을 선발하여 해외 유학을 보낸 후 돌아오면 조선 적십자병원에서 실습을 한다고 한다. 이들은 자신들이 일정 기간 의료현장에서 숙달한 뒤 봉화병원으로 배치된다. 물론 일반병원에서도 정평이 있는 의사가 뽑혀 오기도 한다.

봉화병원은 보건성 내 보건1국이라는 기관에 소속되어 있다. 보건1국은 봉화병원과 남산병원에 대한 의료인력 수급 및 의료기구

---

12) 〈월간북한〉, 북한연구소 7월호 pp.71-75.

와 약품을 관리하는 행정부서다. 보건1국은 보건성이라고 하지만 노동당 과학교육부 보건과에서 직접 총괄하는 시스템을 갖추고 있다. 노동당 과학교육부 부부장이 때에 따라서는 봉화병원장을 겸한다고 한다. 북한에는 MRI가 3대 정도 있는데 이중 한 대가 봉화병원에 있다. 고위층들이 이용하는 또 다른 병원은 남산병원이다. 별칭으로 남산진료소라고도 부른다. 남산병원은 평양시 대동강구역 문수거리에 있다. 남산병원의 치료 대상은 부상급 간부들과 그들의 가족이며 인민체육인, 인민과학자, 인민배우, 로력영웅 등 공로자들은 본인만 치료 대상이고 가족은 제외된다. 남산병원은 봉화병원보다는 의료장비 수준이 떨어지지만 그래도 일반병원보다는 고가의 약을 처방한다고 한다. 남산병원도 봉화병원과 마찬가지로 노동당 과학교육부가 총괄한다. 봉화병원과 남산병원은 일반인은 치료 대상이 아니다.

그다음이 평양 적십자병원으로 북한에서는 일반병원 가운데 상급병원이다. 비교적 높은 의료기술을 가진 의사들이 대거 포진되어 있고 장비도 다른 병원에 비해 나은 편이다. 적십자병원에서 의료기술 평판이 좋을 경우 봉화진료소나 남산병원으로 가는 경우도 있다고 한다. 다음으로 평양의과대학병원이 있는데 의료교육, 연구, 의료기술이 종합된 병원이라는 인식이 높고 환자 평판도 좋아 북한 주민이 선호한다. 한편 최근 김정은 심장치료를 했다는 의사가 김만유병원 소속이라는 설도 있는데, 이 병원은 재일교포 김만유가 후원하여 지은 병원이다. 이 병원은 중상급의 병원으로서 김정은을 이 병원에서 치료했다는 데 대해서는 의료기관 종사 탈

사돈 남 말,

북자가 이의를 제기하기도 한다.[13]

전반적으로 북한의 의료시설이나 의약품은 아주 열악하여 의료기관을 논하는 것조차 의미가 없다. 북한보건성 및 세계보건기구 자료에 의하면 북한은 병원이나 클리닉 등이 9,000여 개소 정도가 있기는 하나 치료를 할 의료기구, 의약품이 없기 때문에 주민의 치료가 제대로 되고 있지 않다. 북한은 주민들에게 무상치료 천국을 주장하지만 선전과는 달리 월급에서 사회보장비라는 명목으로 1%씩 공제하고 치료 시에는 약값 명목으로 별도로 돈을 내야 하며 농민의 경우에도 도시로 이송되어 치료받을 경우에는 치료비를 내야 한다.[14] 그러나 오직 김 씨 일가만은 예외다.

봉화병원 특수부에서 김정은을 담당하는 의사들은 평양의과대 최우등 졸업생들로 독일, 중국 등 해외 유학자들이며 해외 유학 후에는 돌아와서 평양적십자병원 등에서 수련 과정을 거친다. 특히 김정은을 수행하는 의사 중에는 심혈관 분야를 전공한 흉부외과 전문의가 다수 있으며 이들에 대해서는 북한 당국이 신원보안을 철저히 하고 있다. 이들은 현재 북한 내에서 심혈관계 최고권위자로 인정받고 있으며 호위국이 경비하는 구역 안에 거주하고, 경호원도 대동하고 다닐 만큼 당국의 특수 관리를 받는 대상으로 알려졌다.[15]

2018년 탈북자가 제보한 바에 의하면 일반 의료기관에서도 김정

13) 〈데일리NK〉 2020.4.22.

14) 통일연수원, 『북한이해』 (서울: 대륙연수원, 1994), p.110.

15) 〈월간북한〉 2020.7월호, p.72.

은 치료 전문의가 발탁된 사례가 있다고 한다. 김만유병원 심장외과에서 1년 정도 근무한 어떤 의사의 경우 보건당국에 선발되어 독일 유학을 다녀온 후 김만유병원 집무실에는 한 달에 한 번 정도 출근하면서, 수뇌부의 심장치료를 위한 감각을 항상 유지하라는 지시를 받고 수술 집도, 참관, 임상 등을 아무 때나 할 수 있게 보장해 준 경우도 있었다"고 한다.

김정은 건강 담당의들은 모두 남성이고 대부분 독일, 중국 등 해외 유학 경험이 있으며, 심장을 주전공으로 하고 있으나 한 개 과에만 정통한 것이 아니라 호흡기내과 등 여러 과에도 정통한 것으로 알려져 있다. 한편 로이타 통신은 2020년 4월 김정은의 심장 의료자문을 위해 중국이 북한에 관련 의료진을 파견했다고 보도한 바 있지만 사실 여부는 불확실하다

북한 대동강 문수거리에는 남산병원, 중앙동의병원, 김만유병원, 인민군11종합병원 등이 집중되어 있다. 김정은의 전격적 명령으로 지어지는 평양종합병원 역시 문수거리에 지어지고 있는데 이 병원은 문수거리의 가장 중심에 위치하고 있다. 2020년 7월 19일 김정일은 이 병원을 현장 방문하여 "건설련합 상무가 모든 문제를 당정책적 선에서 풀어나갈 생각은 하지 않고 있다"고 지적하고 "이대로 내버려 두면 우리 인민을 위한 영광스럽고 보람찬 건설투쟁을 발기한 당의 숭고한 구상과 의도가 왜곡되고 당의 영상에 흙탕칠을 하게 될 수 있다"고 비판했다. 이어 김정은은 "당중앙위원회 해당 부서들에 평양종합병원 건설련합 상무 사업정형을 전면적으로 료

사돈 남 말,

해(파악)해 책임자를 전부 교체"할 것을 지시했다.[16] 그러나 자재와 물자가 태부족인 상태에서 당창건기념일인 10월 10일까지 완공하라는 무리한 지시는 부실공사로 이어져 개원 시 불의의 사고로 이어질 수 있다.

한편 2020년 5월 22일 데일리NK는 북한 내부 소식통을 인용하여 향산진료소가 2014년 북한 최고지도자의 건강 상태를 중점적으로 치료·관리할 수 있는 이른바 '1호' 전용병원으로 지정되었다고 보도했다. 당시 김정은의 몸 상태에 문제가 생기면서 최고지도자의 건강관리에 대한 경각심이 더욱 높아졌고, 이에 향산진료소가 김일성 직계인 백두혈통 중에서도 최고지도자와 그의 일족만 이용하는 전용병원으로 꾸려지게 됐다고 하였다. 김 씨 일가의 심혈관 질환 가족력과 관련해 심장 분야를 중점 치료·관리하는 의료시설이 있어야 한다는 것이다. 향산진료소는 심장 계통의 병증을 집중적으로 다룰 수 있는 일종의 특화 시설로 유지돼 왔다는 것이다. 소식통은 "향산진료소를 심장 관리를 위한 병원으로 지정한 후 독일과 일본의 최신, 최고급 장비들을 들여왔고 지금도 의료기기들을 완비해두고 있다"고 하였다. 의료진들도 최우수 의료진으로 편성하였고 향산 의료진들은 향산에 살고 있다고 해도 평양시 중구역 시민증을 수고 평양시민으로 대우하고 있다고 한다. 그러나 향산초대소는 평양에서 160여km 거리에 위치해 있고 김정은이 상주하는 곳도 아니어서 이곳에 심장 전문 의료시설을 갖추고 있다는 것은 다소 의문스러운 점도 있다.

16)   조선중앙통신, 〈연합뉴스〉 2020.7.20.

2. 북한의 한의학 연구와 관련 시설

북한에서는 김일성의 아버지 김형직이 과거 1920년대 중국 요녕성 임강에서 세브란스 전문학교 졸업증을 걸어놓고 순천의원이란 병원을 운영했다고 자서전에 기록하면서 한방치료에 대한 관심이 높았다.[17] 1970년 말 평양의과대학에 양학보다 한방 동의학 규모를 크게 늘리라고 교시했다. 1980년 4월 4일 최고인민회의 제6기 제4차 회의에서 채택된 인민보건법 제15조에는 다음과 같이 명시하고 있다. "국가는 민족의 전통으로 내려오는 동의치료를 잘 보장하기 위해 동의 의료망을 늘리며 의료기관들이 현대 의학적 진단에 기초한 동의치료 방법을 널리 받아들이도록 한다"고 규정하였다.

1970년대에는 김일성이 스탈린과 모택동을 모방하여 세계혁명의 수령으로 자처하면서 아프리카 제3세계 나라들에 대한 지원과 협조를 명목으로 영향력을 행사하였다. 김일성은 당시 세네갈 대통령의 병 치료를 위해 북한의 한의 의료단을 보내어 커다란 성과를 올린 바 있다. 김정은도 김일성, 김정일로 이어져 오는 최고 존엄 치료 방법의 하나로 한의 치료도 하였을 가능성이 있다. 북한이 동의학에 비중을 두는 것은 북한의 열악한 외화부족으로 의료기구나 의약품을 수입해올 수 없어 이를 자체 생산 가능한 한의약재로 보충한다는 의미가 될 수 있다. 북한은 유능한 한의사 즉 동의사에게 동의사 1급, 2급 자격을 준다. 동의학 치료체계는 평양에 동

---

17) 김일성, 『세기와 더불어1』 (평양: 조선로동당출판사, 1992), p.59.

의중앙병원, 각도에는 동의병원이 설치되고 시, 군 구역병원과 주요 산업병원 및 리 인민병원에도 동의과를 신설했으며 병원마다 대단위 약초대단지를 조성해 치료사업을 확대해 나가고 있다. 북한 인민보건법에는 동의학과 신의학을 결합한 주체적인 의학과 동의학을 병행 발전시킨다는 정책하에 한방을 토대로 한 동의학 연구와 제약공업에 역점을 두어 왔다. 북한은 한방 동의학을 주체성에 입각한 민족의학으로 발전시키기 위해 국가의 정책적인 배려와 개발 계획안에 따라 정립되고 있다. 북한 의약과 학원 동의학연구소에서는 5만 여건의 민간요법을 이론적으로 체계화한 민간요법, 동의학 연구자료 등 서적을 출판하여 의학으로 발전 변모시키고 있다.[18]

V. 결론

2011년부터 북한을 지배하고 있는 김정은은 그의 친부 김정일이 사망하여 후계자가 되어 절대군주 역할을 해왔다. 김정은은 집권 이후 핵무기와 장거리 미사일을 개발하여 한국은 물론 수변국과 미국을 위협하고 있어 그의 동선과 건강이 항상 관심을 끌고 있다. 김정은은 집권 9년 동안 자주 잠적을 하여 서방세계는 그때마다 김정은의 건강을 의심해왔다. 김정은의 건강을 위협하는 것은 서

---

18) 안덕균, 『북한연구』 (서울: 대륙연구소, 1991), p.193.

술한 바와 같이 여러 가지 요소가 있다. 그는 정권을 잡을 당시보다 50kg 정도 체중이 늘어나 현재 130kg의 비만이 되었다는 점과 가계의 유전적 질환인 심장질환을 앓고 있다는 점이 그의 외부 신체에서 발견되고 있어 향후 북한을 안정적으로 통치할 수 있을지 의문이 제기되고 있다. 김정은의 심장질환에 가장 좋지 않은 것은 과도한 흡연이며 여기에 당뇨, 고혈압, 고지혈증 등도 의심된다. 김정일 시대부터 김 씨 일가는 자신의 병력관리와 발병 예방을 위해 독일, 중국 등지에 심장혈관 분야 연수생을 파견, 훈련시킨 후 항상 자기 주변에 머물게 하여 자신의 건강관리를 철저히 하고 있다. 여기에 조부 김일성, 친부 김정일의 심근경색 사망을 의식하여 최신 의료장비와 최고의 약제, 특별의료기구, 구급차 등을 수입하여 이동시에도 항상 대동하게 하는 등 건강에 대한 세심한 주의를 기울이고 있다. 비만, 당뇨병, 고혈압, 고지혈증, 운동부족, 유전적 요소 등은 김정은의 질환인 심근경색에 치명적이며 이는 금연, 절주, 운동, 식이관리, 약물 치료 등을 통해 어느 정도 예방이 가능하다고 한다. 하지만 김정은은 북한에서 신이나 다름없는 존재로 인식되어 북한의 모든 주민들이 떠받들기 때문에 그의 측근도 제대로 조언할 수 없다. 한국 통계청의 2018년 사망 원인 통계조사 자료에 의하면 심장질환이 사망 원인 2위를 차지하였고 심장질환으로 사망하는 환자 수는 매년 증가하고 있다. 특히 심장질환은 전 연령층에서 사망 원인 5순위 안에 포함된다. 국립의료원이 2014년부터 2018년까지 환자 25,563명을 대상으로 조사한 연령별 심근경색 발생 빈도를 보면 30대 2.3%, 40대 11%, 50대 25%, 60대 26%, 70대

사돈 남 말,

22%, 80대가 13%, 기타 3.7%로 나타나고 있다.[19] 따라서 김정은의 경우 아직 30대라 발생빈도가 40대나 50대보다는 낮겠지만 지나친 비만과 흡연 등으로 위험성이 높은 편이라고 할 수 있다. 심혈관 전문의들에 의하면 젊은 사람의 경우에는 질환 발생빈도가 낮기는 하지만 예측할 수 없다는 것이 일반적 소견이다. 김정은의 전용 병원은 봉화병원이며 김 씨 일가 외에 김정은의 측근들과 관료들도 치료대상이고 장관급에 해당하는 상이나 제1부부장 그리고 가족들도 봉화병원에서 치료를 받는다. 병원에는 최고지도자 치료를 전담하는 특수부서가 설치되어 오래 전부터 관리되고 있다고 한다. 봉화병원 의료진은 북한에서 최고의 실력을 갖춘 의사들로 이들은 평양의과대학 최우등 졸업생들이며 독일, 중국 등 해외 유학을 한다고 한다. 김정은 건강 담당의는 모두 남성이며 대부분 독일, 중국 등 해외 유학 경험이 있는 인물들로, 심장을 주전공하였으나 한개 과에만 정통한 것이 아니라 호흡기내과 등 여러 과에도 정통하다고 한다. 물론 일반병원의 정평이 있는 의사가 뽑혀 오기도 하여 최고지도자 치료소는 북한의 명의들의 집합소라고 할 수 있다. 북한의 주요 병원은 남산병원, 적십자병원, 김만유병원 등이 있다. 김정은은 북한의 의료시설이 취약하나는 점을 일고 평양 문수거리에 대규모 신규 종합병원을 짓고 있지만 부족한 외화로 저신 장비를 들여오는 것은 쉽지 않을 것이다. 단적인 예를 들면 2015년 현재 북한 전체에 MRI 촬영기가 3대밖에 없을 정도로 열악하다. 북한의 의료체계도 오직 김 씨 일가에만 집중되어 있으며

---

19) http://kosis.kr/statHtml/statHtml.do?orgId=411&tblId=DT_41104_212

의료기구나 의약품은 전 세계에서 가장 낙후되었다고 할 수 있다. 결국 북한은 핵문제로 인한 제재가 완화되지 않으면 병원을 새로 건축해도 의료기구나 의약품 부족으로 무용지물이다. 김정은은 아직 30대의 젊은 나이라는 점과 우수한 심장전문의를 항상 대동하여 심장질환에 대비하는 등 건강을 유지하지만 지금과 같은 비만도나 흡연, 고지혈증, 운동부족은 그의 생명을 단축시킬 가능성이 높아 보인다. 북한의 의료환경은 핵을 포기하고 개혁개방의 길로 가야만 해결될 수 있다.

사돈 남 말,

北 최고존엄 리더십 부족은
지적할 수 없는 건가

〈데일리NK〉 (2020.07.01.)

정세현 민주평화통일자문회의 수석부의장은 지난달 25일 국회에서 열린 '북핵 문제 발생, 원인과 해법' 강연에서 "외교부가 한미워킹그룹이 생겼다고 자랑스럽게 말했을 때 '족쇄를 찼구나' 생각했다"고 말했다. 여기서 한미워킹그룹은 비핵화, 대북제재, 남북협력 방안을 수시로 조율하는 대북 고위 실무 협의체로, 2018년 11월 설치됐다.

그는 또 "미국이 워킹그룹을 만들 때부터 개성공단과 금강산 관광 재개, 철도 건설 등 핵심 현안에서 번번이 미국 정부의 뜻대로 관철되면서 한미워킹그룹이 남북관계 발선에 오히려 장애물로 작용했다"면서 "이런 것들 때문에 북한이 패악질을 부린다"고 미국 탓을 하였다.

정 수석부의장은 얼마 전 북한 옥류관 주방장의 "국수 처먹을 때 요사 떨더"라는 말을 두고도 "이런 수모를 만든 것은 미국이다"고도 했다.

아울러 그는 북한이 대남 군사행동 계획을 보류하자 "4·27 판문점 선언으로 돌아가는 계기로 삼으면서 워킹그룹 틀 밖에서 족쇄를 풀고 핵 문제를 풀기 위해 중재자, 촉진자 역할을 할 수 있는 기회를 만들어야 한다"고도 강조했다. 결국은 미국이 비핵화의 "장애 요소"라는 주장이다.

하지만 정말 그럴까. 김정은은 지난해 말 열린 당 중앙위원회 제7기 5차 전원회의를 통해 핵을 언급하며 "우리에게 있어서 경제 건설에 유리한 대외적 환경이 절실히 필요한 것은 사실이지만 결코 화려한 변신을 바라며 지금껏 목숨처럼 지켜온 존엄을 팔 수는 없다"고 했었다.

또한 이는 올해도 마찬가지다. 지난 4월 최고인민회의 시정연설에서는 "장기간의 핵위협을 핵으로 종식한 것처럼 적대세력의 제재 돌풍은 자립, 자력의 열풍으로 쓸어버려야 한다"고 하더니, 지난달 열렸던 당 중앙군사위원회 확대회의에서는 '핵전쟁 억제력' 강화를 언급했었다.

이는 어떤 일이 있어도 핵을 포기할 수 없다는 뜻이다. 김 씨 3대 정권이 경제정책에 실패와 함께 북한을 세계 최빈국으로 만들면서도 핵은 끝까지 고수하였다. 이들은 핵을 자신들의 체제를 지켜주는 보검으로 굳게 믿고 있는 셈이다.

정 수석부의장은 노회한 전문가로 대북 문제도 오래 다루어 봤기 때문에 북한의 비핵화가 실현 불가능하다는 점을 잘 알고 있을 것이다. 이에 그가 정권의 코드와 비위를 맞추려는 게 아닌지 의구심이 든다는 지적이 나온다.

여기에서 하나 묻고 싶다. 김정은 정권의 남북 연락사무소 폭파와 입에 담지 못할 국가원수 비난은 왜 그 의미를 축소 해석하는지 말이다. 가장 중요한 건 대북 원칙을 지키는 것이다. 우리가 미국에 맞서 북한의 제재 해제 도구가 되어서는 안 된다. 비록 대화가 이루어져 남북협력사업을 추진한들 북한의 핵포기 기만과 거짓 평화는 해결될 수 있을까?

최근 국가정보원 보고에는 국경봉쇄 장기화로 심화하고 있는 북한 경제난과 관련한 내용도 포함됐다. 즉 올해 1분기 북중 교역이 전년 동기 대비 55% 감소한 2억 3,000만 달러에 그치고 수입 식료품 가격이 일시 폭등하면서 불안 심리가 가중돼 평양 시민들이 생필품 사재기에 나서는 등 내부 사정이 최악의 수준으로 가고 있다고 한다.

북한이 이 같은 경제난에 빠진 원인은 국제사회의 지속된 제재와 더불어 코로나 사태로 북중 국경이 막혔기 때문이라고 할 수 있다. 또한 최고존엄의 리더십 부족도 주요 요소라고 할 수 있다. 우리는 북한식 핵포기 기만 및 통미봉남(通美封南) 전략에 대항해서 이 같은 현재 실태를 보다 면밀히 들여다보면서 진정한 변화를 꾀해야 할 것이다.

간첩 활개 치게 만들 국정원 개악案

〈문화논단〉 (2020.08.07.)

───

지난달 30일 조정식 더불어민주당 정책위의장이 권력기관 개혁안(案)을 발표했다. 국가정보원 개혁안에 대해 조 의장은 "국정원을 대외안보정보원으로 개칭해 투명성을 강화하고 정치 관여를 엄격히 제한하겠다"고 했다. 당·정·청도 국정원 개혁안으로 명칭을 '대외안보정보원'으로 바꾸고, 국내정보 수집 기능 폐지, 대공 수사권 경찰로 이관, 국회 정보위원회와 감사원의 통제 강화, 감찰실 직책 대외 개방 등이 주요 골자다.

이렇게 될 경우 국정원은 절름발이 안보기관이 될 게 자명하다. 박지원 국정원장은 개혁 대상 기관의 수장임에도 앞장서서 당·정·청과 같은 입장을 보여 국정원 개혁이 이상하게 돌아간다. 국정원 국내정보 수집 기능은 이미 서훈 전 원장이 자체 폐지했는데, 법제화 명목으로 국정원 주요 개혁 대상으로 올린다는 것 자체가 우스운 일이다. 국회와 감사원 통제를 받는 것도 보안이 생명인 정보기관의 존재 가치가 없다. 감찰실장직 대외 개방도 현 정부 들어 적폐청산이라면서 외부 인사가 감찰실장으로 보직돼 국정원의 메인

사돈 남 말,

서버를 열고 법정에 '적폐' 증거 자료를 제공하는 등 해체 수준의 치부를 드러냈다. 특히, 문제가 되는 것이 대공 수사권의 경찰 이관이다. 경찰은 지금도 대공 기능이 있으며 군의 기무사(현 안보지원사령부), 국정원과 함께 3기관이 경쟁 체제를 이뤄 현재까지 대공 활동을 무리 없이 잘해 왔다.

그런데 국정원과 안보지원사령부의 대공 수사권을 폐지하는 것은 북한이 바라는 일로, 마치 전방에 철책을 없애고 지뢰밭을 제거해 적이 의도한 침투로를 안전하게 열어 주는 것이나 마찬가지다. 개혁 측은 국정원 대공 수사권을 이양하는 대신 국정원에 조사권을 부여한다고 한다. 간첩은 구속수사를 해도 철저한 사전 침투 교육과 신분 세탁, 가장(假裝), 묵비권 행사로 잡기 어려운데 어떻게 검거한단 말인가? 대공 수사나 공작 활동은 국정원 내에서도 때로는 부서끼리 서로 협조가 잘 안돼 삐걱거리는데, 타 기관인 경찰에 조사 내용 제공 등 협조가 제대로 될지도 의문이다.

국정원은 해외 파견관, 정보 협력, 간첩 통신, 사이버 등 그동안 많은 경험과 시설을 갖추고 있어 경찰과 비교가 안 된다. 경찰은 이근안 사건, 박종철 고문치사 사건, 부천시 성고문 사건, 탈북 여성 성폭행 등 과오가 있어 국가안보 전담에 문제가 있음을 안보 전문가들은 지적하고 있다.

국정원의 지난 4일 인사 개편 때 2000년 남북정상회담 주역들이 요직을 차지했다. 박 신임 원장은 남북정상회담 당시 대북 불법 송금으로 실형을 받은 전력이 있고, 박선원 기조실장은 1985년 미국 문화원 점거 사건의 배후로 지목, 반미(反美) 성향이 강한 것으로 인식돼 더욱 그렇다. 박 실장은 노무현 정부의 청와대 외교·안보·대북담당 비서관 시절에 대북 접촉 실무자로 현 북한 외무성 부상 한성렬과 접촉하면서 지나치게 친북 성향을 보여 보안 문제가 되기도 했다. 많은 안보 관계자가, 회담 업무 경력자가 국정원의 예산을 관장하는 자리로 보직, 금전과 회계 업무를 맡는다는 것을 이상한 시각으로 보고 있다.

국가정보원법에 규정된 고유 직무는 대북·대공 정보 수집, 정부 전복, 방첩, 테러, 국제범죄조직과 관련된 국내외 정보 수집, 그리고 내란·외환·반란죄와 국가보안법 위반죄 수사다. 그런데 현 정부는 국정원의 고유 업무와는 관계없는, 과거 좌파 정권에서 남북회담을 전담하던 인물들을 다시 대북 라인에 배치하고 국정원 회계 책임자로 임명하는 등 의혹을 살 수밖에 없는 인사 '개혁'을 했다. 이래서는 개혁 법안이 아니라 개악(改惡) 법이 될 수 있는 만큼 중단해야 한다.

사돈 남 말,

대공 수사권 경찰 이관…
간첩 수사 포기하나

〈조선일보〉 (2020.10.27.)

———

　국가정보원이 가진 대공(對共) 수사권을 경찰에 넘기는 내용을 담은 국정원법 개정안이 국회에 계류 중이다. 문재인 정부는 국정원의 대공 기능을 폐지해 있으나 마나 한 기관으로 만들려고 하는 것 같다. 문 정부는 출범 이후 국정원을 적폐로 몰아 전·현직 국정원 간부·직원을 대거 재판에 넘겼다.

　국정원의 대공 수사 기능을 경찰에 이관할 경우 과연 경찰이 국정원을 대체할 수 있을지 의문이다. 북한의 대남 침투는 1970년대 이후 제3국 우회로 변경됐다. 북한이 보내는 간첩의 절대다수가 외국을 경유하며, 국내 잠입 후에도 국내외를 오가며 활동한다. 이를 추적하기 위해 반드시 필요한 해외 정보망이 경찰에는 구축돼 있지 않다. 또 간첩 혐의를 포착하기 위해서는 해외에서 합법과 불법 사이를 오가는 일을 하고, 때로는 외교적 마찰이 빚어질 위험도 감수해야 한다. 공개된 조직인 경찰이 이런 일을 할 수 있을지 의문이다. 국가안보를 위해 때때로 '더러운 일'을 비밀리에 수행하는 조직도 필요하다. 국정원이 오랫동안 축적해온 대북 공작 네트워크, 통신·과학 장비, 암호 해독 노하우 등도 경찰이 하루아침에 배울 수 있는 게 아니다. 미국이 중앙정보국(CIA)과 연방수사국(FBI)을 따로 운영하는 이유가 무엇이겠는가. 서훈 전 원장도 국회에서 "간첩을 가장 잘 잡을 수 있는 기관이 어디냐"는 질문에 "국정원"이라고 답변했다. 국군기무사령부에서 군사안보지원사령부로 이름을 바꾼 군 조직도 대공 활동을 중단하고 군 범죄만 다룬다고 한다. 국가안보 시스템이 통째로 허물어지고 있다. 이렇게 대공 수사 기능이 축소되면 간첩 잡는 일은 사실상 불가능해지고 국가안보는 위태로워진다.

사돈 남 말,

조선시대 비변사를 통해 본
우리 '안보 불감증'

〈데일리NK〉 (2020.10.28.)

조선 시대에 지금과 같이 안보를 위한 공식적인 국가 정보기관은 없었지만, 오늘날의 국가안전보장회의(NSC)와 국정원의 기능을 합친 성격의 비변사가 있었다.

비변사는 북쪽의 여진, 즉 야인들과 남쪽 왜구와 일본의 활동을 감시하고 이들의 침략을 막는 데 필요한 정보를 수집하기 위해 설립된 기구이다. 중종 5년(1510년)에 삼포왜란(三浦倭亂)이 일어나자 조선 조정은 방어책을 논의하는 한편, 그동안 변칙적이었던 의정부 재상, 병조 당상의 합의 체제를 고치고 임시로 비변사를 설치하여 비상시에 대비하면서 기밀을 취급하고 정보를 수집했다. 중종 12년에 의정부 3정승을 도제소(都提調)로 삼아 조직을 갖추었다.

이후 중종 17년(1522년) 왜선이 신달량(新達梁) 등에 침입하여 변방 대책기구로 활용되었다. 그리고 명종 10년(1555년)에 일어난 을묘왜란(乙卯倭亂)을 계기로 상설기구(常設機構)로 확정되어 정식 부처로 되었다.

비변사는 국가 위기 및 급변상황에서 국가정보 관련 업무 수행과 국가 병무정책을 총괄하였다. 암행어사나 보부상이 첩보를 수집해오면 국왕은 이를 비변사에 지시하여 분석·확인하도록 하였다. 14대 명종 초반까지 지속적인 남북 변경 지역의 야인과 왜구의 출몰·도발사건이 발생하여 비변사의 변방 정보수집 활동이 증가하였다.

임진왜란을 계기로 비변사는, 15대 선조 대 후반 그 권한이 급속히 강화되어 간다. 외침에 대해 비변사는 군부의 비밀정보는 물론 내정(內政)·외교권(外交權)까지 담당하게 되어 의정부의 권한을 가지게 되면서 국정의 중심기구로 발전하였다. 북방 여진족의 침입과 일본과의 강화 교섭에 필요한 정보 수집 활동에 대응하였다.

광해군 시대에는 북방의 위협에 대처하기 위해 비변사에 대책 마련을 요구하는 등 국방·정보적 측면에서 이 기구를 잘 활용하였다. 북방의 긴장 상태가 지속되면서 변방 대책기구로서의 필요성이 증대되어 중국통인 강홍립 장군을 중용하여 후금 정보 수집과 대응이 잘 이루어졌다. 후금과의 두 차례 전쟁을 겪으면서 정보적인 측면에서 비변사 체제는 더욱 확고해져 대외 위기를 극복하는 역할에 기여하였다.

병자호란 당시는 정부의 각 기구는 모두 마비 상태였으며 오직 비변사만이 그 기능을 제대로 수행할 수 있었다. 인조반정 후 반정 공신들이 비변사를 중심으로 군령권과 인사, 재정을 장악함으로써

사돈 남 말,

비변사가 권력 기구로 활용되었다.

조선 후기에는 비변사가 당파의 정쟁 도구로 변질되어 대원군이 비변사를 폐지하였지만 조선 초·중반기까지는 안보적 역할의 비중이 적지 않았다. 이러한 국가적 안보기구가 있었음에도 임진왜란과 병자호란을 겪은 것은 당시의 선조와 인조가 무능했기 때문이다. 잘 알려진 바와 같이 선조는 세종 이후 200년 만에 일본 내부 정보를 수집하기 위해 사신을 파견하였지만 서인 출신의 정사 황윤길은 풍신수길이 전쟁을 준비해온 것이 확실하다고 하였고 동인 출신의 부사 김성일은 이와 반대로 전쟁 조짐이 없다는 정반대의 활동 보고를 하였다. 결국 부사의 의견을 채택, 거의 무방비 상태에서 임진왜란을 당하였다.

안보에서 당파의 논리가 작용한 것은 오늘날과 유사하다. 인조는 인조반정 쿠데타를 일으켜 국난에 잘 대응하고 정보력에 뛰어난 광해군을 몰아낸 후 즉위하였다. 이후 대외정세를 잘못 판단, 후금의 침입을 자초하였다. 결국 병자호란이 일어나 치욕에 삼전도 항복을 한 이후 조선 백성 수십만 명이 끌려가 갖은 고초를 겪고 나라는 초토화가 되었다. 정보력 부재와 지도자의 무능은 이같이 나라를 위태롭게 한다. 지금의 우리 정세가 이러한 실패한 군주국가로 가는 것은 아닌지 심히 우려된다.

이러한 역사적 경험과 북한의 위협은 날로 증가하고 있는데 간첩을 잘 잡는다는 국정원의 수사권을 없앤다고 한다. 이제 간첩 천국이 되면 나라가 위태로워지는 것은 자명하다. 잘하는 것, 잘되는 것을 없애는 것은 개혁이 아니라 개악이다. 문재인 정부는 우리의 주적인 북한과 9·19 합의 후 평화, 종전선언을 계속 구걸해 왔지만 중국과 북한은 동맹을 강화하고 오히려 ICBM(대륙간탄도미사일)과 SLBM(잠수함발사탄도미사일) 최신화 등으로 응답하고 있다.

최근 진행된 한미 국방장관 회담에서는 작전권 이양과 방위비 문제로 공동성명서조차 내지 못하였다. 중국과 북한은 6·25 전쟁 시 우리를 침략한 주범들이지만 사과 한 줄 없고 오히려 침략을 정당화하면서 "침략자 미국과 싸워 이긴 위대한 항미 전쟁"이라고 선전하고 있다. 현 정부의 중화 사대주의와 김정은 남매 눈치 보기가 이제 상습화되어 가니 속된 말로 "이게 나라"인지 묻고 싶다.

사돈 남 말,

국정원법 개정···
국가가 위태로워지고 있다

〈데일리NK〉 (2020.11.26)

더불어민주당은 김병기 의원이 주도한 국정원법개정안을 지난 24일 국회 정보위원회 법안소위에서 단독으로 의결했다. 국정원법 개정안은 대공·대정부 전복 등 국내 보안정보 수집·작성·배포를 국 정원 직무 범위에서 제외, 국정원의 대공수사권을 폐지하고 3년 유 예하는 것을 골자로 하고 있다.

야당 정보위 간사인 하태경 의원(국민의힘)은 법안소위 도중 "대공 수사권을 3년 유예기간을 두고 경찰에 이관한다고 하지만 이것은 마치 5공 시대에 박종철을 죽인 남영동 대공분실을 부활시키는 법"이라고 반발했다. 그러면서 "인권탄압과 국내 정치 악용 우려를 막기 위해 국내정보와 수사를 분리하는 건데, 이게 경찰에 가서 재결합되는 것"이라며 "명백한 개악인 만큼 찬성할 수 없다"고 말 했다.

그럼에도 여당은 27일 정보위 전체 회의에서 내년도 국정원 예산 안과 개정안을 함께 상정하고 단독 처리를 이어간다는 방침이다.

개정안이 법사위 전체 회의와 국회 본회의까지 모두 통과할 경우 주요 핵심인 국정원의 대공수사권을 2023년 12월 31일 이후 경찰이나 가칭 국가수사본부 등에 넘기게 된다.

국정원의 대공 수사권 폐지로 국정원의 대북 정보와 경찰의 대공 수사가 분리될 경우 수사력이 현저히 약해질 것이다. 국정원의 대공 수사 노하우를 단기간 경찰에 전수한다는 것은 아무 문제가 없는 집을 수리한다는 명목으로 해체하는 행위라고 볼 수 있다.

이관을 받게 될 경찰도 달가워하지 않는 분위기다. 경찰청은 간첩 등 반국가 세력의 추적·검거를 전담해온 보안 경찰을 일반 수사 경찰로 전환하는 방안을 추진 중인 것으로 알려졌다. 대공·방첩 수사를 일반 형사사건을 처리하는 수사 특기로 통폐합하겠다는 것이다.

안보 수사역량을 일반 수사부서에서 다룬다는 건 대공 수사를 안 하겠다는 것과 마찬가지라는 지적이 나온다. 대공 수사를 해온 경찰의 보안국 간부들은 "국정원의 대공 수사권을 이관받게 될 경우 안보수사국 출범에 맞춰 안보 수사 역량을 강화하려면 대공 분야에 집중해 온 보안 경찰 제도를 오히려 보완 강화해야 한다"고 말하고 있다. 수사역량을 후퇴시킨다는 우려다.

이처럼 안보 수사 역량이 경찰로 이관될 경우 개혁이 아니라 개악이 될 것이라고 각계전문가들은 계속 지적해왔다. 간첩 수사는

사돈 남 말,

보안이 생명인데 국정원은 대통령 직속기관이라 보고 과정이 단순한 데 비해 경찰은 행정안전부 산하로 장관, 총리 등 여러 사람을 거쳐야 하기 때문이다.

더욱이 경찰에서는 시민단체, 변호사, 일반시민 등으로 구성된 안보수사 심의 위원회가 경찰의 국가보안법 관련 수사 여부를 검토하게 되어 있어 극도의 보안 속에 취급돼야 할 간첩 수사가 제대로 수행되기 어려울 수 있다는 점도 지적하고 있다. 또한 경찰은 국정원과 달리 공개수사를 원칙으로 하기 때문에 정치권에 청탁, 피의자 이해관계 등으로 압력행사를 할 경우 보안 문제에 취약해질 수 있다.

국정원의 경우 대북공작부서가 전문적으로 있어 간첩 정보여건이 수시로 입수되고 간첩 용의자를 역용하여 간첩 수사여건을 충족시킬 수 있으나 경찰은 이런 기능이 없는 조직이다. 아울러 국정원은 창설 이래 해외 다수의 파견관을 운영하여 현지의 대북연계망이나 주재국 정보협력역량이 잘되어 있으나 경찰의 경우는 해외 주재 경찰관이 있지만 국제범죄수사 협력 등 인터폴 협조니 국내 범죄자 해외 도피 수사 등 해외 네트워크가 극히 제한되어 있다.

경찰로 이관하면서 국정원의 조사권을 부여한다고 하는데 결국 국정원이 이에 대한 출처를 경찰에 제공해야 한다. 또한 국정원 수사관이나 공작원이 두 기관을 불려 다니면서 협조를 구해야 하는 상황에 처할 수 있다. 이는 거의 불가능하고 제대로 된 협조도 되지 않을 것이다.

특히 문재인 정부 들어와 보안 경찰이 급격히 축소하는 경향을 보이고 있다. 2001년에는 3,100명이었는데, 그러다 2008년에는 1,860명으로 줄었고, 2020년 6월에는 476명에 불과하다고 한다. 아울러 국정원은 대북정보분석, 간첩통신해독 및 과학정보역량이 경찰과는 비교가 안 된다. 지금까지 간첩 검거는 90% 이상을 국정원이 담당하였다.

마지막으로 북한은 우리의 대북공작역량을 와해하는 조직이 요지부동이라는 점도 간과하지 말아야 한다. 북한은 2007년 12월 19일 형법 부칙의 범위에서 사형범위를 확대하였고 국사범 처벌을 강화하였다. 반체제범의 경우 남조선 국정원 간첩으로 들씌우고 있다. 또한 북한은 그런데도 우리는 국정원의 국내보안정보 수사 기능을 폐지한다고 하니 북한의 대남 침투를 오히려 조장하고 있는 건 아닌지 우려스럽다. 청와대나 정치권에 간첩이 부식되어 있을 경우 이를 색출할 길이 없다. 이제라도 문재인 정부는 국정원법 개정을 중단해야 한다. 우리의 대북 선교 목사들까지도 간첩으로 몰아 김동식 목사 등을 억류하고 있다.

사돈 남 말,

북한의 핵위협에 대응하여
원전은 유지돼야 한다

〈데일리NK〉 (2020.12.30.)

지난 10월 20일 오후 경주시 양남면 월성원자력발전소에 가동이 정지된 월성 1호기(오른쪽)가 보인다. 감사원은 이날 '월성 1호기 조기폐쇄 결정 타당성' 감사 결론을 발표했다.

문재인 정부는 지난 대선 당시 공약으로 내건 그린 뉴딜정책을 추진하면서 월성1호기 가동중단을 밀어붙이고 있다. 기후 위기를 막기 위해 인간의 생산활동을 저해하는 재생에너지의 새로운 사회 경제적 패러다임으로 태양광발전, 원전배제 재생에너지 전환, 전기차 등 친환경차 보급, 그린 리모델링(건물 에너지 효율 개선) 등 에너지·이동수단·주거(건물)·산업 분야에서 화석연료 사용을 궁극적으로는 중단해 탄소 배출량을 획기적으로 줄이는 것이 요체다.

이는 2011년 3월 일본 도쿄에서 북동쪽으로 370km 떨어진 후쿠시마 도호쿠 지방의 태평양 앞바다에서 발생한 대지진과 쓰나미가 도호쿠 지방을 강타하면서 방사능 피해를 환경단체가 이를 크게 어필, 영향을 받은 것이라 할 수 있다. 그러나 실질적으로는 남북관계에서 정치적인 의미가 더 크다는 판단이다.

북한의 핵무기 보유과정과 기만

북한은 1990년대 이후 NPT(핵확산금지조약)를 탈퇴하여 핵무기를 은밀히 개발, 6차례 핵실험 끝에 비공인 핵보유국이 되어 우리의 안보를 위협하고 있다.

북한 김정은은 핵을 자신의 정권과 운명을 같이하는 보검으로 판단하고 있고, 어떠한 경우도 핵을 포기할 의도가 없기 때문에 동북아는 물론 전 세계가 골치를 앓고 있다. 북한 정권 3대의 특징을 살펴보면 첫째, 자신들이 결정한 것은 쉽게 번복하지 않았다. 따라서 북한의 핵 문제는 전혀 유연성이 없다. 둘째, 김 씨 체제는 신성불가침이다. 체제에 반한다면 사소한 일도 절대 용서하지 않으며, 반대 세력은 가차 없이 숙청하거나 제거한다. 셋째, 거짓말 조작의 명수들이다. 대남 공작 기구를 통해 언론, 사이버 해킹 수단을 이용해 각종 허위 정보를 유포, 핵 보유를 정당한 것으로 선전하고 있다.

북한의 핵보유 염원은 6·25 때부터이고, 본격적으로 핵개발을 시작한 지도 30년이 지나가고 있다. 북한의 핵은 체제 보호막인 동시에 대미 대남 위협용이라고 볼 수 있다. 6·25 직후 김일성은 대내적으로는 "우리가 핵을 보유하고 있었으면 미국은 전쟁에 개입하지 못했고, 통일을 달성했을 것"이라면서 이에 집착했다. 1992년 한·중 수교 시에도 "믿을 것은 핵폭탄밖에 없다"고 강조했다.

북한의 핵개발 기만 동향을 보면 남북합의서 직후 1993년 1월 3일자 〈노동신문〉은 거짓 주장을 늘어놓았다. "북남(남북) 합의서와 비핵화 공동 선언이 채택, 발표됨으로써 조선반도(한반도) 긴장 완화와 평화 통일의 새로운 국면이 마련된 지금, 미국과 남조선(한국) 당국자들이 있지도 않은 그 무슨 핵 의혹설을 퍼뜨렸다. 여기에 침략적인 핵전쟁 연습을 재개하기로 한 것은 조선 인민뿐 아니라 세계 평화 애호 인민들에 대한 광폭한 도전이다"고 되레 우리 측을 비난했다. 지나가는 소도 웃을 일이다. 북한은 이를 시작으로 핵 개발을 은밀히 밀고 나갔다.

이처럼 북한은 핵 개발을 남한과 미국에 뒤집어씌우고 슬그머니 핵확산금지조약(NPT) 탈퇴 및 복귀를 반복하면서 6차례 핵실험을 강행했고, 추가 핵실험에 도전하는 분위기다. 이들 3대 북한 독재자들 머릿속에는 핵만이 체제 생존의 수단이고 적화통일의 지름길이며 지상목표라는 유전인자밖에 없는 듯하다.

여기에 김대중 전 대통령은 2001년 "북한의 핵 개발, 능력도 없고 만들 의사도 없다 만들면 내가 책임지겠다"고 했다. 이는 북한의 핵개발을 주관적 잣대로 분석하여 오히려 도움을 준 것이나 다름없다. 또한 이러한 중차대한 시기에 북핵 문제에 대한 우리의 대응은 너무 허술하기만 하다. 북핵 관련 첩보를 전담 수집해야 할 국가정보원이 이 정부 들어와 적폐청산, 대공수사권 이관 등에 휘말려 엉뚱한 곳에 역량을 소모하였다.

이번에 문제가 되고 있는 월성 1호기는 우리가 보유하고 있는 중수로 핵발전소 4기 중 하나다. 전력뿐 아니라 핵무기 제조에 필요한 3중수소 생산이 가능하여 잠재적 핵 보유 능력을 가진 국가로 지목되기도 한다. 북한은 핵무기를 보유했지만 우리는 잠재력만이라도 있어야 비대칭무기 열세에서 체면이라도 차릴 수 있다. 그런데도 우리 정부는 이마저도 포기하여 안보를 스스로 약화시키고 있다.

동북아에서 우리의 안보를 위협하는 중국, 러시아 등은 핵을 가진 패권 국가들이다. 일본의 경우도 농축우라늄을 다량 보유하고 있기 때문에 언제라도 핵무기 개발이 가능하다. 우리의 경우는 북한 측에 비핵화하자고 하면서 핵무기 잠재 원까지 포기하는 것은 당연하다는 논리라고 주장한다. 하지만 안보적으로 핵 위협에 가장 취약한 국가로 최소한의 잠재력만이라도 보유해야 하지 않느냐고 반문하고 싶다.

우리 정부는 북한과 9.19 군사합의를 통해 군단 사단 축소, 병역 기간 단축, 한미훈련 연기, 전작권 조기 한국군 이양 등 주요 안보 요소를 급진적으로 약화시키고 있다. 여기에 국정원의 대공수사기능 경찰에 이관하고 경찰은 간첩수사 보안경찰을 일반 치안 경찰로 흡수시키는 등 너무나 급진적으로 안보가 약화되고 있다.

사돈 남 말,

2020년 10월 20일 감사원이 공개한 중수소 최초 원전인 '월성 1호기 조기폐쇄 결정의 타당성 점검' 감사 보고서에 따르면 "2018년 6월 11일 모 회계법인이 한국수력원자력에 제출한 경제성 평가 용역최종안 보고서에서는 월성 1호기의 즉시 가동 중단에 대한 계속 가동 시 경제성이 불합리하게 낮게 평가"됐다고 했다. 당시 "산업부 장관은 2018년 4월 4일 외부기관의 경제성 평가 결과 등이 나오기 전에 월성 1호기의 조기폐쇄 시기를 한수원 이사회의 조기폐쇄 결정과 동시에 즉시 가동 중단하는 것으로 방침을 결정"했다는 것이 감사원 감사에서 밝혀지기도 했다.

월성 1호기 중단 경위

월성 1호기는 2012년 11월 30년의 설계수명이 만료됐으나 2009부터 2년여 동안 7,000억 원을 들여 개보수를 한 뒤 2015년 원자력안전위원회로부터 수명연장 허가를 받아 2022년 11월까지 가동될 예정이었다. 그러나 한수원은 2018년 6월 15일 긴급 이사회를 열고 조기 폐쇄를 의결했다. 당시 한수원 제7자 이사회에는 재직이사 13명 중 12명이 참석했다. 안건은 '월성 1호기 운영계획'과 '대진, 천지원전 사업 종결 방안'이었다.

먼저 한수원의 전휘수 발전부사장이 월성 1호기의 경제성 평가 결과를 설명하며 "운영 기간 만료일인 2022년 11월까지 계속 운전하는 경우를 고려, 정지하는 경우에 비해 가동시 손실이 발생하는 것으로 분석됐다"며 "월성 1호기는 최근 3년 이용 실적이 계속 60% 이하로 매우 저조하다"고 했다는 것이다. "따라서 안전성, 경제성 및 정부 에너지전환 정책 등을 종합 검토한 결과 월성 1호기의 조기폐쇄를 해야한다"는 것이다.

이어 한수원은 "산업부의 제8차 전력수급기본계획 확정(2018년 2월 20일)에 따른 협조요청 공문은 법률상 행정지도로서 이에 따라야 할 법적 구속력은 없지만 사실상의 구속력은 있다고 판단된다"고 했다. 이사진의 책임에 대해서도 국무회의를 통해 심의·의결된 에너지전환 로드맵과 제8차 전력수급기본계획에 근거한 행정청의 행정지도에 따라" 결의한 것으로 문제가 없다고 했다.

원전 가동은 유지돼야 한다

월성 1호기 폐쇄 결정을 둘러싼 좌파 및 환경단체는 방사성 폐기물도 중수로의 단점으로 중수로는 경수로보다 수십 배 더 많은 연료봉을 필요로 하기 때문에 폐연료봉이 훨씬 더 많이 나오고, 핵분열 발전소가 배출하는 대표적인 방사성 폐기물인 삼중수소도 많이 나온다는 것이다. 또한 핵무기 제조에 쓰이는 플루토늄도 중수로에서 더 쉽게 얻을 수 있다는 주장이다. 핵무기 개발 싹을 잘라 버리자는 것이다. 국회 외통위 위원장까지 북한의 핵무기는 그들 나름대로 미국의 위협에서 생존하기 위한 것이고 강대국은 핵무기를 보유하면서 북한이라고 가지지 못할 이유가 없다는 식의 주장까지 펴고 있다.

우리 측 일부의 이런 주장 저의는 북한의 모든 현상을 북한 측 입장에서 보아야 한다는 내재적 접근에서 나온 것이다. 국내에서는 월성원전 1~4호기만 중수로이고, 나머지 원자로와 앞으로 건설되는 원자로 모두가 경수로다. 이들 중수로 원전의 가압중수로는 캐나다에서 중수로에서 도입된 것으로 박정희 전 대통령의 핵무기 자체 개발 의도와 연관된다.

1972년 오원철 당시 경제수석이 작성한 보고서에는 핵무기 개발을 위해 플루토늄 생산이 가능한 중수로로 건설해야 한다는 내용이 있으며, 중수로의 예시로 캐나다형 가압중수로 를 언급했으며 월성원전이 바로 캐나다형 원전이다. 미래에 북한이 비대칭 무기인 핵무기로 위협할 시 미국의 핵우산 보호를 받는다고 하지만 이는 장기적 차원에서 바람직하지 않다. "탈원전 정책을 정치 논리로 바라본다고 비난하지만 최소한의 비대칭무기 균형 차원에서 중수로 원전은 필요하다.

그러나 일본의 경우는 정반대로 가고 있다. 2011년 농일본대시진 시 피해를 당한 3개 (후쿠시마·미야기·이와테)의 원전을 재가동하기로 결정하였다. 장인순 전 원자력 연구원장은 원자료 연구원의 근무자들이 늘 방사선과 연구를 같이 하여 가장 취약하나 환경단체의 주장처럼 큰 피해는 없다고 단언한다. 전문가들도 우리의 경우 핵무기 자체 개발, 핵무기 개발은 NPT 가입국으로 실현 가능성이 희박하다고 본다. 그러나 한반도에 미 핵무기 배치, 한미일 핵 공유체제 구축, 미 전략잠수함의 동해안 상시 배치 등 고려할 만하다고 하였다.

현재 상태에서 한반도의 핵균형을 강화하는 데 있어서 가장 합리적인 방안은 여전히 미국을 통한 핵확장 억제를 하는 것이다. 다음으로 합리적인 조치는 전술핵무기를 탑재하고 있는 미국의 핵잠수함을 공유하여 동해안에서 상시 활동하도록 보장하는 것이고, 그 다음에는 미국의 핵무기를 한반도와 가까운 일본에 배치하는 것이었다. 자체적으로 핵무기를 개발하는 방안이나 핵무기 개발의 잠재력을 확보하는 방안의 합리성은 높지 않은 것으로 나타났다. 일부 인사들은 안보 문제가 나오면 "평화가 더 좋지 않느냐"는 식으로 답변을 하고 있다. 하지만 평화가 싫은 사람은 아무도 없다. 평화는 튼튼한 안보가 담보돼야 실현이 가능하다. 원전은 안보나 경제적인 측면, 그리고 청정에너지 차원에서 유지돼야 한다.

2021년

조선시대의 형벌은 어떤 것이 있나

〈군사저널〉(2021.01.)

———

　조선시대에도 오늘날과 같이 국법을 어기거나 사회질서에 해악을 끼쳤을 경우에 죄질에 따라 죄인에게 형벌을 준다. 조선시대의 형벌은 고려시대와 마찬가지로 '태형' '장형' '도형' '유형' '사형'의 5형을 기본으로 하였으나, 관리의 자의대로 형벌을 멋대로 집행하지 않기 위해 감독체계도 강화하였다. 인신을 구속할 수 있는 기관을 '직수아문(直囚衙門)'이라고 하여 경국대전 등에 명시하였고, 지방의 군, 현의 수령은 장형 이하, 관찰사는 유형 이하의 사건만을 처리하게 하였다.

　이 모든 형벌은 조선의 기본적인 형률법인 중국의 대명률에 의거한다. 오늘날 현대 형법과 비교 시사하는 점이 크다.

조선시대의 형벌 집행 종류

　태형은 가장 가벼운 형으로 작은 회초리로 범죄자의 볼기 등을 때리는 것으로 10대에서 50대까지 5등급으로 나누었다. 구한말

1920년에 완전 폐지하였다. 다음으로 장형이 있었는데 태형보다 중한 벌로 60대에서 100대까지 5등급으로 나누었으며 큰 회초리를 사용하였다. 보통 고을에 현감이 주로 많이 죄인들에게 주던 형벌로 행형에 가장 피해가 많았던 형으로 갑오경장 이듬해인 1895년에 폐지하였다.

도형은 오늘날의 징역형과 같다. 일정 기간 관아에 구금시키는 것으로 1년에서 3년까지의 형기를 두고 있다. 도형제도에서 군역형이 있었다. 군대에 편입시키는 제도로 신분의 경중 차등이 없었는데 성범죄나 잡범들에게 주는 형벌로 수군이나 국경을 수비하는 군졸에 충당하였다. 그렇다고 수군이 모두 이런 범죄자가 모임 것은 아니다. 도형에는 반드시 장형이 부과되며 또한 노역에 종사시키는데 염전이나 대장간 등 힘든 노역에 처한다.

유형은 중죄를 범한 자에 대해 먼 지방으로 귀양보내 죽을 때까지 고향에 돌아오지 못하게 하는 형벌이다. 유형에는 여덟 가지 형벌로 백성을 다스렸다. 첫째는 불효하는 형벌이요, 둘째는 친족 간에 화목하지 않는 형벌이요, 셋째는 이성 간에 화목하지 않은 형벌이요, 넷째는 공경하지 않는 형벌이요, 다섯째는 믿지 않는 형벌이요, 여섯째는 도와주지 않는 형벌이요, 일곱째는 밀을 믿드는 형벌이요, 여덟째는 백성을 어시럽히는 형벌이다. 극형에서 감하는 형으로 형을 부과하는 경우다. 형의 면죄는도형과 달리 기간이 정해지지 않았으며, 왕명에 의해서만 석방이 가능하다. 장형이 병과되는 것이 보통인데 유배 죄인에 대한 관리 처우는 해당 지방 수령의 책임이 있다.

마지막으로 사형이 있는데 이를 생명형이라고도 한다. 오늘날의 방첩범죄 대부분이 이에 해당한다. 교수형과 목을 칼로 치는 참형의 2종이 있는데 참형이 중한 벌이다. 죄질에 따라 능지처참이 있는데 대역죄나 방첩죄에 적용되며 오살, 육시, 거열 등의 방법으로 집행한다. 오살은 먼저 목을 친 다음 팔다리를 베는 형을 말한다. 육시라 함은 죽은 사람에 대해 무덤을 파서 시체의 목을 베는 형벌이다. 다음으로 거열은 형을 받은 자의 머리와 사지를 다섯 수레에 나누어 묶은 다음 말을 채찍질해 찢어 죽이는 참혹한 형벌이다. 사형의 집행에 대시집행과 불대시집행이 있는데 대시집행은 일정 기간 대기한 후 집행하며, 불대시 집행은 때를 가리지 않고 집행하는 형벌을 말한다. 이에 해당하는 죄는 주로 10악, 모반(謀反: 반역)·모대역(謀大逆: 종묘, 산릉, 궁궐파괴죄), 모반(謀叛: 간첩죄) ·악역(惡逆) ·부도(不道) ·대불경(大不敬) ·불효(不孝) ·불목(不睦) ·불의(不義) ·내란(內亂)에 적용된다.

1894년 참형과 능지처참형을 폐지하였으며 일반인은 교수형, 군인은 총살로 정해졌으며 1905년 폐지되었다. 왕족이나 현직자로서 역모에 관련되었을 때는 임금이 사약을 내려 사사(賜死)시키며 부관참시는 죽은 자의 무덤을 파헤쳐 시체를 꺼내 능지처참하는 것으로 무오사화, 갑사사화 때 시행되었다. 범죄 예방의 효과로 효수(梟首) 또는 기시(棄市) 시행된다. 예방의 효과로 효수(梟首) 또는 기시(棄市) 시행. 갑신정변 실패 후 주모자들을 효수하였다. 머리를 장대에 매달아 거리에 내거는 것을 말한다. 기시라 함은 공개장소에서 목을 친 다음 길거리에 시체를 버리는 것을 말한다. 고대 중국이나 아랍국가에서 이슬람식 처형 방법으로 범죄 예방에 활용하는 방법이다. 사형은 삼복제(三覆制)를 시행하는데 삼복제라 함

사돈 남 말,

은 오늘날의 삼심제와 마찬가지로 초심, 재심, 삼심으로 신중을 기하여 국왕의 재결에 의해서만 집행할 수 있게 하였다.

신분에 따라 특별히 부가형이 있는데 속전형으로 육체형 대신 금전으로 납부할 수 있는 제도를 법으로 정함하고 있는데 부녀자 노약자가 이에 해당한다.

오늘날의 재산형과 달리 신체형과 자유형, 생명형을 선고받은 후 본형을 재산형으로 대신한다는 점에서 다르다.

명예형 제도로 윤형이 있는데 관리나 승려 등 일정한 신분을 가진 사람이 범죄행위를 한 경우에 그의 관작을 박탈하는 경우다.

오늘날과 같은 한자이나 뜻이 다른 금고(禁錮)가 있었는데 이는 오늘날의 자격상실 내지 자격정지에 해당. 종신금고는 영구히 관리로서 임용하지 않는 경우인데 사람을 치사시킨 경우 적용된다.

조선시대 형률 적용 법전

조선시대의 법전과 법서는 국가 보위를 위한 왕권 강화는 물론 백성들의 생명과 안위에 직결되는 형사법 분야에 상당한 비중을 두고 편찬되고 산행되었다. 애민정신괴 민본 정치를 구현하기 위하어 형사사법에 많은 관심을 기울었고 이는 대명률을 비롯한 중국의 법전과 법서의 수용과 발간으로 나타났다. 이와 관련 형률서인 대명률을 실제적으로 활용하기 위해 이두로 자구를 직해하여 간행한 대명률직해가 형사법전으로 기능하였다. 또한 중국에서 1500년에 편찬된 문형조례(問刑條例), 1585년(萬曆 13)에 율문(律文)과 사례(事例)를 종합한 대명률부례(大明律附例)를 수용하여 형사법서로 활용하였다. 조선 시대 법전별 범죄처결 관련 인용 회수를 보면,

대명률은 총 922건(태조 2건, 태종 26건, 세종 101건, 문종 9건, 단종 16건, 세조 40건, 예종 4건, 성종 183건, 연산군 36건, 중종 173건, 인종 2건, 명종 22건, 선조 41건, 광해군 60건, 인조 19건, 효종 5건, 현종 28건, 숙종 32건 경종 4건, 영조 24건, 정조 28건, 순조 14건 현종 4건, 고종 49건),

당률소의는 총 36건(정종 2건, 태종 3건, 세종 15건, 단종 1건, 세조 6건, 예종 1건, 성종 5건, 중종 1건, 숙종 2건),

경국대전(형률 인용)은 12건(성종 4건, 중종 7건, 숙종 1건),

대전회통은 33건(고종 시대 33건 인용 후 폐지)으로 집계된다.

조선시대 법률의 제정과 해석, 적용 등에 대해서는 다음과 같이 정리할 수 있다. 먼저 중국법의 수용과 적용이다. 고려 말 이래 형벌의 집행에 있어 기준이 없어 혹형(酷刑)이 난무하고 동일 범죄에 대한 형벌이 관청이나 관리에 따라 경중의 차이점이 심했으며 이에 따라 백성들의 원성이 높았다. 태조는 건국과 동시에 형법의 정비를 급선무로 내걸고, 모든 범죄를 처결함에 있어 반드시 중국의 『대명률』을 적용하도록 선언하였다. 이후 대명률을 포괄적으로 계수(繼受)하여 조선의 실정에 맞추어 꾸준한 보완 및 제정 작업이 계속되었다. 『대명률』은 이전의 『당률소의』에 비해 유교적 통치 철학의 법전이라고 할 수 있으며, 고려 말부터 연구되기 시작하였다. 『경국대전』에서도 『대명률』을 그대로 적용할 것을 밝히고 있으며, 이조에 들어와서는 실지로 이 법이 조선 전기부터 조선 후기까지 실정법으로 적용되었다. 조선왕조실록은 범죄 처결 시 대명률이 대부분의 범죄에 적용되고 있으며, 반면 대표적 형률인 당률소의,

사돈 남 말,

경국대전, 대전회통은 인용 횟수가 적음을 나타내고 있다. 이는 대명률이 명실공히 조선시대 형률의 실정법임을 조선왕조실록을 통해 밝히고 있다. 이로 볼때 조선의 법 체계 중 형률은 대명률을 기반으로 구축되었으며, 법의 통일로 국가를 법치주의의 반석 위에 세우려는 왕조국가의 노력이 깃들어 있다. 조선은 사실상의 중국의 변방국가로 독립적인 형률 체계를 갖지 못하였지만 이를 탈피하기 위해 경국대전이나 대전회통 그리고 형법대전을 편찬하여 형률의 독자성을 기하고자 노력한 것만은 사실이다.

결론적으로 조선은 태조가 즉위교서에서 표방한 법치주의를 실천하기 위해 지속적으로 법전과 법서 등을 편찬하였다. 이는 조선왕조가 다양한 분야에서 수많은 법 제도가 만들어지고 정비된 법에 의해 범죄가 다스려지고 질서가 유지되었던 사회였음을 의미한다.

2021년

'북한 비핵화' 바이든 정부에 제언한다

〈데일리NK〉 (2021.02.08.)

2018년 5월 북한이 함경북도 길주군 풍계리 핵실험장의 갱도와 부대시설을 폭파했다.

북한의 비핵화는 한반도의 평화를 위한 한미 간의 오랫동안 숙원이었지만 북한의 김 씨 정권이 존재하는 한 전혀 실현 가능성이 없는 방향으로 흘러가고 있다. 그동안 많은 전문가나 국내외 연구기관들이 연구발표를 통하여 해결방안을 모색했지만 핵에 명운을 건 김 씨 정권 때문에 해법은 점점 요원해지고 있다고 보는 것이 타당하다.

빌 클린턴 대통령 시절 매들린 올브라이트 미 국무장관이 방북하고 조명록 북한 총정치국장이 교환 방문했지만 진전이 없었다. 트럼프 정부에서도 폼페이어 미 국무장관이 4회나 방북하고 북한 외교 담당 김영철이 방미하여 핵 문제를 조율하였지만 전혀 성과가 없었다.

사돈 남 말,

세계 최강국인 미국 대통령이 북한 따위의 소국 원수를 만난다는 것은 상상하기 어려움에도 불구하고 핵문제 해결 중재자로 자처한 문 정부의 요청을 받아들여 대국의 체면까지 버리면서 김정은을 3번이나 만났지만 전혀 진전이 없었다.

김정은은 하노이 정상회담 후 자신의 뜻대로 되지 않자 우리 측 위정자들에게 심술을 부렸고, 이에 남북관계는 과거보다 악화되었다. 또한 8차 노동당대회에서 오히려 핵무장력을 강화하겠다고 전 세계에 위협을 가하고 있다. 그들은 파키스탄이나 인도 그리고 이스라엘과 같이 묵시적 핵보유 국가로 남기를 굳게 바라고 있다. 그들은 핵보유국임을 자처하면서 국제사회에 협박과 공갈로 경제적 이득이나 군사적 편익을 취하려고 한다. 동네 골목 깡패나 다름없는 집단이다.

여기에 제1의 희생국가는 한국이다. 이제 어린 티를 갓 벗은 김정은 남매가 아버지나 큰아버지뻘 되는 남한 국가원수에게 갖가지 모욕과 욕설을 퍼붓고 하대를 하여도 이 정부는 굴종적 자세로 일관하면서 항변이나 대꾸 한마디 하지 못하는 난치병 환자가 된 지 오래다.

우리 주변에는 우리의 안보 허무는 소리만 요란하게 들린다. 북한과 맞장구를 치고 망나니 춤을 추는 이들을 점잖은 말로 좌파라고 한다. 좀 더 나가면 종북좌파라고 한다. 여기에 더하면 간첩들이 아닌가 하는 소리가 나온다. 북의 일개 아녀자가 한마디를 하면 행여 그녀 비위나 거슬릴까 읍소까지 하는 법까지 만들었다. 이름하여 그녀의 하명법이란다.

북한 주민은 우물 안 개구리인데, 외부 소식을 전하는 전단마저 뿌리지 못하도록 살포 금지법을 만드니 이제 우리가 북한의 종속국이 된 것이 아닌지 의심스럽다. 즉흥적이고 선동적인 장사꾼 트럼프 미 대통령이 지나가고 차분하고 동맹을 중시하겠다는 외교전문가인 바이든이 당선되어 우리로서는 다행스러운 일로 여겨진다.

이 정부 4년간 비핵화 외교나 안보는 실종되었고 이벤트성 겉치레 목소리만 요란하고 실제는 속 빈 강정이다. 그렇다고 한미 동맹을 공고히 할 자신도 없다. 왜냐하면 북한의 의도를 정확히 읽지 못하고 그저 자신들의 생각대로 북한에 계속 읍소를 하고 우리의 안보 인계선을 풀어 헤치면 모든 난제가 풀려 평화가 올 줄로 착각하기 때문이다.

이제 한미합동훈련까지 북한과 상의한다고 하니 미국에 입장에서 어떻게 동맹국이 이 지경이 되었나 심사가 뒤틀릴 것이다. 6·25 전쟁 시 북한 편을 도와 참전, 우리의 통일을 방해한 중국공산당 100주년 축하나 하는 이 정부에 더욱 그렇게 느낄 것이다.

남북공동조사 동해선

이제 문 정부는 임기가 얼마 남지 않았다. 미국은 문 정부에 더

사돈 남 말,

는 남북문제에 관여치 않도록 하는 게 차라리 동북아 정책에 도움이 될 것이다. 미국은 종전보다 강화된 제재를 통해 김정은 정권을 옥죄어야 한다. 바이든 정부는 전임 트럼프나 문 정부가 실패한 한반도 정책을 재고해야 하며 북한은 비대칭무기를 보유한 반면 남한은 빈손임을 감안, 최소한의 균형 차원에서 주한미군만이라도 전술핵무기로 무장시켜야 한다. 전작권 이양도 충분히 한국의 안보가 완전히 담보된 상태에서 넘겨야 하며 미국의 동북아 대중 전략과 맞물려 돌아가야 한다.

에이브럼스 주한미사령관은 최근 연례 한미 훈련은 이제 컴퓨터 훈련으로 채워져 있다고 지적한 것으로 알려졌다. 하나 마나 한 것이 되어가고 있다는 지적이다. 미 정부는 한국 정부 탓을 하지 말고 정상적인 한국 정부가 들어설 때까지 차라리 미국 단독만이라도 자체 훈련을 하는 것이 낫다.

다음은 인권 문제다. 아이러니하게도 인권변호사 출신이 이끄는 문 정부는 북한 인권을 철저히 외면하여 연례 유엔에서의 북한 인권결의안 표결을 할 때마다 북한의 눈치나 보고 기권을 하면서 탈북자들에게 무관심과 냉대로 일관해왔다.

바이든 정부는 탈북자 중 인권투쟁 능력 인물들을 발굴하여 문 정부와는 별개로 국제 인권단체와 연계시켜 지속적인 네트워크를 강화, 최악의 인권 수탈을 당한 북한 주민들을 향해 북한 주민 인권 회복 운동을 적극 전개해야 한다. 또한 김 씨 정권의 종말을 위해 필요하면 참수 작전도 적극 고려해야 한다.

미 정부는 문 정부가 그토록 바라는 남북철도 연결이나 러시아 가스관 연결도 국부가 흔들리는 것을 철저히 막아야 한다. 대륙 철도 연결은 북한 철도 경의선이나 경원선이 일제 강점기에 부설된 것으로 고철이 되다시피 하여 정상화하려면 모두 우리 비용을 지불하여야 하는데 천문학적 비용이 들 것이라고 북한을 다녀본 사람들은 지적한다.

최근에 문 정부에서 원전 문제가 불거지고 있다. 만약 북한에 원전을 지어주었다면 여기서 나오는 플루토늄으로 핵무기 생산에 더욱 치중했을 것이다. 발전소를 세운다 해도 변전소 철탑, 전신주까지 제공하여 아마도 배보다 배꼽이 더 커졌을 것이다. 러시아 가스 송유관 건설도 개설했다면 북한이 핵위협을 하는 것과 같이 가스관을 잠갔다 풀었다 하면서 제2의 안보위협을 자초했을 것이다.

6·25 전쟁을 비롯하여 수많은 우리의 안보위협에 미국의 보호자 역할은 심대하고 크게 감사할 일이다. 미국은 우리 정부의 평화를 앞세운 맹목적 종북 행태를 막아주어야 하며 무모한 대북 지원이 있을 경우 세컨더리 보이콧 등으로 강력히 제지해야 한다. 혹자는 필자를 숭미사대주의자라고 비난을 할 지 모른다. 하지만 핵으로 미친 광란자에게 나라를 넘기는 것보다 한미 동맹에 의존하여 생존하는 것이 훨씬 낫다.

사돈 남 말,

김여정의 막말 비난,
文 정부의 저자세도 문제다

〈데일리NK〉 (2021.03.19.)

북한 김정은의 여동생 김여정이 2021년도 정기 한미연합훈련을 비난하며 남북 군사합의서 파기와 대화·교류 업무를 하는 대남기구 정리 등 남북관계 파국 가능성을 경고하고 나섰다.

김여정은 "현 정세에서 더 이상 존재할 이유가 없어진 대남 대화기구인 조국평화통일위원회를 정리하는 문제를 일정에 올려놓지 않을 수 없게 됐다"며 "우리를 적으로 대하는 남조선(한국) 당국과는 앞으로 그 어떤 협력이나 교류도 필요 없으므로 금강산국제관광국을 비롯한 관련 기구들도 없애버리는 문제를 검토하고 있다"고 밝혔다. 이제 남북관계를 막장으로 가자는 식의 비난 성명이다.

한미 연합훈련은 오랫동안 연례적으로 해온 훈련이고 금년은 더구나 야외훈련이 제외된 컴퓨터로 훈련으로 대체했다. 오히려 주한 미군 에이브람즈 사령관도 그 실효성에 대해 불만을 표출한 바 있을 정도로 축소했음에도, 이런 성명을 내놓은 것이다.

김여정은 또 문 정부를 향해서는 "태생적 바보" "판별 능력마저 상실한 떼떼(말더듬이)"라고 입에 담지 못할 조롱까지 했다. "남조선 당국은 스스로 자신들도 바라선을 넘어서는 얼빠진 선택을 하였다는 것을 느껴야 한다"며 "병적으로 체질화된 남조선 당국의 동족대결 의식과 적대행위가 이제는 치료불능 상태에 도달했으며 이런 상대와 마주 앉아 무엇을 왈가왈부할 것이 없다는 것이 우리가 다시금 확증하게 된 결론"이라고 했다.

이처럼 김정은 정권은 최근 들어 김여정을 전면에 내세워 극단적인 용어를 쓰고 입에 담지 못할 비속어로 비난을 퍼붓고 있다. 이는 한미 연합훈련의 근간을 완전히 뿌리째 뽑아 그들이 늘 주장해 온 주한미군 철수로 이어가겠다는 의도다.

그런데도 김여정의 극언 발언에 대해 통일부는 "그간 낸 담화를 보면 김여정이 이번에도 훨씬 강경한 표현을 동원했을 수도 있는데 이 정도면 표현 수위를 꽤 조절한 편"이라고 김여정을 감싸는 평가를 했다. 어느 정도로 모욕을 더 당해야 꿈틀하는 성명이라도 낼지 딱하기 이루 말할 수 없다.

문 정부의 대북 저자세는 어제오늘의 일이 아니지만 이제는 '북한이라면 간도 쓸개도 다 내주고 싶어 하는 것이 아닐까'라는 의구심이 들 정도다. 일각에서는 '대체 무슨 약점이 잡혀 이런 태도를 보이는 것인가'라는 지적도 나온다.

사돈 남 말,

집권 여당의 태도도 문제다. 김여정의 대북 전단 살포의 막말 비난에 오히려 민주당은 접경지역 국민을 보호하고 긴장을 완화한다는 구실 하에 대북 전단 살포를 금지하는 남북교류협력에 관한 법을 발의하였다. 이름하여 국민들에게는 김여정 하명법이라는 조롱을, 국제사회에서는 북한 주민의 알권리를 차단한 폭거로 비난을 받고 있다.

김여정은 남북관계를 적대관계로 전환한다며 남북 연락 채널마저 차단하고 급기야는 개성 남북공동연락사무소를 폭파했다. 180억 원이나 되는 비용을 들여 건립한 건물이 폭파되었지만 문 정부는 제대로 된 항의조차 하지 못하였다. 남쪽 국민의 세금이 속절없이 날아간 것이다. 이는 북한 스스로가 문 정부와 일체의 대화를 거부하겠다는 태도인데도 불구, 행여 대화의 선물이 있을까 목을 길게 내밀고 있는 형국이다.

북한이 김여정의 이름으로 이 같은 비난과 대화를 거부하는 것은 김정은이 긴 여정으로 하노이까지 가서 미북 정상회담에서 기대했던 각종 경제석 원소와 핵무기 보유국가로 인정받기 위한 기대가 물거품이 되자 회담을 중제한 문재인 정부에 불평·불만·불신을 지금까지 품고 있는 것으로 보인다. 여기에 미 국무장관과 국방부 장관이 한국을 방문하자 이에 대한 보여주기식 비난으로 보여진다.

김여정이 이러한 극악한 대남성명을 내는 것을 보면 비록 노동

내로남불　　　　245

당 제1부부장의 신분이지만 통일전선부와 외무성, 선전선동부, 조직지도부 등 핵심 4~5개 부서를 마음대로 관할하고 있는 것으로 보인다. 김여정은 지난 8차 당 대회에서 정치국 후보위원에서 물러났지만 이들에게 직책은 관계가 없는 것이다. 결국 북한은 그들이 신성시하는 김 씨 백두혈통이 북한의 절대 지배자라는 것을 의미한다.

　이제 문 정부는 대북정책의 실패를 인정하고, 저자세 읍소 정치에서 벗어나야 한다. 또한 북한은 김여정과 최선희 등을 동원한 극악한 대남 비난도 중지하고, 올바른 태도로 국제사회와 협력하는 방안을 강구해야 할 것이다.

사돈 남 말,

이적 선전물 무차별 출판 행위,
엄히 처벌해야 한다

〈데일리NK〉 (2021.05.04.)

문재인 정부 들어와 폐악적인 북한 김 씨 일가 선전물이 무차별 출판되고 있다. 문 대통령이 북한의 독재자 김정은과 그의 여동생이 별별 비난을 하여도 맹목적 읍소만 하니 이제 사회 저변에서 친북적 범법 형태가 우후죽순으로 나타나고 있는 것이다. 바로 이러한 평화 무드에 편승, 북한의 김 씨 정권이 선전을 목적으로 제작한 김일성 자서전 "세기와 더불어"를 서점에서 자유롭게 판매하겠다고 하여 논란이 일고 있다.

도서출판 민족사랑방은 지난 1일 『세기와 더불어 항일회고록 8권』을 복제, 줄간했다. 민족사랑방은 배포한 책 소개를 통해 "일제로부터 해방되는 그 날까지 중국 만주 벌판과 백두산 밀영을 드나들며 항일무장투쟁을 전개했던 생생한 기록"이라며 "1920년대 말부터 1945년 해방 때까지 영하 40도를 오르내리는 혹독한 자연환경을 극복하며 싸워온 투쟁 기록을 고스란히 녹여낸 진솔한 내용을 수채화처럼 그려냈다"고 독재자 김일성을 미화하는 내용으로 소개했다.

아무리 출판을 통한 돈벌이를 한다고 하지만 적의 수괴를 찬양하는 것은 국가보안법 위반으로 법대로 처벌해야 한다. 김일성의 항일운동은 중국공산당 동북항일연군 일원으로 중국의 공산당 정권을 지켜내기 위해 항일 운동을 한 것이지, 순수한 우리의 독립운동을 한 것은 아니다.

이 책자는 1992년 4월 김일성의 80세 생일을 맞아 노동당 출판사가 출판하여 배포되었다. 출생부터 1945년 해방까지의 활동을 담았다. 1권은 김일성의 가정 이야기와 학교를 다녔던 이야기, 그리고 만주 길림으로 가서 생활했던 이야기를 중심으로 적은 내용으로 특히 항일이야기를 위주로 적고 있다. 김일성은 만주활동 시 도산 안창호의 강의를 들었던 사실과 강의내용을 비판하는 내용, 그리고 자신이 감옥 갔던 이야기를 부각시키고 있다. 마치 김일성 혼자만이 항일 운동을 한 것으로 미화하고 있다.

고(故) 황장엽 선생 생존 시 강남구 학동 공부방에서 "인간중심철학" 강의를 들으면서 "세기와 더불어"를 김일성이 직접 작성했는지를 물었다. 황 선생은 "그걸 어떻게 김일성이 직접 작성하느냐"고 하면서 이렇게 답변하였다. "1980년대 말 김일성의 지시로 제작에 착수한 것으로 그중 1권은 김일성과 만나 질문을 해가면서 어느 정도 사실을 가미하여 작성했다"고 하였다. 그러나 나머지는 모두 노동당에서 그동안의 선전물에 실렸던 내용과 가공된 김일성 항일활동을 엮어 제작한 것으로 실제적인 내용은 거리가 멀다고 하였다.

사돈 남 말,

1990년대 국내 여광출판사 등이 이를 출간하려 했지만, 김일성의 활동을 미화하고 사실관계 왜곡을 하여 당국이 출판 허가를 하지 않았다. 대법원은 2011년 8월 "북한이 대외 선전용으로 발간한 김일성 회고록 『세기와 더불어』 등은 이적 표현물에 해당한다"고 판결했다. 한편 법치와 자유민주주의연대(NPK) 등 단체와 개인 21명을 대리하는 도태우 변호사는 지난 4월 26일 자신의 사회관계망서비스(SNS)에 김일성 회고록 판매금지 가처분 신청을 했다고 밝혔다.

이 책은 회고록이 아니라 김일성을 우상화하기 위한 북한의 체제 선전물로, 사실과 동떨어진 내용들뿐이어서 역사적 가치는 전혀 없다. 또한 이 책은 국내에서 '이적표현물'로 지정된 상태다. 통일부 당국자는 "책의 반입이나 출간과 관련해 통일부와 협의한 건 없는 것으로 파악하고 있다"고 했다. 민족사랑방 출판사는 "회고록은 헌법에 보장된 권리이기 때문에 허가를 받지 않았다"고 했다.

여기에 1980년대 학생운동권 출신인 국민의 힘 하태경 의원은 김일성 회고록 국내 출간 사실이 처음 언론에 보도된 직후 자신의 사회관계망서비스(SNS) 계정에 "김일성 회고록에 속을 사람이 어딨나. 높아진 국민 의식을 믿고 표현의 자유 적극 보장하자"는 제목의 글을 올렸다. 하 의원은 "북한과 관련된 정보를 모두 통제해야 한다는 건 국민을 유아 취급하는 것"이라며 "이제 국민을 믿고 표현의 자유를 보다 적극 보장합시다"라고 제안했다. 아울러 "우리가 북한 책 금지하면 한류를 금지하는 북한 비난할 자격이 있겠습니까"라며 "북은 한류 금지하더라도 우리는 북한 출판물 허용해 자유민주주의 체제의 우월성 과시합시다"라고 덧붙였다. '국민 의식'을 믿고 '표현의 자유'를 보장해 '체제 우월성을 과시하자'는 주장이다. 참으로 무책임한 말이다.

북한이 정상적인 집단이 아니라는 것은 우리 국민 모두가 다 안다. 북한 정권 창건 이래 70여 년간 온갖 기만적 선전 선동으로, 최근 30여 년간은 핵으로 남쪽을 위협하고 있다. 또한 남한 정권은 태어나지 말아야 할 정권, 정복되어야 할 대상이라고 하는 등 대남 폭력혁명에 올인하고 있다.

하 의원 말대로라면 국가보안법이 필요 없다. 국민이 모두 북한을 잘 알기 때문에 북한에 속을 일도 없고 간첩에 포섭될 이유도 없을 것이다. 하 의원은 1991년 서울대 재학시절 전국대학생대표자협의회의 조국통일위원회 간부로 NL계 학생운동을 하다 국가보안법 위반으로 1년 반의 징역형을 받은 바 있다. 물론 그동안 그는 전향하여 우파의 대안세력으로 많은 활동을 하였지만, 너무 안일한 대북관은 경계해야 한다.

2017년 '김일성 평전 1912~1945'의 저자인 유순호 씨는 만주 일대를 20년 가까이 답사한 끝에 전 3권의 김일성 연구서를 펴냈다. 유 씨는 김일성 세기와 더불어 회고록이 100여 군데 이상의 사실을 왜곡하였다고 비판하였다. 옳은 말이다. 필자는 얼마 전 주한 일본 무관 출신 다께다 씨에게 "김일성이 과거 항일 활동 시 일본과 1만

번을 싸워 모두 승리하였다고 선전하고 있는데 어떻게 생각하느냐"고 물었다. 그랬더니 "세상에 그런 거짓말이 어디 있느냐. 아무리 일본이 침략국으로 비난을 받아야 할 일이지만 지나친 과장은 김일성의 사실 활동도 허위가 될 수 있다"는 답변이 돌아왔다.

김 씨 3대 정권이 북한에서 존재하는 한 우리가 생각하는 통일이나 비핵화는 요원해질 것이다. 더구나 이러한 왜곡 선전물이 통제 없이 반입되어 이 사회에 확산된다면 분별력이 약한 어린 학생들이나 좌파적 성향의 국민들의 이념을 더욱 친북적으로 부채질하기 쉬워 경계해야 한다. 관계 당국은 즉시 "국가 존립과 안전, 자유 민주주의 기본 질서"를 위협하는 선전물 반입, 출판업자들을 국가보안법으로 처벌해야 한다.

2024년

코로나19로 인한 北中
국경 폐쇄는 北의 자승자박

〈월간조선〉 (2021.05.11.)

봉쇄할 수도 개방할 수도 없는 '北中 국경' 딜레마

악의 경제 상황을 맞고 있다. 코로나19 방역이라는 미명하에 이뤄진 국경 봉쇄로 북한 경제가 극도로 악화되고 있음에도, 북한 독재자 김정은은 비현실적인 방역을 강조하고 있다.

중국 측 세관 당국에 따르면, 2020년 북한의 대중(對中) 수출액은 3,616만 달러(약 409억 원)에 그쳤다. 중국 외에 다른 국가들과의 수출액도 806만 달러(약 91억 원)에 불과했다. 이를 모두 합한 수출액이 500억 원 정도면 실제 북한이 번 돈은 이보다 훨씬 적을 것으로 추정된다. 밀무역도 줄어들어 시장에서는 물건이 사라지고 있는 형편이라고 한다. 일부 주민들은 비싼 쌀보다는 싼 강냉이를 구입해 식량으로 대체하고 있다. 대다수 주민은 강냉이마저 구하지 못해 잡곡을 섞어 만든 죽이나 풀죽으로 끼니를 잇는 경우가 적지 않다고 한다.

'고난의 행군'(1990년대 중·후반 당시 북한이 처했던 대량 아사 시기) 탈출 후 부족하지만 유지되던 평양 시내의 배급도 끊겼다는 게 북한

사돈 남 말,

전문가들의 분석이다.

북한 당국은 노동당 관료와의 혼인 등으로 평양 시내에 살고 있는 지방 출신 주민들을 상대로 '평양 퇴거' 명령을 내렸다고 한다. 어떻게 하든 입을 줄이려는 고육지책인 셈이다. 거의 사라져가던 '꽃제비'도 다시 등장했다는 전언(傳言)도 나온다.

코로나19로 달러화 환율마저 폭락하자, 김정은은 환전상을 처형하는 만행도 저질렀다. 김정은은 코로나19로 바닷물이 오염되는 것을 막기 위해 소금 채취와 어로(漁撈)까지 금지하는 웃지 못할 지시까지 했다고 한다.

북한 경제 상황이 '고난의 행군' 때보다 더 어렵다는 목소리가 곳곳에서 나오고 있다. 북한 당국이 코로나19 선전·선동을 강화하면서 정권으로 향하는 불만을 잠재우려 하고 있지만, 여의치가 않은 상황이다. 코로나19 방역 강화로 사실상 북한 정권의 생명선인 북중 국경 폐쇄는 실질적인 대책이 아니라는 인식이 확산하고 있다.

북한 내부 소식통의 코로나19 관련 집계에 따르면, 2020년 11월 1일 기준으로 국가 지정시설 발열 독감 누적 격리 인원이 총 8만 1,000명이라고 한다. 이는 군인을 제외한 수로, 군인까지 모두 포함하면 이보다 더 많을 가능성이 크다.

북한은 2020년 1월 28일, 코로나19 국가비상체계를 선포하고 평양을 비롯한 각 지역에 중앙비상방역지휘부를 조직했다. 같은 해 연말부터는 코로나19 방역 단계를 최고 수위인 '초특급'으로격상해 국경과 지상, 해상 및 공중을 비롯한 모든 공간을 봉쇄하고 각종 모임도 중단시켰다. 학생들의 방학을 수 차례 연장하고, 상점과 음식점 등 집합시설의 영업을 금지했다.

이러한 상황을 종합해보면, 코로나19 청정국이라는 북한 측 주장은 사실로 보기엔 무리가 따른다.

북한 당국은 코로나19 방역을 위해 이런저런 조치를 취하는 듯하나 유명무실하다는 게 전문가들의 견해다. 진단할 의료기구도 없고, 치료할 수 있는 방법과 약품은 물론 국가적으로 지정된 격리시설도 대부분 차 있다. 증상이 나타나는 사람들은 자가격리 외에는 다른 방법이 없다.

북한 내 코로나19 상황이 심각하다는 얘기가 파다하지만, 공식적으로 북한은 확진자가 '0명'이라고 주장한다.

의료시설이 극히 열악하고 약품 등을 갖추지 못해 결국 사회 전체가 붕괴될 수 있어 이런 거짓말을 내놓은 것이다.

최근 평양에서 본국으로 귀환한 외교관들은 "외국인들의 귀국이 이어지고 있다"면서 "평양에는 2021년 4월 현재 평양에 남은 외국인은 300명 이하"라고 입을 모았다. 이들은 "평양은 유례없이 엄격한 전면적 제한과 통제로 의약품을 포함한 생필품 부족 현상이 심각하다"고 지적했다. 코로나19를 해결할 방안 역시 전무(全無)한 상태라고 했다.

뒤로는 백신 확보 추진 북한은 겉으론 코로나19 청정국을 강조하고 있지만, 백신 확보를 위해 국제사회에 도움을 요청 중인 것으로 알려졌다. 비(非)정부기구에 백신 신청서

를 내고 유럽 국가 대사관을 통한 백신 확보 방안도 강구 중이라고 한다.

세계보건기구(WHO)의 '코로나19 주간 상황 보고서'에 따르면,

사돈 남 말,

2021년 2월까지 북한에서 코로나19 검사를 받은 주민 누계는 9,373명이라고 한다. 그러나 확진 사례는 없다고 보고해왔다.

북한에서 코로나19 사망자가 최초 발생한 시기는 2020년 1월 말이다. 중국 방문자가 많은 평양시와 평안북도 신의주에서 발열과 기침 증세를 보인 주민들이 항생제와 해열제를 투여했지만 증상이 호전되지 않고 사망한 것이다. 사망자 모두 코로나19 관련 증상이 나타나기 직전에 중국을 다녀왔거나, 중국 주민과 접촉한 사실이 있었다.

북한 당국은 이를 묵살하고 이들의 사인(死因)을 코로나19가 아닌 급성 폐렴이라고 감췄다. 그 후 서둘러 장례를 치렀다. 시신을 유가족 동의도 없이 화장 처리하고 유골만 전달하자 내부에서도 석연치 않다는 반응이 나왔다. 북한에서는 일반적으로 매장(埋葬)을 선호한다. 화장(火葬) 비용이 매장 비용보다 훨씬 비싸기 때문이다. 코로나19 발생 이후 평양의 유일한 화장장인 낙랑구역 오봉산 화장장의 경우 화장을 앞둔 시신이 넘쳐나고 있다고 한다. 북한 당국이 코로나19 확진자 '제로(0)'를 강조하는 이면에는 북한 주민들의 불만을 잠재우려는 의도뿐 아니라, 방역 조치를 당의 업석으로 강조하기 위해서다. 그런 이유로 코로나19 현황을 사실대로 공개하지 못하고 있다는 최근 평양에서 본국으로 귀환한 외교관들은 "외국인들의 귀국이 이어지고 있다"면서 "평양에는 2021년 4월 현재 평양에 남은 외국인은 300명 이하"라고 입을 모았다. 이들은 "평양은 유례없이 엄격한 전면적 제한과 통제로 의약품을 포함한 생필품 부족 현상이 심각하다"고 지적했다.

코로나19 방역 조치, 실제로는 탈북 막기 위한 것

코로나19가 한창 기승을 부리던 지난 3월 초, 북한 최고인민회의 상임위원회 제14기 제13차 전원회의에서 '수입물자 소독법'을 제정했다. 이 법은 국경을 통해 들어오는 물자를 소독하게 하는 한편, 관련 절차와 질서를 어기면 처벌하도록 한 것이다. 이를 두고 일각에서는 북한이 코로나19 창궐 이후 봉쇄하던 국경을 일부 열고, 무역 재개를 위한 법 제정이라고 분석했다.

정반대의 움직임도 감지되고 있다. 북중 국경 전 구간에 2m가 넘는 콘크리트 장벽을 세우고 3300V 고압 전력선 설치를 준비 중이라는 첩보가 입수됐다. 이와 관련해 국경 지역에 자재와 장비, 인원이 투입되고 있다는 것이다.

북중 접경지역인 의주와 룡천에는 2021년 3월부터 약 2개 대대 인원과 건설 장비·자재, 화물차 등이 평양에서 건너와 공사 준비에 투입되고 있다. 비슷한 시기, 자강도에도 건설부대 인원들이 투입돼 콘크리트 장벽 설치 공사에 착수한 것으로 알려졌다.

이런 공사는 명목상으로는 코로나19 유입 방지를 위한 것이다. 그러나 북한 주민의 탈북 방지를 노린 것으로 추정되기도 한다. 코로나19 이후 강력한 국경 봉쇄가 지속되는 가운데, 생계난에 직면한 군인과 주민들이 위험을 무릅쓰고 국경에서 탈북 행위가 이어지자 이를 원천 차단하기 위한 공사라는 뜻이다. 북한의 경제 여건상, 장거리 장벽 공사는 엄청난 예산과 물자가 소요되는 사업이다. 따라서 실현될지 의문이다.

지난 4월 말까지 북중 교역이 다소 완화될 것이라는 전망도 나왔다. 일본 공영 방송 NHK는 4월 중순 북중 접경지역인 중국 랴오닝성(遼寧省) 단둥(丹東)역에서 북한으로 향하는 것으로 보이는 화물열차를 확인했다고 보도했다.

단둥역에 정차해 있는 화물열차에 한국어로 '서포-단둥'이라고 써 있는 모습이 포착됐는데, 서포역은 평양으로 들어가는 국제화물만 취급하는 화물열차 전용 역으로 알려졌다.

이를 두고 북한이 향후 중국과의 무역은 물론 경제 협력을 강화할 것이라고 해석하는 기류도 있다. '무역통'으로 알려진 리룡남이 중국 주재 북한대사로 공식 부임한 것도 이와 관련 있는 것으로 짐작된다. 그러나 북중 국경 봉쇄 완화가 이뤄지더라도, 물자 교환이나 인적 교류엔 유엔 제재로 인하여 한계가 있을 것으로 보인다.

북한이 안고 있는 '북중 국경 딜레마'

북중 국경은 각종 교역과 밀무역이 이뤄지는, 물자가 절대적으로 부족한 북한으로서는 '생명선'이나 마찬가지다. 북한은 압록강과 두만강의 20여 개 북중 교량시설이나 수로를 이용해 중국으로부터 90% 이상의 물자를 공급받고 있다. 물자뿐 이니라 인저(人的) 협력도 이루어지고 있다.

코로나19로 인한 탈북과 밀수를 막는다는 구실로 생명선 같은 북중 국경의 철조망과 콘크리트 장벽을 이용한 차단 행위는 북한 주민을 우물 안 개구리로 만드는 자승자박 행위다. 북한이 핵개발로 각종 제재를 받고 있는 상황에서 북중 국경 폐쇄는 경제적 손실을 가져올 수밖에 없다. 그렇다고 경제를 위해 봉쇄했던 북중 국경을 열면 코로나19는 물론, 북한 독재체제를 위협할 외래(外來) 문화까지 덩달아 유입될 수밖에 없다.

결국 북한이 안고 있는 북중 국경 딜레마는 이래저래 북한의 정치·경제적 상황을 더 어렵게 만들 공산이 크다

사돈 남 말,

'이석기 구하기' 국보법 폐지 안 된다

〈조선일보〉 (2021.06.02.)

———

지난해 말 국정원의 대공 수사권 박탈에 이어 이번에는 국내 좌파 단체들이 국가보안법 폐지를 밀어붙이고 있다. '국가보안법 폐지 국민행동'이란 좌파 단체가 주동이 되어 입법 청원 10만 명을 달성해 최근 국회에 국보법 폐지안 청원을 상정했다. 이와는 별도로 정의당·민주당 의원 10여 명이 국가보안법 폐지안을 발의했다.

이들 좌파 세력은 폐지안 발의 이유에 대해 "6·15 정상회담과 4·27 판문점 선언을 통해 남북 간 긴장이 완화되었는데도 국가보안법이 아직도 현행법으로 존치되어 인권과 민주주의 발전을 저해하는 걸림돌로 작동하고 있다"고 주장했다. 그러나 진짜 속내는 따로 있다. 이들이 이 시점에서 국보법 폐지에 몸 달아 하는 것은 국보법 위반으로 복역 중인 이석기를 살려내기 위한 것이다. 이씨가 몸담았던 통합진보당에 뿌리를 둔 정의당 의원 6명 전원이 국보법 폐지안에 이름을 올린 것만 봐도 알 수 있다.

국보법 폐지론자들은 지난 연말부터 노골적으로 '국보법 폐지하고, 이석기 석방하라'는 주장을 펼치고 있다. 이들은 문재인 정부가 출범하면 당연히 이씨가 석방될 것으로 기대했는데 4년이 다되도록 풀려나지 않고 있는 데 대한 좌절감과 분노를 쏟아내고 있다. 문재인 정부에 대한 지지율이 추락하면서 정권 재창출 가능성이 낮아지자 어떻게든 이 정권 임기 내에 이석기를 구해내기 위해 초조해 하고 있는 것으로 보인다. 이씨와 통진당은 대한민국 자유민주 체제 전복과 국가 기간 시설 파괴를 선동했다. 이는 법원 재판과 헌법 재판소의 통진당 정당 해산 심판 과정에서 확인된 움직일 수 없는 사실이다. 국가 반역자를 구하려고 나라 체제를 지키는 마지막 방패를 폐기한다는 것은 있을 수 없는 일이다.

사돈 남 말,

국가보안법은 존치돼야 한다

데일리NK (2021.06.09.)

지난달 28일 오후 서울 서대문구 경찰청 앞에서 국가보안법폐지 국민행동 관계자들이 출판사 민족사랑방 압수수색 규탄과 국가보안법 폐지를 촉구하는 기자회견을 하고 있다. 경찰은 지난달 26일 북한 김일성의 항일 회고록 '세기와 더불어'를 출판한 민족사랑방을 압수수색했다.

지난해 말 국가정보원의 대공 수사권 박탈에 이어 이번에는 국내 좌파단체들이 국가보안법 폐지를 국회에 청원하여 국가 대공 기능 무력화가 극에 달하고 있다. "국가보안법 폐지 국민행동"이라는 이름의 단체가 주동이 되어 입법정원 10만 명을 이미 달성해 국회에 국보법폐지안 청원을 상정했다.

이와는 별도로 지난달 20일 정의당의 강은미(비례), 심상정(경기고양갑) 의원과 민주당의 이용빈 의원(광주 광산갑), 그리고 무소속 김홍걸 의원 등 10명이 국가보안법 폐지안을 발의했다. 정의당은 의원 6명이 모두 국보법 폐지에 참여하고 있는데 이는 국보법 위반으로 복역 중인 정의당의 전신 통합진보당 이석기 전 의원을 살려내기 위한 것으로 보인다.

과거 헌법재판소의 이석기 일당들의 범죄에 따른 통합진보당 해산 판시내용에 의하면 "정당 강령에 북한식 사회주의를 추구하여 민주적 기본질서에 위배된다"라고 하였다. 국가보안법 폐지 배후 주도 세력인 국민행동은 민주노총, 전농, 민변, 민교협, 천주교정의 사제단, 한국기독교협의회, 인권센타, 불교평화연대, 원불교, 한국 진보연대, YMCA, 예총, 민예총 등이 지원하고 있는데 금년 정기국회에서 폐지를 추진하고 있다.

이들 좌파 세력은 폐지안 발의 이유에 대해 "6.15 정상회담과 4.27 판문점 선언을 통해 남북 간 긴장완화를 쌓았는데도 국가보안법이 아직도 현행법으로 존치되어 인권과 민주주의 발전을 저해하는 걸림돌로 작동하고 있다"고 주장했다. 또한 "국민기본권을 유린한 국가보안법은 평화통일로 나가기 위해 폐기돼야 한다"고도 했다.

하지만 이것은 그들만의 주장으로 일반 국민은 국보법으로 전혀 불편을 느끼지 못한다. 이런 주장을 하는 친북 좌파들은 진정으로 수많은 정적을 숙청하고 인권을 억압한 북한 김 씨 정권에 대해서는 왜 한마디의 비판도 하지 않는가?

그동안 국보법이 이 지경에 이르게 된 것은 좌파들의 집요한 국

사돈 남 말,

보법 폐지 집착과 친북 사회주의를 실현하려는 목적 때문이지만 근본적으로 우리 국가지도자들의 책임이 더 크다. 국가보안법은 노무현 전 대통령이 지난 2004년 9월 5일 MBC 시사매거진에 출연해 "국가보안법을 칼집에 넣어 역사의 박물관으로 보내야 한다"며 폐지에 강한 입장을 보였다. 현 문재인 대통령도 그의 저서 "문재인의 운명"에서 "민정수석 두 번 하면서 끝내 못한 일이 국가보안법 폐지를 실현시키지 못한 일"이라고 하였다.

　과연 이와 같은 이념을 가진 대통령이 진정한 자유민주 시장경제 국가인 한국의 대통령인지 묻고 싶다. 국가보안법 개정안은 2004년, 2020년 두 번 발의된 적이 있었지만 이번처럼 국회에서 법 자체를 폐지하겠다는 것은 최초다. 만약에 이번 청원이 국회에서 받아들여지면 1948년 12월 1일 제정된 이후 73년 만에 폐기될 위기다.

　국가보안법은 법시행 이후 2,000여 명의 간첩 및 국사범들에 적용하여 자유민주기본질서를 지키는 데 공헌했다. 법안이 상정될 경우 174석의 민주당과 정의당 6석이 합세한다면 180석이 되어 물리적으로 이를 막을 길이 없다. 지난해 민수당이 설대 다수식이 된 이래 국회에 상정된 법안이 합의 처리된 경우는 거의 없기 때문에 힘으로 밀어붙이면 방법이 없다.

　이제 국보법이 폐지되면 광화문 사거리에서 김정은 만세를 부르거나 친북 세력이 북한과 내통하여 간첩질을 하여도 법 처리가 어렵다. 문 정부는 집권 내내 정치적인 이슈로 각종 선거에서 표만을 의식하여 무차별 포퓰리즘과 정권 보호를 위한 검찰개혁, 코로나 19 재난지원 등을 활용해왔는데 국보법 폐지안을 두고도 선거용 표 득실을 계산할지 모른다. 그러나 국보법 폐지는 국가의 안보적 운명과 직결된 것으로 결코 얄팍한 선거전략으로 연결 짓거나 국 사범 석방으로 연계해서는 안 된다.

민주당이나 정의당은 그동안 북한이 비핵화의 한 발짝도 양보를 하지 않고 장거리 미사일 개발에 집착하고 있는 현실에서 동문서 답식의 평화만을 주장하고 있다. 북한이 우리의 국가보안법과 대칭되는 북한 형법을 개폐한다는 소리를 들어본 적이 없다. 핵보유 북한에 국보법이나 폐지하고 북한 지도부에 읍소나 하는 일방적 평화 주장은 위기 시에 국난을 자초할 뿐이다.

사돈 남 말,

문재인 정권,
아프간 사태 반면교사로 삼아야

〈데일리NK〉 (2021.08.19.)

18일(현지 시간) 시위대는 아프가니스탄 국기를 앞세워 대규모 시위를 벌였다.

이슬람 무장단체 조직 탈레반이 아프가니스탄 정권 붕괴 후 수도 카불을 장악했다. 8월 15일 탈레반은 아프간 대통령궁을 점령한 뒤 "전쟁은 끝났다"며 승리를 공식 선언했다. 미국이 아프간 주둔 미군의 철수를 시작한 지 3개월 만이자, 탈레반이 주요 거점 도시 장악에 나선 지 채 10일도 안 돼서다.

지난 5월 미군 철수 시작 후 탈레반은 급속히 세력을 확대했다. 이러던 와중 조 바이든 대통령은 "우리는 지난 20년간 수조 달러를 썼다. 30만 명이 넘는 아프간 정부군을 훈련하고 현대적 장비를 갖춰줬다"고 했다. "자신들을 위해 싸우고, 자기 나라를 위해 싸워야 하는데 그렇지 못했다"고 했다. 아프간 정부가 제대로 싸워보지도 않고 있다는 점을 지적한 것이다.

유엔국제이주기구(IOM)는 10일(현지 시간) 아프가니스탄에서 500만 명이 넘는 사람들이 탈레반의 공격으로 거처를 잃었고, 35만 9,000명의 난민이 발생했다고 밝혔다. 난민 중 상당수는 밀무역 트럭에 몸을 싣고 국경을 넘거나, 탈레반 세력이 미치지 않는 정부군 통제지역으로 대피하면서 아수라장이 됐다.

1970년대 월남 패망 후 보트피플 사태와 유사한 상황이 벌어지고 있는 셈이다. 정부군이 월맹군에 밀려 국외로 탈주할 때와 같이 아프간 정부군도 국경을 넘어 탈주하거나 탈레반에 항복하는 등 유사한 상황이 벌어지고 있다는 것. 당시 1973년 닉슨 행정부가 월맹군과 파리평화 협정체결 뒤 1975년 월맹군의 본격적인 공세가 시작됐다 1976년 4월 무력통일됐다. 이번에도 트럼프 행정부가 2020년 탈레반과 평화 협정체결 뒤 바이든 행정부가 들어오면서 2021년 철군을 결정했다.

우리 정부는 탈레반 정권이 지난 2001년 붕괴한 뒤 국제사회의 아프간 재건 노력에 동참해왔다. 지금까지 정부가 아프간에 지원한 유·무상 원조는 약 10억 달러(약 1조 1700억 원)나 된다.

이렇듯 아프간 사태는 남의 일이 아니다. 하지만 우리 내부 일부 좌파 극단세력은 종전협정이니 평화협정을 외치면서 미군 철수와 한미연합훈련 중단을 주장하고 있으니 우려스럽다.

미국은 자신들에게 가장 위협이 되는 적대 세력이 어디인지 우

사돈 남 말,

선순위를 정하고, 여기에 맞춰 전략을 바꾼 뒤 부대들을 재배치한다. 최근 미국은 일본과 함께 중국의 패권에 대항한 쿼드 계획을 진행하고 있지만, 한국은 중국 눈치를 보면서 빠져 있다. 미국이 동맹국 방어에도 차등을 두려고 한다는 점은 잘 알려진 사실이다. 트럼프 전 대통령은 "미국의 행동에 적극적으로 동참하는가 아닌가"를 동맹국을 판단하는 기준으로 삼는다고 했다. 우리가 반미나 외치면서 미군 철수를 계속 주장하면 안 될 이유다.

만약 미국이 철수를 결정한다면 합의에 따라 한국은 전시작전통제권 단독 행사를 결정한다. 이어 한국은 한미연합사의 발전적 해체라며 미군 장성과 부대가 한국군의 지휘를 받는 구조를 제안할 수도 있겠지만 미 의회는 반발하면서, 결국 철수가 결정될 것이다.

이렇게 되면 2만 8,500여 명의 주한미군 가운데 8,500여 명은 일본 규슈 가고시마현, 필리핀지역에, 1만여 명은 인도네시아, 괌으로 재배치되고, 1만여 명은 하와이와 미 본토로 가게 될 가능성이 높다.

한국에서는 미군 철수에 따라 다음 상황이 일어날 것이다. 일단 국제금융 자본은 물론 일반 기입과 각급 학교에서 일하던 외국인 중 미국과 유럽 국적자들이 이탈할 것이다. 그러면 외국인 고소득자들이 주로 거주하는 지역에 공실(空室)이 급격히 늘어날 것이다.

주한미군 병력과 장비가 빠져나가는 와중에 한국 정부는 남북군사합의 이행과 한반도 통일을 위한 남북 간 신뢰를 앞세우면서 '동아시아 안보협력 구상'이라는 것을 내세울 가능성도 있겠다. 그렇게 되면 남북과 중국, 러시아가 함께 하는 안보 공동체를 발의하고 중국은 한국 정부의 이런 노력을 환영, 적극적으로 지원하겠다고 할 것이다

최악의 상황을 상정한다면 한국 경제는 또 급격히 중국에 경사돼 한중 비자면제 협정이 발효되고 증시까지 중국인과 중국 자본이 지배하는 상황으로까지 치달을 수 있다.

또한 해외 국내 투자는 한미상호방위조약을 끝내기로 밝힌 시점부터 사실상 막히고 한국계 외국인과 부유층은 달러나 엔 등 현금으로 바꿔 대거 탈출을 시도할 것이다.

여기서 일본은 난민 신청을 하려는 한국인 급증을 예상하고 아예 비자면제협정을 파기해버릴 가능성도 농후하다. 동시에 한국인이 일본 내 부동산을 소유하는 데도 제동을 걸고 불법입국 체류를 철저히 단속, 일본에서 사업을 하거나 취업한 한국인들마저 쫓겨날 위기에 처할 수 있다. 한일 관계는 더욱 악화될 것이다.

북한의 국내 친북 세력인 좌파 정당 정치인, 민노총 등 친북 단체들이 발호해서 중국 지원하에 북한과 평화 통일 연공 합작을 주장하면서 남북대화를 통해 북한에 대규모 경제원조 제공 합의에 이르게 될 수도 있을 것이다.

미국은 수조 달러의 돈을 퍼부어 경제가 악화된 데 반해 아프칸 지도자는 탈레반으로부터 나라를 지키려는 의지가 박약했다. 과연 우리는 어떠한 모습인지 뒤돌아 볼 필요가 있다. 정전협정 폐기나 평화협정 체결만을 주장할 게 아니라 진정으로 국민과 나라를 위한 길은 무엇인지 심사숙고해야 한다.

북한 매체가 경기 성남시 대장동 개발 사건을 침소 봉대하여 '국민의 힘' 등 야당을 공격하면서 한국 대선 정국에 개입하고 있는 모양새다.

'통일의 메아리'와 '우리민족끼리' 등 북한 매체는 최근 "원래 대장동 개발 사업은 공영 개발 사업으로 확정, 추진돼오던 것인데 박근혜 정부 시기 국민의 힘의 전신인 이전 새누리당이 민영개발사업으로 전환하라고 압력을 가해 주체가 바뀌었다" "이것은 대장동 개발 사업에서 특혜가 있었다면 국민의힘과 관계가 있는 것"이라고 하였다.

이들 매체는 "국힘의 주장대로 리재명이 이번 사건의 배후라면 무엇 때문에 화천대유가 리재명의 측근이나 친인척들이 아닌 곽상도의 아들에게 퇴직금이라는 명목으로 50억 원의 막대한 돈을 주었겠는가"라며 "또 무엇 때문에 원유철 전 새누리당 원내대표를 고문으로 끌어들였겠는가. 그리고 화천대유의 최대주주인 김만배의 누이가 윤석열 부친의 집을 어떻게 시세(31억)보다 저렴한 19억 원에 매입했겠는가"라고 민주당이 국민의힘 야당을 공격하는 소재를 그대로 활용하고 있다.

　북한 매체들은 과거 우리의 대선 국면 때마다 반복하던 '보수 후보 때리기'를 이번에도 반복하고 있다. 올해 초부터 야권 후보 비방으로 사실상 대선 개입을 시작했는데, 남북이 "서로의 체제를 존중하고 내부 문제는 간섭하지 않는다"고 합의한 기본 원칙조차 무시하는 처사다. 통일부에 따르면 북한 선전매체인 우리민족끼리·조선의 오늘·메아리·평양방송의 2021년 대남(정부 또는 정치권) 비난 추이는 올해 1월 2건에서 6월 26건으로 8월 30건으로 급증했다.

사돈 남 말,

북한의 노골적 대선 개입과
역효과 가능성

〈데일리NK〉 (2021.10.29.)

북한 선전 매체들은 "결국 국민의 힘이 터뜨린 대장동 개발 특혜 의혹은 대선 국면을 그들에게 유리하게 돌려보려는 술수에서 비롯된 희대의 정치드라마"라며 "이유 여하를 불문하고 감자 캐듯이 캐면 캘수록 '국민의 힘' 관계자들이 줄줄이 달려 나오는 대장동 개발 특혜 의혹 사건은 국힘게이트라 불러야 마땅한 줄 안다"고 호도하고 있다.

대선 5개월을 앞둔 이 시기에 보수 진영의 유력 대선 주자인 윤석열을 비난하는 데 총력을 집중하는 모습을 보인다는 점에서 북한의 '대선병'이 또 도졌다는 반응이 나오고 있나.

이재명 더불어민주당 대선 후보는 2010년 성남시장선거 때 경기 동부연합의 핵심인 민노당 김미희와 후보단일화를 통해 당선되었고, 당선 직후 시장직인수위원회인 '시민행복위원회' 위원장에 김미희를 앉혀 북한 연결 고리 의혹까지 받고 있다. 경기 동부 연합은 1980년대 중반 형성된 NL(민족해방파) 계열 중에서도 북한 주체사상을 가장 신봉하는 '친북 성향 조직'으로 이재명의 북한 연결고리 의혹도 사고 있다.

북한의 민주당 후보 편들기는 식량과 코로나19로 내부 불만이 고조되어 시급해진 상황에서 여권 후보를 지원하여 내년 대선에서 문 정권과 같이 그들이 다루기 편한 종북 좌파정권이 들어와 다음 정권에서도 남북관계를 좌지우지하겠다는 의도로 보인다.

지난 2017년 5월 대선을 앞두고도 초반에는 각종 선전 매체를 동원한 '대남 비난'으로 시작, 대선 직전에는 북한 당국의 공식 입장을 싣는 관영 매체까지 나서서 자유한국당 홍준표 후보와 바른정당 유승민 후보를 집중 공격한 적이 있다.

최근 13개월 만의 통신선 복구도 '대장동 게이트'를 둘러싼 이재명의 비리 의혹이 동시 다발적으로 터져 나오자 대선 직전 정상회담 가능성을 열어두면서 여당 후보에 유리한 국면을 전개 지원하겠다는 의도일 가능성이 높다.

하지만 대선 직전 정상회담을 이벤트성으로 이용한다는 것은 우리 국민 모두가 이제 그 속내를 인지하고 있다는 점을 고려한다면 오히려 남한 내 보수결집을 촉발하여 역효과를 가져올 수 있다.

김정은 정권은 남한 대선에 신경 쓸 것이 아니라 핵미사일 개발로 각종 제재로 극도로 악화된 북한 경제로부터 굶주리고 고통받

사돈 남 말,

는 주민들에게 관심을 가져야 할 것이다. 북한이 대선 국면 때마다 반복하는 '보수 때리기' 선거 개입을 강력히 규탄한다.

북한 김영주 장수 사망의 의미

〈조선일보〉 (2021.12.10.)

북한 김일성의 동생 김영주 최고인민회의 상임위원회 명예부위원장이 101세로 사망하여 북한 김 씨 일가 1세대는 완전히 막을 내렸다. 김영주는 아버지 김형직과 어머니 강반석 사이에 김일성 김철주 김영주로 이어지는 3형제 중 막내로 중국 길림성 임강에서 태어났다.

김영주는 1920년생으로 김 씨 일가의 누구보다도 장수를 누렸다. 북한 김 씨네는 심혈관 질환으로 오래 장수하지 못했지만 김영주의 경우는 김 씨 일가는 물론 북한 사람들 중 에서도 거의 최장수를 누린 셈이다.

2019년 유니세프 자료에 의하면 남한 인구의 평균수명은 83세이고 북한 인구의 평균수명은 72세로 김영주는 남한 평균 수명보다도 훨씬 오래 살았다.

김일성은 82세 김정일 69세 모두 심혈관 질환으로 사망한 것을 비교하면 김 씨 집안에서는 경이적인 일로 김 씨 집안도 심혈관 질환에 꼭 취약한 것 같지는 않다.

1920년생인 김영주는 김일성 시대에 권력 핵심인 노동당 조직지도부장을 지내는 등 한때 2인자로 꼽혔다. 1972년 7·4 남북공동성명에 이후락 남한 중앙정보부장과 함께 서명했지만 실제적으로는 김일성의 조카사위인 박성철이 대신 뒷일을 다하였다. 당시 이후락 중정부장은 "서명을 한 사람이 어떻게 전혀 나타나지 않느냐"고 비난을 하기도 하였다.

김영주는 한때 일본군에서 이름은 김일선(金日鮮)이라는 이름으로 복무했으며, 일본이 패망한 1945년 8.15 이후에도 통역으로 모택동의 고향인 중국 호남성(湖南省) 상담(湘潭縣)의 일본군 부대에 남아 있었다고 한다. 그는 일본말과 중국말도 잘 해서 해방 후 그가 속한 일본군 부대가 항복을 할 때 통역을 맡기도 했는데, 이후 중국군에서 복무하다 그 부대에서 사귄 친구 이용상(李容相, 1924~2005)과 함께 1946년 4월 30일 상해에서 배를 타고 서울로 와 이용상의 집에서 머물다 그해 여름 북한으로 갔다고 한다.

고 황장엽 씨는 김영주는 같은 모스크바종합대 출신으로 1953년 3월 북한으로 돌아왔는데 잘 알고 지냈다고 하였다. 서양에 대해서도 이해도가 높았으며 식견이나 성격 면에서 김일성보다 훨씬 나았고 합리적인 사람으로 조카 김정일과도 비교가 안될 정도로 인품이 좋았다고 하였다.

황장엽 씨는 김일성이 동생 김영주와 아들 김정일의 후계자 결정 당시 "영주는 독하지 못한 것이 결함이고 정일이는 저희 삼촌보다 독한 것이 장점"이라며 아들 편을 들어 후계자로 결정을 지었다고 하였다.

2대 김정일도 고용희 소생 아들 김정철과 김정은에 대한 후계자 결정 시 평소에 김정철에 대해 여자 같은 성격이라고 좋아하지 않

2021년

왔고 고집이 센 김정은을 좋아해 후계자로 결정한 것과 같은 맥락이다.

그러나 조카 김정일과 후계자 자리를 놓고 권력투쟁을 벌리다 김정일이 1974년 2월 당 중앙위원회 전원회의에서 마침내 후계자로 지목되어 김정일과의 권력투쟁에서 밀려 극심한 심적 압박을 받고 '식물성 신경 부조화증'이라는 병에 걸렸다.

하지만 당시 김정일은 권력에 고삐를 늦추지 않고 부총리로 떨어져 이미 날개가 꺾인 삼촌 김영주를 1976년 자강도 낭림의 심심산골로 쫓아냈다. 이후 김영주는 18년 동안 세상 밖으로 나오지 못하다가, 김정일이 권력 장악을 확고히 한 1993년 국가 부주석과 정치국 위원에 선출돼 정계에 복귀했지만, 실질적인 권한이 없는 원로대우에 불과했다. 역사에서 가정을 하는 것은 무의미하지만 김영주가 후계자로 결정되었다면 합리적 성격이라 북한이 오늘날 보다는 형편이 훨씬 나아졌고 남북관계도 발전하였을 것으로 여겨진다. 김영주 장수의 비결은 말년에 북한의 권력 주변에서 멀리 떨어져 자의 반 타의 반으로 체념하고 산 것도 하나의 주원인으로 권력을 탐한다는 것이 꼭 좋은 일은 아닌 것 같다.

사돈 남 말,

2022~
2024년

북한 정권 人權 말살 고발한 책 쓴
송봉선 이사장

〈월간조선〉 (2022.02.)

———

　국정원 직원 출신들의 친목 모임인 '양지회' 회장을 지낸 송봉선 (宋鳳善·76) 한반도미래연구소 이사장이 《북한 김 씨 3대 인간 청소 실태를 고발한다》란 책을 냈다.

　1973년 중앙정보부에 입부(入部)한 송봉선 이사장은 중동(中東) 등지에서 해외 정보관 생활을 오래 했다. 국가안전기획부(안기부) 시절엔 북한연구조사실 단장을 맡아 대북(對北) 정보 분석에 있어서도 전문가로 불린다. 2000년 국정원에서 퇴직한 그는 현직 시절의 전문성을 살려 북한 관련 서적을 다수 집필하기도 했다.

　《북한 김 씨 3대 인간 청소 실태를 고발한다》는 그 연장선상에서 지은 저서(著書)로, 북한 정권의 잔인한 인권 말살 실태가 고스란히 담겨 있다. 저자는 "이 책을 쓰게 된 동기는 조선 시대의 피비린내 나는 사화(士禍)를 초월하는 북한 김 씨네의 무자비한 숙청과 잔학 행위의 죄행(罪行)을 고발하기 위함이다"라고 밝히고 있다.

저자는 각 사건에 담긴 시사점도 담아 독자들의 이해를 도왔다. 정보기관 출신이 북한 정권의 실상(實相)을 본격적으로 다뤘다는 점에서 이 책은 사료적 가치가 높다.

국정원 메인 서버 누구도 손대선 안 된다

〈조선일보〉 (2022.02.22.)

　국정원이 '메인 서버' 교체를 시도하다 야당이 '증거인멸' 의혹을 제기하자 물러섰다. 문재인 정부는 적폐 청산을 명분 삼아 국정원 메인 서버를 열어 전임 국정원장 3명과 직원 처벌에 활용했었다. 국정원 전직 모임인 양지회장을 3년간 지낸 필자는 그 재판 과정을 지켜봤다. 검찰은 국정원 서버에서 나온 자료를 법정에서 슬라이드로 비춰 가면서 징벌을 요구했고, 피의자 변호사들도 이 자료를 일일이 분석해 가면서 법정 논쟁을 벌였다. 그 과정에서 남북한이 첨예하게 대립하고 있는 국정원의 비밀 정보 자료가 낱낱이 공개되면서 전·현직 정보인들을 분노하게 했다. 전 세계 정보기관 관계자들도 경악을 금치 못했을 것이다.

　국정원이 바꾸려 했던 서버에는 문재인 정권의 각종 정보 예산 사용, 대북 이면 접촉, 남·북·미 정상회담 추진, 평창 동계 올림픽 개최 시 북측 인사 방남 같은 민감한 정보가 담겨 있을 것이다. 다가오는 3·9 대선에서 정권 교체가 될 경우 자신들이 전(前) 정권을 대상으로 벌였던 똑같은 일이 부메랑으로 돌아올지 모르겠다는 걱정을 했음직하다. 국정원 전산을 담당했던 전직들은 메인 서버 교체 시 구(舊)자료 서버는 창고에 영구 보관되며 필요할 때마다 검색·활용된다고 한다. 그러나 구 서버를 파기하면 문제 자료가 모두 사라져 증거인멸이 된다.

문 정부는 국가안보와 생존에 직결되는 정보가 담긴 국정원 서버를 정적(政敵) 사냥에 동원했다는 전과를 남겼다. 이제와서 자신들의 보신을 위해 서버에 또 한번 손을 댄다면 가중처벌을 면치 못할 것이다. 새로 탄생할 정권 역시 이 서버를 정치적으로 이용하겠다는 유혹을 버려야 한다.

북한 김 씨 정권 장기화 저지를 위한 제언

〈계간 북한연구〉 (2022년 5월)

I. 들어가면서

김정은 정권의 장기화는 이대로 가면 예상외로 길어질 것으로 보여진다. 이는 이념화, 조직화, 보안기구를 통한 통제 시스템이 건재, 아직도 그 나름대로 작동하고 있기 때문이다. 중국·러시아의 지원역량 유지, 남한 내 남남갈등과 좌파의 득세가 이를 뒷받침하고 있기 때문이다. 현재로서는 이를 제어할 수 있는 특별한 방법은 별로 보이지 않는다.

북한 정권에 무모한 핵개발과 위협에 대해 근 30여 년 동안 당근과 채찍 모든 방법을 동원했으나 실패했다. 김정은의 끊임없는 핵·미사일 개발을 통한 자기 방어로 김 씨 정권 체제의 장기적 유지는 가능성이 높다.

핵미사일은 30대 초반의 김정은이 늙어서 사망할 때까지 북한을 통치하는 걸 보장받겠다는 도구다. 핵미사일은 미국과 협상에 필요한 무기다. 북한 모든 정책의 시작과 끝은 김정은의 의사에 따라 결정되며 핵미사일은 김정은이 가진 최후의 카드다.

사돈 남 말,

김정은 존엄만 생존할 수 있다면 수백만 명이 굶어 죽는 것쯤은 감수할 수 있는 북한이니 제재와 압박이 먹혀들어갈 리가 만무하다. 김정은은 핵문제만은 미국과 풀 문제로 남조선 따위는 끼어들지 말라"는 것이 김정은의 본심이다. 그들의 눈에 한국은 주제 파악도 못 하고 끼어드는 성가신 모기와 같은 존재다. "제 것이란 아무것도 없는 남조선 괴뢰들이 그 무슨 '군사적 대응'을 떠들어대고 있는 것이냐? 가소롭기 그지없다"고 2017년 7월 4일 노동신문 기사가 곧 김정은의 의중이다. 이런 상황에서 북한에 대해 무슨 말을 해도 쳇바퀴 반응만 돌아올 수밖에 없다. 지금 김정은은 미국을 저돌적으로 밀어붙이고 있다. 핵·미사일은 보유한 채 체제보장을 받아 '꿩 먹고 알 먹자'는 식이다. 김정은 정권의 장기화는 결코 바람직하지 않다. 동북아 정세가 항상 불안하기 때문이다. 더 나아가 전 세계가 평화롭지 못하다.

김 씨 체제의 종말은 한반도의 평화 체제를 가저올 가능성이 높다. 물론 김정은이 제거된 북한에서 어느 정도 혼란은 주변 국가들이 감수해야 한다.

김정은은 2022.09.08일 진행된 최고인민회의 14기 7차회의 시정 연설을 통해 "우리가 먼저 핵포기, 비핵화를 하는 일은 없으며 그를 위한 그 어떤 협상도, 맞바꿀 홍정물도 없다"고 핵무기 사용 시 침을 법제화하였다.

김정은은 '조선민주주의인민공화국 핵무력 정책에 대하여'를 최고인민회의 법령으로 채택한 부연 설명에서 "우리의 핵을 놓고 더는 홍정할 수 없게 불퇴의 선을 그어놓은 중대한 의의가 있다"며 "핵무력은 곧 조국과 인민의 운명이고 영원한 존엄이라는 것이 우리의 확고부동한 입장"이라고 강조했다. 이번 법령 채택은 북한이 공식적으로는 처음 외부로 공개한 핵 관련 최초의 법으로 볼 수 있다. 핵의 소형화 다종화의 완성을 앞두고 앞으로 '공식적으로' 더 빠르게 진행할 것임을 선언한 것으로 보인다.

김정은은 "지구상에 핵무기가 존재하고 제국주의가 남아 있으며 미국과 그 추종 무리들의 반공화국 책동이 끝장나지 않는 한 우리의 핵무력 강화 노정은 끝나지 않을 것"이라며 이는 미국을 비롯한 국제사회의 '대북 적대시 정책'에 대응하기 위해 핵개발을 진행하는 것이라고 공갈 협박을 했다

김은 "미국이 노리는 목적은 궁극적으로는 핵을 내려놓고 자위권 행사력까지 포기하게 만들어 우리 정권을 붕괴시키자는 것"이라며 "어떤 극난한 환경에 처한다 해도 미국이 조성한 한반도의 정치군사적 형세에서 '핵 적수국'인 미국을 견제하기 위해서 핵을 포기할 수 없다"고 했다.

하지만 우리의 북 핵·미사일에 대응할 남한의 킬체인(Kill Chain)과 한국형미사일방어체계(KAMD), 대량응징보복(KMPR) 등 3축 체계 구축은 2020년대 초반까지 완료가 불가능할 것으로 봤다. 한편 전문가들 대부분은 북 핵·미사일 위협에 대응하기 위해 전술핵 재배치나 독자 핵무장이 필요하다는 입장이지만 현실적으로 어려운 입장으로 우리의 안보는 그만큼 취약하다. 김정은은 이러한 우리의 취약점을 잘 알고 협박이 계속될 것이다

우리는 협박을 받아들이며 살아야 할지, 아니면 협박에서 벗어나야 할지를 선택해야 한다. 중국은 북한이 미국의 동북아 패권을 막는 지렛대라고 생각하고 있다. 김정은은 앞으로도 김 씨 체제 유

사돈 남 말,

지를 위해 지금과 같은 스타일로 북한을 통치해 나갈 것이다. 김 씨 체제 장기화를 염두에 두고 장기화 저지를 목표로 대응 방안을 제언한다.

II. 북한의 대남 대미 관계 불변

메아리 없는 남북관계

우리는 북한의 완전한 비핵화를 실현하지 않고는 김정은의 핵·미사일 위협에 놀아나는 '영원한 을(乙)'의 입장에 처할 수밖에 없다. 이미 북한이 6차례의 핵실험을 실시하고, 이제까지 100여 차례의 미사일 발사를 통해 투발수단을 고도화하고 있기 때문에 북한이 핵미사일 소형화 다종화 개발을 완료했다고 선언할 시기가 다가오고 있다. 북한이 핵무기를 실전 배치하기 전에 우리는 어떻게 해서라도 비핵화를 해야 하나 쓸 카드가 소진됐다.

북한의 핵을 머리 위에 두고서는 대한민국의 발전도 향후 통일 대한민국의 건설도 생각할 수 없다. 따라서, 이제 국가의 모든 역량을 총동원하여 북핵 해결의 단초를 마련하는 데 집중해야 할 것이다.

북한이 핵개발을 본격적으로 개발한 지난 30여 년에 대해 우리의 대북정책에 대한 철저한 반성을 기초로 국가정책의 최우선 순위에 북핵 문제를 해결해야 한다. 미국, 중국에 북핵 문제의 대해 장기적이고 단계적인 대책을 강구하되, 국제사회의 고강도의 대북 제재를 강력히 추진하여 김정은 정권의 변화를 이끌어내는 모멘텀을 반드시 창출해내야 한다.

현재는 어떠한 방법도 북한이 받아들이지 않아 장기적인 방법으로 대처 해 나갈 수밖에 없다

모든 관계기관 및 연구기관 공통적 입장이긴 하지만 먼저 국내 역량 결집과 한미공조 체제를 굳건히 다져야 하는 것이 기본이다. 북핵 문제 해결 방안과 관련해서는 '선 비핵화-후 평화체제' 논의가 가장 바람직하지만 현실적으로 실현이 어려운게 사실이다.

대화는 포기할 수 없지만 북한 정권에게는 외부 장식용으로 걸치고 북한 정권 붕괴를 조용히 추진하면서 때를 기다리는 도광 양회[20]가 필요하다

북한 여동생 김여정까지 윤석열 대통령의 지난달 8·15 경축사에 담긴 '담대한 구상'에 대해 "어리석음의 극치"라고 비난했다.

김여정은 윤 대통령의 비핵화 로드맵 '담대한 구상'에 대해 "새로운 것이 아니라 10여 년 전 이명박 역도가 내들었다가 세인의 주목은커녕 동족 대결의 산물로 버림받은 '비핵, 개방, 3000'의 복사판에 불과하다"고 조롱했다.

김여정은 전국비상방역총화회의에서 북한 내 코로나19 확산의 원인으로 탈북자들의 대북전단이 매개불임을 지칭, 내부용으로 대남 적개심 유발시키고 있다.

---

20)　도광양회(韜光養晦) : 자신의 재능(才能)이나 명성(名聲)을 드러내지 않고 참고 기다린다는 뜻으로, 1980년대 중국(中國)의 대외(對外) 정책(政策)을 일컫는 용어(用語).

사돈 남 말,

한편, 권영세 통일부 장관은 국회 외교통일위원회 전체회의에서 이번 김여정의 담화를 두고 "무례하고 품격 없는 표현으로 담대한 구상에 대해서 왜곡해서 비판한 데 대해서 대단히 유감스럽다"고 말했다.

권 장관은 "이런 일은 북한 자체로도 좋은 일이 아니고 한반도 평화를 위해서도 대단히 안 좋은 일"이라면서 "북한의 이런 태도는 예상 가능한 범위에 있었던 만큼 남북관계에 있어 인내심을 가지고 설득할 필요가 있다고 했다. 하지만 비핵화는 북한 정권이 교체되거나 붕괴되지 않는 한 현재로선 뾰족한 방법이 없다.

비핵화 정책 실패에 대한 반성이 필요

북한이 2005년 9.19 공동성명으로의 복귀 의사를 표시한 후, 사찰(한국·미, 일, 중, 러), 보상(북한)의 상응조치를 단계별로 추진해 나가면서 최종적인 비핵화 실현의 마지막 단계를 상정해 볼 수 있다. 과거의 '도발-협상-보상-도발-협상-재보상'으로 김정은 정권의 연명에 보탬이 되는 악순환이 되지 않는 안전장치를 마련하는 것이 반드시 필요하다.

통일부는 북한 통전부와 마찬가지로 대화를 담당하는 부서로 남북 대화가 없으면 현안 업무가 별로 없다. 그래서 각종 시혜를 베풀면서 모멘텀을 만들어 비핵화를 의제로 대화하려 한다. 대표적인 것이 좌파정부 문재인 정권으로 이룬 게 없다.

비핵화의 최종 시기는 김정은이 자신의 정권보위에 불안감을 느끼지 않도록 하기 위해 단계적 보장을 하는 것도 전술적인 카드를 제시했으나 이도 저도 북은 거부하고 있다.

북한은 1998년부터 2002년까지 비핵화 대가로 함남 신포지구에 건설하던 경수로원자력 발전소 11억 8,000만 달러를 투입하는 와중에도 한·미를 속이고 핵개발을 했던 것을 우리는 기억한다. 북한의 미사일 도발이 계속되는 와중에 종북적인 문재인 정부 하에서도 남북관계가 개선을 시도했지만 모두 실패하였다.

김일성 사후 1990년대 중반 최대 3백만 명의 아사자(餓死者)가 발생한 '고난의 행군' 시대 북한의 내구력은 바닥에 근접했다.

그러나 곧 쓰러질 것 같던 북한은 1998년부터 시작된 한국의 경제 지원으로 기사회생했다. 김대중 정부 당시 고(故) 정주영 현대그룹 명예회장의 소떼 5백 마리 동반 방북 그리고 박지원의 현금지원으로 이어진 대북 지원은 노무현 정부 때까지 10년간 이어졌다. 최근 통일부가 역대 정부에서 이루어진 정부 및 민간 차원의 대북 송금, 현물제공 내역을 총 집계하여 공개한 결과, 김대중 정부 때에는 24억 7,065만 달러, 노무현 정부 당시에는 43억 5,632만 달러로 확인됐다. 참고로 이명박 정부 시기에는 19억 7,645만 달러, 박근혜 정부 3억 3,727만 달러로 나타났다. 과거 1998~2002년의 5개년 동안 한국 정부는 남북교역액을 2배나 늘리며 북한을 경제적으로 지원했다. 요컨대 90년대 중후반 '고난의 행군'으로 불안정의 절정을 향해 치닫고 있던 북한이 극적으로 회생할 수 있었던 데에는 한국 정부의 경제지원이라는 커다란 역할이 있었다.

김대중·노무현 두 정부 하에서의 남북관계에 대한 양측의 입장은 동상이몽으로 규정될 수 있다. 겉으로는 남북관계가 화해와 협

사돈 남 말,

력의 새 시대를 열어가는 듯 보였지만, 한국정부는 북한과의 화해와 경제협력을 통해 남북관계의 개선은 외화 내빈이었고 체제 유지는 그대로인 상태에서 핵개발을 간접적으로 지원한 것이다. 지도자의 개인적인 비전과 '원칙화된 신념(principled belief)'이 대북정책에 지나치게 강조되면서 북한의 실체는 국민들에게 왜곡 전달됐고, '주적'으로서의 정체성보다 '우리가 보듬어 안아야 할 우리의 반쪽'이라는 이미지만을 부각하였다. 특히 김대중은 북이 핵을 만들 의사도 능력도 없다고 하면서 북이 핵을 만들면 자기가 책임을 지겠다고 하여 대규모 원조를 하여 우리 스스로가 핵의 위협을 자초하였다.

대북 정책, 정치적으로 이용은 이제 그만

북한 정권은 손상돼가던 내구력을 회복했을 뿐 아니라 6차례의 핵실험을 실시하면서 우리 국가안보에 심각한 위협을 가하는 존재로 부상하게 됐다. 이 같은 역사가 되풀이되지 않게 신중한 모드가 필요하다. 앞서 언급한 것처럼 대내적인 불안정과 대외적 고립의 심화를 겪고 있는 북한 정권은 중국의 전략적 고려와 함께 한국 정부의 변화된 대북정책을 활용, 위기 때마다 트릭과 기만으로 정권 수명을 연장하고 건재함을 과시하고 있다.

2017년 5월 14일 북한은 문재인 정부 출범 4일 만에 탄도미사일 발사 실험을 강행했다. 그로부터 일주일 후인 21일 북한은 또다시 탄도미사일 발사를 실행했지만 한국 정부는 오히려 그해 5월 26일에 처음으로 민간단체의 대북접촉 요청을 승인했다. 이날 통일부가 '우리민족서로돕기운동'의 북한 주민 접촉 요청을 승인한 것이다. 그러나 북한의 미사일 발사 실험에도 불구하고 북한과의 민간단체 교류를 승인한 것은 문재인 정부의 남북관계 개선 의지를 명확히 보여주는 것이라고 해석된다. 2017년 5월 31일에는 통일부가 6·15 남북공동선언실천 남측위원회의 대북접촉 신청을 9년 만에 승인해주기도 했다. 이에 대한 북한의 반응은 한국 정부의 관계개선 의지에 호응하는 것이 아니라 계속 미사일 발사 실험을 도발하는 것으로 나타났다. 문재인 정부가 출범한 지 한 달도 안 돼 지속적으로 군사 도발을 일으키며 한국의 대북정책 변화 여부와 관계없이 자신들의 일정대로 미사일 프로그램을 추진할 것임을 분명히 한 것이다.

그럼에도 불구하고 문재인 정부는 남북관계의 새로운 시작을 희망하며 북한 달래기와 대화에 집착했다. 운전자론을 내걸고 2차에 걸쳐 미.북 회담을 중재했지만 결과는 아무것도 없었다. 문재인 정부가 평화 프로세스를 앞세워 마치 한반도에 평화가 온 것으로 국민을 혼돈시켜 선거에서 그들이 승리하는 데 이용한 것 외에 돌아온 것은 여전히 미사일 실험과 대남 핵 위협 공갈뿐이다.

중국은 여전히 비핵화 해결의 걸림돌

북핵 해결의 가장 큰 걸림돌은 바로 중국이란 존재다. 중국은 북한이 첫 핵실험을 한 2006년 직후 이른바 '외사영도소조[21]'를 열고 '북핵을 없애자고 북한 정권을 무너뜨릴 수 없다'는 대원칙을 정했다. 한반도에서 미국의 영향력이 커지는 것보다는 핵 무장한 북한을 옆에 두는 것이 낫다는 셈법이다. 그 이후 한 번도 이 원칙에서 벗어난 적이 없다. 중국이 무슨 일이 있어도 대북 원유(原油) 공급을 중단하지 않는 것이 단적인 예다. 김정은은 중국의 이 대원칙을 잘 알고 있기 때문에 제멋대로 행동하는 것이다.

헨리 키신저 전 미 국무장관은 월스트리트저널 기고문을 통해 "아시아 지역의 핵무장을 막는 것은 미국보다는 중국에 더 큰 이해가 걸린 사안"이라고 했다. 그의 지적대로 현 상황이 계속되면 필연적으로 일본, 한국, 대만의 '핵 도미노'를 부를 수밖에 없다. 북핵 최대 최악의 피해자인 한국의 정부가 먼저 북핵이 실전 배치될 경우에 어떤 생존 대책을 세울지에 강한 메시지를 전달해야 한다.

한국은 이른바 1인 권력이 강화된 '시진핑의 한국은 시진핑 집권 1, 2기의 중국을 상대하면서도 미숙함을 많이 드러냈다. 문재인 정부 시절 중국의 사드(THAAD·고고도미사일방어체계) 보복을 해결하겠다며 안보 미래를 희생해 가면서 '3불(不)'을 건넸다.[22] 중국은 사드 운용 제한을 뜻하는 '1한(限)'까지 한국이 신인했다고 주장한다.

---

21) 중앙외사공작영도소조는 중국 공산당 중앙위원회 소속의 상설형 영도소조로, 외교와 국가안보 업무를 영도하는 비공식 의사협조기구(議事協調機構)다. 1958년에 설립되었으며, 2016년 현재 공산당 중앙 총서기 겸 국가주석 시진핑이 조장을 맡고 있다.

22) '사드 3불 정책'은 문재인 정권은이 지난 2017년 10월 고고도미사일 사드(THAAD)를 추가 배치하지 않고, 한국-미국-일본 군사동맹을 추진하지 않으며, 미국 주도 미사일방어 체계에 동참하지 않겠다는 을 밝혔다. 당시 사드 3불 정책은 우리의 외교권과 자주권을 포기한 굴욕적 약속이며 미국-중국에 대한 문재인 정권의 전략적 모호성을 명시적으로 보여주는 것으로 장차 우리 안보에 재앙적 결과를 가져올 것이라는 부정적 여론이 일었다. 그러자 문재인 정권 고위 인사들은 '사드 3불'은 한국-중국 양국 간 약속이나 합의가 아니며, 정부의 기존 입장을 설명한 것일 뿐이라고 변명했다.

하지만 한국이 얻어낸 것은 없다. '한한령'은 여전히 풀리지 않고 있다. 가진 패를 너무 일찍 드러낸 '조급한 외교', 모든 게 잘 풀릴 것이라는 근거 없는 '낙관 외교', 막후에서 일을 처리하려는 '조용한 외교'가 동시에 작용한 결과다.

북한은 중국의 이러한 정책과 한국과의 껄끄러운 관계를 이용하여 제재를 어기고 각종 불법적인 제재 위법행위를 저질러 중국의 존재는 넘기 어려운 산이 되었다

2017년 8월 5일 유엔안보리는 북한의 잇따른 미사일 도발에 대해 대북제재 결의안 2371호를 15개 이사국이 만장일치로 통과시켰다. 그런데 이날 회의에 참석한 한국 측의 유엔 주재 대사는 "우리는 북한이 국제사회의 일치된 요구에 주의를 기울이고 기회를 잡아서 더 이상의 지체 없이 국제사회와의 관계는 물론, 남북관계의 새로운 시작도 계획해 나가기를 진심으로 바란다"고 언급했다. 유엔 무대에서 한국 정부의 강조점이 압박과 제재'에서 '대화와 남북관계 개선'으로 바뀐 것이다. 이처럼 남북관계 개선을 우선시하는 대북정책 기조가 계속되면 북한 정권이 경제적 재앙에서 벗어나고 정권이 직면하고 있는 대내적 불안정을 제거하는 데 중요한 환경 요인으로 작용하여 평화를 염두에 둔 것이다. 하지만 이러한 대중 외교정책은 무모하게 대중 대북대화 전략에만 매몰되어 한·미 공조가 위험해졌던 것도 사실이다.

문재인 정부가 중국을 의식하여 중국에 대해 3불정책으로 양보하고 친중, 친북 정책으로 변경은 국제사회의 제재 공조를 와해시키고 대북압박 기조를 약화시키는 데 영향을 미쳤다. 한국 정부의 친중 대북정책 변경이 김정은 정권의 내구력을 제고하는 데 일조

할 수도 있고 한·미 간의 틈새가 벌어질 수 있어 신중한 정책 지향이 필요하다.

III. 김 씨 장기화 저지를 위한 제언

김 씨 정권 레짐 체인지로 가야 한다

김일성은 생존시 조국통일을 달성할 수 있는 좋은 기회를 두 번 놓쳤다고 안타까워했다. 한 번은 6·25 한국전쟁이고 또 한 번은 4·19혁명이다. 그는 6·25때는 박헌영의 허위보고 때문에 기회를 놓쳤고 4·19 때는 연락부가 자기의 임무를 다하지 못해 놓쳤다고 말했다. 결국 이 말은 한반도에는 오직 김 씨정권만이 존재해야 하는 것이며 이를 위해서는 핵을 포함하여 수단과 방법을 모두 동원해 통일을 했어야 되었다는 소리다. 김일성은 1976년 8월 특별교시에서 다음과 같이 말했다.

"미국 놈들이 베트남에서 손을 뗀 것처럼 남조선에서도 철수하도록 하기 위해서는 미국 놈들이 미리가 이 풀 정도로 끈기 있게 물고 늘어져야 한다. 주한미군의 야수와 같은 만행과 각종의 비인간적인 범죄사실을 차례로 폭로하여 국제적으로 반미 여론화하여 세계 어디서든지 반미운동을 일으켜 미국 국민이 반전운동을 일으키도록 해야 한다. 현 시기 전쟁준비를 갖추는 데 무엇보다 급하게 추진해야 할 것은 미국 본토를 공격할 수 있는 수단을 가지는 것이다. 이제까지의 세계의 전쟁 역사에는 수백, 수십 건의 전쟁이 있었지만 미국이 개입하지 않았던 전쟁은 없다. 그러나 이 모든 전쟁이 타 지역에서 일어난 전쟁이기 때문에 미국 본토에는 이제까지 한 개의 포탄도 떨어진 일이 없다. 이러한 미국이 포탄의 세례를 받는다면 어떻게 될 것인가? 미국 국내에서는 반전운동이 일어날 것이고 그 위에 제3세계 제국의 반미공동 운동이 가세하게 된다면 결국 미국놈들이 남조선에서 손을 떼지 않을 수 없을 것이다. 따라서 동무들은 하루라도 빨리 핵무기와 장거리 미사일이 자력생산 되도록 적극적으로 개발해야 한다."

지금의 김정은이 하는 태도는 이와 같은 김일성이 언급한 그대로 핵을 개발 이를 실천해 나가고 있다. 김정은의 외부 스타일도 김일성을 흉내내고 있다.

북한의 핵개발 저지를 위해 햇볕 정책, 평화 프로세스로 해결한다는 것은 연목구어(緣木求魚)로 김정은 정권과 남북정상회담이나 미북 정상회담 그리고 각종 지원으로 한반도의 평화를 이끌어낸다는 것은 공염불에 불과하다는 것이 명약관화하다.

최근의 미국도 이와 같은 김정은 정권의 내면을 잘 파악하고 있어 김정은 정권의 제재와 붕괴 그리고 한국의 핵무장의 관심을 두어야 한다는 목소리가 높아지고 있다.

미국 국방부 고위관리도 북한 핵 문제의 해결을 위해 북한 정권의 교체를 유도해야 한다. 김대중·노무현 문재인 정부 하에서의 남북관계가 화해와 협력의 새 시대를 열어가는 듯 보였지만 허구였다고 인정했다. 한국 정부는 북한과의 화해와 경제협력을 통해 남북관계의 개선을 희구했고 북한은 체제 유지와 경제회생을 시켜

소프트 랜딩을 한다는 것이었지만 허사였다. 지도자의 개인적인 비전과 '원칙화된 신념(principled belief)'이 대북정책에 지나치게 강조되면서 북한의 실체는 국민들에게 왜곡 전달됐고, '주적'으로서의 정체성보다 '우리가 보듬어 안아야 할 우리의 반쪽'이라는 이미지가 부각됐다.

문재인 정권은 한수 더 떠 맹목적 평화로 북한에 종북적인 태도로 메달리면서 미. 북 정상회담까지 추진했으나 아무런 성과도 없었다. 성과가 있었다면 문 정권의 정치적 이용뿐이었고 국민들에게는 남북 문제에 대한 무관심, 무기력, 무반응만 높였다.

북한 정권은 이 기간 중 손상돼가던 내구력을 회복했을 뿐 아니라 6차례의 핵실험과 100여 차례의 장거리 미사일 실험을 실시하면서 우리 국가안보에 심각한 위협을 가하였다. 김정은 정권은 대내적인 불안정과 대외적 고립의 심화를 겪고 있는 중국의 전략적 고려와 함께 전통적 우방인 러시아의 지원으로 위기를 트릭과 기만으로 정권 수명을 연장하고 있다.

좌파 정부 친북 문재인 정권 출범 후 한 달도 안 돼 북한 당국이 다섯 차례나 미사일 발사 실험을 하며 위협을 부과했지만 북한에 대해 직접적으로 강경한 메시지는 보내지 않았다. 2017년 5월 14일 북한은 문재인 정부 출범 4일 만에 탄도미사일 발사 실험을 강행했다. 그로부터 일주일 후인 21일 북한은 또 다시 탄도미사일 발사를 실행했지만 한국 정부는 오히려 5월 26일에 처음으로 민간단체의 대북접촉 요청을 승인했다. 이날 통일부가 '우리민족서로돕기운동'의 북한 주민 접촉 요청을 승인한 것이다. 이렇게 볼 때 한국 정부는 북한의 도발 여부와 관계없이 대북정책에서 민간 부문의 대북 지원 및 교류·협력만을 목표로 진행했다.

친북 문재인 정부가 출범 초임에도 지속적으로 군사 도발을 일으키며 한국의 대북정책 변화 여부와 관계없이 자신들의 일정대로 미사일 프로그램을 추진할 것임을 분명히 한 것이다. 한국 정부는 남북관계의 새로운 시작을 북한 달래기와 대화에 집착했다. 그러나 돌아온 것은 미사일 실험과 핵위협 공갈뿐이었다.

장기적으로 김정은 정권 붕괴 외에는 대북정책에 한계가 도달했다. 미국은 중국 측에 핵미사일을 보유한 북한이 필요시 중국에도 등을 돌릴 수 있음을 인식시켜야 한다. 북한은 중국의 수도 베이징으로부터 가장 가까운 곳으로 유사시 중국의 방어벽이 될 수 있기 때문에 제재에 미온적이지만 한·미는 북한핵무장이 강해질 경우 중국에게 가장 큰 위협임을 설득시켜야 한다. 레짐 체인지를 통해 김정은이 물러나고 다른 지도자가 북한을 안정되게 통치한다면 미국과 중국은 북한을 정상 국가로 인정할 수 있을 것이다. 장기적 목표로 북한의 레짐 체인지 길로 가야 한다.

핵은 핵으로 대응해야

북한의 핵공격에 대비해 이명박, 박근혜 정부를 거치면서 한국형 3축 체계라는 게 완성됐다. 문재인 정부 들어와서 이걸 '대량살상무기 대응체계'란 이름으로 바꿨다. 우리 국방부는 적의 어떠한 위협에도 대응해야 하기에 이 계획을 수립했다. 이 3축 체제를 요약하면 이렇다

사돈 남 말,

첫째 북한의 핵미사일 발사 징후를 탐지해 선제 타격하는 킬 체인(Kill Chain)

둘째 핵미사일이 발사된 후 공중에서 요격하는 한국형미사일방어(KAMD)

셋째 핵미사일로 공격받은 뒤 보복하는 대량응징보복(KMPR)

이것이 3축 체제다.

3축 체제가 비용이 과다하게 드는 데 비해 과연 얼마나 실효성이 있을지는 국방관계자들은 의문을 제기한다. 첫째 둘째는 핵을 재래식 무기로 막고 마지막으로 핵의 공격을 받은 후 대량 응징한다는 것으로 결국 미국의 핵우산에 의존해야 한다. 그러나 이것은 미국의 전선이 2곳 이상에서 벌어질 시 한국에 집중할 수 없을 경우 쉬운 방안이 아니다.

국내 전문가들도 "북한은 소형 핵탄두 개발, ICBM(대륙간탄도미사일)을 포함한 핵 투발 수단 다양화 등 위협 수준을 계속 높이고 있다" "비핵화는 불가능해졌다"고 보고 냉정하게 현실을 직시해야 한다. 한국은 아직도 미국이 끝까지 우릴 지켜줄 것이라는 환상에서 벗어나지 못하고 있다"고 미 측의 일부 인사들은 지적을 하고 있다.

지난 7월 아시안리더십콘퍼런스(ALC) 헤이글 전 미 국방장관을 포함한 한·미 안보 전문가들은 "왜 한국에서 핵무장 이야기가 나오고 있는지 전적으로 이해한다. 북한이 핵 개발 완성 단계에 이르렀고, 이를 절대 포기하지 않을 것이 확실한 만큼 한국도 모든 대응 방안을 강구해야 한다"고 했다. 특히 미국이 제공하는 확장 억제,

이른바 '핵우산'에만 의존할 것이 아니라 자체 핵 개발로 가야 하며, "핵은 핵으로만 억지할 수 있다"는 것이다.

헤이글 전장관은 "북한같이 위험하고 예측이 어려운 집단과 국경을 맞대고 있는 한국에서 점점 더 많은 사람들이 '스스로를 보호해야 하지 않나'라고 생각할 수 있다"며 "미국은 한·일이 공격받으면 의무적으로 함께 방어하는 협정을 맺고 있지만 트럼프 전 대통령 때 이같은 신뢰가 흔들린 것도 사실"이라고 했다. 미국 지도자가 바뀔 시 예측할 수 없는 상황에 대비해야 함을 코멘트한 것이다.

NPT 가입으로 우리가 자체적인 핵개발이 어려운 실정이지만 대미교섭을 통해 미국이 한국에서 철수한 핵무기를 재배치하는 방법은 가능시된다.

대북 제재 적극 추진과 심리전 활동 복원

북한은 유엔제재를 받는 와중에도 각종 위법행위를 저질러 왔다.

북한은 자체 외화 고갈 상태가 오자 김정은 용 사치품 등을 제한받는 등 어려움에 봉착하자 공해상에서 북한산 석탄을 중국에 밀무역이 위성에 적발되는 등 불법행위를 이어 왔다. 중국 러시아 등에도 유엔 제재 협정에 의거 다시 본국 귀환, 또는 송출 제한 해야 함에도 이를 어기고 불법 체류나 송출을 하고 있다.

러시아 외무부 국제기구 국장은 최근 "우크라이나 동부 돈바스 지역의 도네츠크 인민공화국과 루한스크 인민공화국에 현지 재건

사돈 남 말,

사업으로 북한 인력 10만 명을 고용 추진하고 있는데 유엔 안보리 대북제재가 적용되지 않는다"는 주장하지만 전쟁 전에는 우크라이나 영토로 제재를 받는다는 입장이므로 북한 인력을 받아들일 태세다. 2017년 9월 유엔 안전보장이사회가 채택한 대북제재 결의 2397호는 북한의 해외 근로자 파견을 금지하고 있기 때문이다. 북한의 건축 설비와 자재를 도네츠크로 반입하는 것 또한 유엔 제재 위반으로 알려졌다. 이는 북한의 생존에 단비와도 같은 것으로 저지해야 한다.

심리전 차원에서 탈북민단체인 자유북한운동연합은 2022년 4월 25~26일 경기 김포지역에서 윤석열 대통령 당선인 사진 등이 담긴 대북 전단 100만 장을 대형 기구 20개에 매달아 북한에 날려 보내자 북한 선전매체는 북한의 신종 코로나바이러스 감염증(코로나19) 확산 원인으로 대북전단을 지목하며 대가를 치르게 하겠다고 위협했다.

대외용 주간지 재일조총련 통일신보는 전단 살포 직후 "얼마 전 자유북한운동연합 것들은 반(反)공화국 삐라(대북전단)와 더러운 물건짝들이 담긴 대형 풍선들을 또다시 날린 사실을 공개했다"며 "도저히 용납될 수 없는 공공연한 대결 망동"이라고 비난했다.

공화국 내에 확산된 악성 전염병이 딜북자 쓰레기들의 삐라 살포 망동과 무관하지 않다는 것을 보여주고 있다"고 김여정의 억지 앵무새 주장을 폈다.

조총련의 이 같은 주장이 북한 내 민심 이반 요소의 원인을 한국에서 찾아 책임을 전가하는 전형적인 북한식 선전선동 수법을 쓰고 있다.

이를 보더라도 북한은 대북전단 살포에 대해 얼마나 충격을 느끼는지를 짐작할 수 있다.

문재인 정부는 김정은의 여동생이 이에 대한 남북연락사무서 폭파 등 엄포를 놓자 탈북자들의 대북전단 살포가 남북관계를 해친다고 전단살포 금지법을 만들기도 하여 종북의 극치를 보였다. 윤석열 정부에서는 2024년 국회에서 다수석 확보 시 반드시 전단살포 금지법을 폐기해야 한다. 심리전 활동 복원은 북한정권이 가장 위협으로 간주하는 것인 만큼 심리전을 재개, 북한 주민에게 의식 변화를 적극 변화시켜 북한 정권 붕괴로 가야 한다.

강력한 북한 인권 활동 전개

김대중 정부하에서 북한 인권 문제는 북한 주민 전반의 삶의 관심을 두었음에도 불구하고 북한 내 관리소 및 교화소, 집결소 등 여러 구금시설에서 일어나는 북한 주민들의 자유권 침해에 대해서는 소극적 입장을 취하였다. 또한, 한국 사회 내 진보와 보수의 이념 갈등도 격화되어 북한 인권 중 자유권을 중시하는 보수와 사회권을 중시하는 진보 간 갈등의 골이 더 깊어졌다.

노무현 정부는 '동북아균형자론'을 통해 한국이 한반도의 중심이 될 뿐만 아니라 동북아의 중심축 역할을 통해 균형외교를 펼칠 것을 제안하였다. 균형외교, 자주국방, 자주외교의 실행 과정에서 한·미 동맹이 약화되는 결과를 초래하기도 했지만, 한국 내 386세대의 지지를 등에 업은 노무현 정부는 한국적 민족주의에 대한 호소를 통해 같은 민족으로서의 북한의 존재를 강조하였다. 참여정부는 대북 인권정책 이행 및 수립 과정에서 역시 북한 내 사회권 증진을 중심으로 한 대규모 지원을 추구하였고, 안정적 남북관계를 중시하였기 때문에 그 결과, 노무현 정부는 유엔을 중심으로 한 국제사회의 대북 인권결의안 도출 과정에 소극적인 자세를 견지하였다.

문재인 정부에서 더불어민주당이 이사 추천을 하지 않아 북한인권재단이 구성되지 못했다

'북한인권법'은 정부가 북한인권 실태를 조사하고 남북인권대화와 인도적 지원 등 북한인권 증진과 관련된 연구와 정책개발 등을 수행하기 위한 북한인권재단을 설립하고, 북한인권증진을 위한 국제적 협력을 위해 외교부에 북한인권대사를 임명하도록 규정하고 있지만 북한 정권과의 대화에만 집중 북한의 내부 인권유린에 대해서는 외면하였다.

"문재인 정부는 북한 인권에 관여하거나 관련 사안을 지지하는 모든 단계에서 실패했다" 한국의 문 정부는 유엔총회나 유엔 인권이사회에서 북한인권결의안 공동 제안국으로 참여하지 않는 등 북한 문제와 관련한 국제적 신뢰를 저버렸나.

북한 인권 문제에 대한 국세 사회의 관심을 높인다는 취지인네, 문재인 정부 들어 후임자가 지명되지 않으면서 5년 가까이 공석이었다.

윤석열 정부는 신임 대사로 이신화 고려대 교수를 임명한바 한국 정부의 북한 인권 정책에 대한 국제사회의 관심과 협력을 견인해야 한다

북한인권재단 출범에 지난 정부가 소극적인 태도를 보이며 재단 출범이 이뤄지지 못했다. 윤 대통령은 후보 시절 공약한 북한인권법 내용을 충실히 이행하고, 유엔 북한인권결의안 공동제안국 참여 등을 통해 북한 인권 개선을 추진하겠다고 밝힌 바 이를 이행해야 한다.

IV. 결론

전 정부의 대북 읍소 정책을 통해 평화 프로세스의 현수막을 내걸었지만 어떠한 성과도 없었고 북한의 핵공갈 및 대남 비난 빌미만 제공, 이제 대북 정책은 대화에만 끌려다니는 을의 입장을 정리, 갑의 입장도 취해야 한다.

북한은 우리의 상생정책을 자신들의 체제 붕괴 접근으로 간주 경계를 늦추지 않고 대화 자체를 거부하고 있어 남북 불통의 상태는 장기간 이어질 것으로 보여지는 바 김정은 정권의 종식을 위한 방안연구에 집중할 필요가 있다.

우리의 대북정책은 좌파정부가 북한의 개방화를 통해 북한 핵문제를 해결하고 상호 공동 협력을 통해 통일로 이어지는 방법을 추진했으나 북한은 이를 거부하고 반대 방향으로 가고 있어 정책 전환이 필요하다.

북한 김 씨 3대는 미국의 대북 정책을 압살로 규정 이에 대한 방책으로 오직 핵만을 고집하고 핵무장을 법제화까지 하여, 김정은 정권의 비핵화 정책은 불변, 우리의 대북정책은 수정이 불가피한바 미국 등 우방국과 함께 적극적 핵무장 대응이 필요하다.

유엔 대북 제재에 적극 참여하여 미국을 비롯한 우방국과 공조로 옥죄어 김 씨 정권의 붕괴를 지속적으로 추진해야 한다.

유엔 미국 우방국 등과 공조로 북한 인권 문제 고발로 북한의 정치범 수용소 및 독재 구역의 종국적인 해체 등을 유도할 필요가 있다.

북한 정권 종식에는 전술적인 방안으로 대북심리전의 복원, 대북 제재를 강화, 북한을 고사시켜 김 씨정권의 붕괴를 유도해야 한다.

한·미 공조로 참수 작전 적극 연구 개발, 드론 등 무인장비 개발로 결정적시기에 북한 핵심부 제거 방안을 개발해야 한다.

대북 정보 수집활동 강화의 일환으로 한미일 등 지소미아 협정 등 정보기관들의 정보 협력 강화 북한 취약 요소 확보해야 한다.

중·러 등과도 정보 협력을 강화하여 북한 정권 급변 사태에 대비하여 정보 교환 등이 필요하다.

위성 및 장비 첨단과학화로 북한에 대한 정보 역량 강화 북한 내 반김 분위기 확산해야 한다.

북한억류 국군 포로 탈출 귀환, 익류 한국인 및 종교인 능 석방 추진으로 국가의 책무를 이행해야 한다.

후쿠시마만 위험하고 北 폐기물은 괜찮은가

〈조선일보〉 (2022.11.29.)

구글 위성사진은 핵무기용 고농축우라늄을 생산하는 황해북도 평산 우라늄 정련 공장에서 나온 방사성 폐기물이 예년보다 많이 쌓이고 있고, 배출 오염수가 인근 하천을 거쳐 예성강으로 방류되는 양도 많아지고 있음을 보여준다. 평산 공장은 우라늄 원석을 화학 처리해 옐로 케이크(우라늄 정광)를 정련한 뒤 농축해 핵무기 제조에 사용한다. 옐로 케이크 생산 과정에서 폐광석과 방사성 불순물을 배출하는데, 배출물 저수지 침전물이 혼탁해 녹조 현상이 나타나는 게 확인됐다.

북한의 폐기물 폐수는 예성강을 거쳐 서해로 흘러가 우리 생태계를 위협할 우려가 있다. 문재인 정부는 2019년 10월 한강 및 서해 샘플 조사 결과 특이 사항이 없다며 평산 공장은 방사선 오염 우려가 없다고 주장했다. 하지만 서균렬 서울대 원자력공학과 교수는 북한 공장 같은 노후한 시설에서 우라늄을 정련할 때 발생하는 질산우라늄 화합물은 방사성 폐기물보다 위험한 독극물로 하천 방류 시 심각한 문제를 일으킬 수 있다고 지적했다. 재미 과학

사돈 남 말,

자 최한권 박사도 단순 정련 작업만 아니라 '농축 분리' 단계까지 이뤄진 폐기물을 배출하는 것이라면 안심할 수 없다고 했다.

　국내 친북 좌파는 일본이 후쿠시마 원전 오염수를 태평양으로 방류한다고 발표했을 때 방사능 오염 수산물이 국민 건강에 악영향을 미칠 것이라고 주장하면서도 북핵 시설 방출 방사능 의혹에 대해선 한마디도 하지 않았다. 후쿠시마는 일본 열도 반대편 1,250㎞ 떨어져 있고 정수 단계를 거쳐 태평양으로 방류된다. 반면 예성강은 평산에서 한강 하구까지 약 50km로 서울의 턱밑이다. 방사능마저 일본 것은 위험하고 북한 것은 괜찮다는 의식 구조가 어이없다.

미국의 한국 핵무장 여론에 귀 기울여야

〈데일리NK〉 (2023.01.26.)

북한노동당 기관지 노동신문은 2022년 12월 19일 김정은 국무위원장이 전날(18일) 신형 대륙간탄도미사일(ICBM) '화성-17형'의 시험발사를 지휘했다고 보도했다. 신문은 이번 시험발사가 성공적으로 진행됐으며 김 위원장이 "우리의 핵무력이 그 어떤 핵 위협도 억제할 수 있는 신뢰할만한 또 다른 최강의 능력을 확보했다"고 말했다고 전했다.

한국이 북핵(北核) 고도화에 대응해 독자적 핵무장을 할 수 있으며 미국을 포함한 국제 사회는 이를 용인할 것이란 취지의 주장이 최근 미국에서 또 제기됐다. 미국이 한국에 제공하는 '핵우산' 공약을 철회하고 한국이 한반도를 스스로 방어하기 위해 핵무장을 할 수 있다는 취지다.

앞서 다트머스대 국제학센터의 제니퍼 린드 교수와 대릴 프레스 교수는 지난해 11월 7일 "한국은 독자 핵무장에 나서고 미국은 이를 지지해야 한다"는 취지의 공동 기고문을 발표한 바 있다.

사돈 남 말,

미 케이토(CATO) 연구소의 더그 밴도 선임연구원은 얼마 전 외교·안보 전문 잡지 내셔널인터레스트에 기고한 글에서 "미국의 정책 입안자들은 한국에 대한 미국의 방어 약속 및 핵우산 공약이 미국에 이익이 되는가?라는 질문을 해야 한다"며 "미국이 한국을 대신해 핵전쟁을 치르겠다고 약속해야 하는가?"라고 했다. 그는 "김정은이 미국의 북한 체제를 끝내려는 시도에 대해선 언제든 미 본토 및 동아시아 전역을 대상으로 핵 공격을 감행할 것이라고 위협할 것"이라며 "이럴 경우 미국의 핵우산 약속은 훨씬 더 위험하게 된다"고 했다. 미국이 한반도에 제공하고 있는 확장 억제(핵우산) 전략이 미 안보 상황에 부정적 영향을 미칠 수 있다는 의미다. 한국에 핵우산을 만들어주다 오히려 자신들이 북한의 공격을 받을 수 있다는 의미라고 볼 수 있다.

밴도 선임연구원은 이어 "북한이 핵 프로그램을 중단하기는커녕 제한하는 것도 거부할 경우, 미국과 한국은 이에 적응해야 할 것"이라며 "(두 국가의 적응은) 궁극적으로 한국의 핵 보유로 귀결될 수 있다"고 했다. 한국의 핵무장을 통해 북핵에 대한 억지력을 가질 수 있다는 것이다. 그는 또 "영국·프랑스·중국·인도·북한 등의 나라가 안보 문제를 앞세우면서 미국을 따라 잇따라 핵무장을 했다"며 "한국도 아마 그렇게 될 것이다. 그럴 경우 전 세계는 과거 '핵 클럽'에 가입했던 나라들과 마찬가지로 한국의 '핵 보유'를 수용하게 될 것"이라고 했다.

제니퍼 린드 교수의 '한국 핵무장론' 기고문이 나온 뒤 토비 돌턴

미 카네기국제평화기금 핵정책프로그램 국장은 안보 전문매체 '워온더록스'에 발표한 기고문에서 한국 핵무장 주장에 반대했다. 돌턴 국장은 당시 "한국의 핵무기는 역내 안보 상황을 더욱 위태롭게 만들 가능성이 크다"고 했다. 그러자 밴도 선임연구원이 돌턴 국장의 주장을 다시 반박하면서 논쟁이 벌어지는 모양새다.

밴도 선임연구원 등이 주장하는 한국 핵무장론은 아직은 미국에서 소수 의견이라고 할 수 있다. 그러나 북핵 위협이 갈수록 커지는 상황에서 미국도 새로운 가능성을 모색해봐야 한다는 차원의 주장이 잇따라 나오는 것은 주목해봐야 할 것이다.

미·중 충돌과 북한의 전례 없는 도발로 동북아 전략 환경이 변화하는 가운데 북한의 비핵화와 통일의 길을 모색하기 위한 '2022 SAND(샌드) 동북아 국제포럼'이 12월 11일 서울 코리아나호텔에서 개최됐다. 안보, 통일 전문인 '샌드연구소' 주최로 열린 이 날 포럼에서 전문가들은 북한의 체제 전환을 통한 남북 경제 통합, 한국의 독자적 핵무장 등의 방안을 제시했다.

정성장 세종연구소 북한연구센터장은 '한국의 독자적 핵무장과 남북 핵 군축을 위한 전략' 발표에서 "북한의 대남 핵미사일 위협은 더욱 노골화하고 매우 위협적인 수준으로 올라가고 있다"며 "한국의 독자적 핵무장을 통한 남북 핵군축을 진행해야 한다"고 했다.

사돈 남 말,

북한 핵 문제의 30년 역사는 우리 입장에서 가장 비관적인 시나리오다. 과거 북한이 설마 핵실험까지 하겠느냐고 했지만, 핵실험을 했다. 대륙간탄도탄이 아니라 인공위성 로켓일 거라고, 끝내 못 만들 거라고 했지만 정반대로 됐다. 핵실험은 한 번 하고 그치겠지 했는데 6회나 했다. 설마 했는데 수소폭탄까지 개발했다. 우라늄 농축은 못 할 거라고 했는데 했다. 중국, 러시아가 북한의 핵 보유까지 용인하지는 못 할 거라고 했는데 용인했다. 이 과정에서 북이 무너질 것이라고 했는데 아니었다. 북핵은 미국을 겨냥한 것이라고 했는데 북한 스스로 주목표가 한국이라고 밝혔다. 북핵은 외교 협상 카드라고 했는데 실전용 전술핵까지 개발했다. 가장 바람직하지 않은 시나리오가 현실이 된 것을 부정하고 싶지만 북한은 기를 쓰고 핵무기 양산과 운반수단 고도화를 추진하고 있다.

우리 언론에 크게 부각되지는 않았으나 지난 10월 27일 미 국무부 보니 젱킨스 군비통제·국제안보 담당 차관은 한 콘퍼런스에서 "북한이 대화를 원하면 (핵)군축 (협상)이 옵션이 될 수 있다"고 말했다. 미국의 핵우산이 결국 가장 바람직하지 않은 방향으로 흘러갈 수 있다. 북한의 장거리 핵미사일의 고도화로 위협이 증가하고 대한반도 핵우산 제공에 부정적인 시각이 높아질 시 미국은 북한과 군축 회담도 고려할 수 있을 것이다. 윤석열 대통령은 후보 시절부터 한국의 핵무장을 반대해 왔지만 재고돼야 할 상황으로 변하고 있다.

지난 5월 미국 전략사령부에서 미 정보기관들 총괄 지휘부(DNI

국가정보국장실)의 주재로 비공개 북핵 토론이 열렸다. 처음으로 북핵 문제만으로 열린 것이다. 미군 고위 관계자는 이 자리에서 북한이 조만간 핵을 포기할 가능성은 "제로 퍼센트"라고 말했다고 한다. 토론에 참석한 국가정보국장실 분석가 출신은 "가까운 미래에 핵무기를 발사할 국가가 있다면 가장 가능성이 높은 것은 북한"이라고 했다. 이 토론회에서는 이제 북한 비핵화는 물 건너갔으며 북핵 사용 억지가 목표가 됐다는 분위기가 주를 이뤘다고 한다.

미국 입장에서 고려할 수 있는 것은 북핵 사용 억지를 위한 북한과의 핵 군축 협상이다. 미국으로서는 북핵이 100개, 200개를 넘어가는 상황을 도저히 방치할 수 없다. 한국의 이익을 희생하고 북한에 양보할 가능성을 염두에 둔 것이다. 이제 우리도 미국과 동맹국을 설득해 핵무장 하는 길만이 생존할 수 있음을 인식해야 한다.

사돈 남 말,

김정은의 미사일 도발 비자금 추적

〈계간 북한연구〉 (2023년 1월)

1. 개요

최근 김정은의 미사일 도발은 상상을 초월할 정도로 빈번하게 이루어지고 있다.

북한은 2022년 들어 11월 말 현재까지 총 33차례 도발을 이어갔는데 탄도 미사일 26회 순항 미사일 3회 그리고 방사포 도발도 4회나 되었다.[1]

상식적으로 생각해 최빈국인 북한이 어디에서 그렇게 큰 재원이 있어 이런 도발을 하는지 많은 의문점을 낳고 있다. 본고는 이러한 도발을 할 수 있는 자금을 추적하고자 한다.

2022년 10월 18일 마요르키스 미국 국토안보부 상관이 싱가포르 국제 사이버 주간 서밋(SICWS) 행사에서 '최근 2년간 북한이 10억 달러(약 1조 4천 200억 원) 이상의 암호화폐를 탈취해 무기개발에 사용했

---

1) 〈북한〉 11월호 p.24

다'고 말했다.[2] 미국은 올해 발생한 암호화폐 탈취 사건의 60% 정도가 북한과 연계된 해커들의 소행으로 추정하고 있다고 했다.

우리 국방부 합동참모본부 등에 최근 발표에 따르면 북한이 2022년 11월까지 금년 한해 미사일 도발은 재료비만 최대 3억 3,500만 달러, 올해 평균환율 1,263원 기준 4,231억 원(3억불)에 달한다. 북한의 어려운 재정 형편으로는 상상할 수 없는 거액의 금액이다.

미국 랜드연구소 브루스 베넷 선임연구원은 "북한이 미사일을 한 번 발사하는 비용은 중거리 1천만~1천 500만 달러, 단거리 300만~500만 달러로 추정된다"고 말했다.[3]

한화로 환산하면 발당 가격은 각 120억~180억 원, 36억~60억 원에 달하는 액수다.

대륙간탄도미사일(ICBM)은 회당 2천만~3천만 달러(약 240억~360억 원)까지 비용이 소요되는 것으로 분석했다.

국제 쌀 기준가인 태국 쌀 가격이 현재 미 농무부 기준 1t당 430달러(51만 6천 원)인 만큼 3억 달러로 쌀 70만t을 살 수 있다고 계산했다.

북한 인구가 소비하는 곡물량은 하루 약 1만t이며, 올해 북한의 식량 부족분은 80만t 수준으로 예상된다. 미사일로 날려버린 돈은 북한의 부족 식량을 메울 수 있는 돈이다. 미국의 랜드연구소 베넷 연구원은 "미사일 시설, 발사대, 인력은 북한이 이미 갖추고 있

---

2) 〈뉴시스〉 2022.11.16

3) https://biz.chosun.com/policy/politics/2022/10/06/HZE4GUAIBBHXFLFPAWJ-CYQCGSQ/

어서 돈이 들지 않는다고 상정해 추산했다"며 실제 비용은 더 커질 수도 있음을 시사했다.

북한경제 전문가 윌리엄 브라운 전 조지타운대 교수도 "시험발사는 미사일 개발의 일부이며 미사일과 핵무기 프로그램에 큰 비용이 들어간다"며 시험발사 비용은 전체의 작은 부분에 지나지 않는다고 지적했다. 올해 북한 주민 10명 중 7명이 식량난에 시달릴 것으로 관측되는 가운데 북한 올해 북한 식량(쌀) 부족분을 충당할 수 있는 금액을 무모하게 허공으로 날려버린 것이다. 북한 고위 외교관 출신인 국민의힘 태영호 의원(서울 강남갑)은 "최근의 쏘아댄 미사일은 북한의 2년치 쌀 수입할 돈을 허공에 날린 것"이라고 밝혔다.[4]

이 엄청난 비용을 북한이 어디서 염출하는가이다.

2. 비자금 관리 총본산 39호실

노동당 39호실은 북한이 자행해 온 국가범죄의 본산으로 국방위원회 제1 위원장 김정은의 통치 자금을 관리하는 기구다. 북한 정권은 통치 자금을 확보하기 위해 1974년 조선노동당 중앙위 산하 비서국 소속으로 '39호실'을 설치했다. 노동당 39호실이라는 이름은 평양에 있는 조선노동당 중앙위원회 3호 청사의 9호실에 해당한다.[5]

---

4) https://www.fnnews.com/news/202211071051554277
5) 〈우먼 컨슈머〉 2017.10.23.

노동당 39호실은 국가적 단위의 무기 밀거래, 슈퍼노트(100달러 위조지폐) 제작, 가짜 담배 제조, 아편 재배, 마약 거래 등 불법행위를 저질러왔으며 지하자원 판매, 송이버섯 같은 특산물이나 수산물 수출 등 외화벌이를 할 수 있는 모든 사업에 개입해 왔다. 전문가들은 노동당 39호실에서 일하는 외화벌이 일꾼들은 수천여 명에 달할 것으로 추정한다.

김정은의 아비 김정일은 노동당 실권을 모두 장악한 뒤인 1986년 조직지도부가 관리하던 39호실도 손에 넣었다. 당시 39호실장과 그의 윗선이던 이성관 조직지도부 1부 부장이 비리를 저질러 발각됐는데, 이를 구실로 김정일은 39호실을 자신의 서기실 산하로 이관시켰다. 이후 별도 자금줄인 38호실과 39호실은 경쟁 관계로 공생했는데 39호실은 주로 외국에서 달러를 벌어 오고, 또 다른 비자금 기관인 38호실은 국내에서 호텔이나 상점, 식당 영업으로 달러를 확보했다.

2008년부터 38호실은 이권 다툼의 희생양으로 기구한 곡절을 겪었다. 그해 김정일은 대규모 검열 후 38호실을 39호실 산하로 소속시켰다. 김정은이 후계자로 등장 시기인 2011년 38호실이 부활하다가 얼마 안 가 3경제위(군수경제 담당)로 넘어갔고, 장성택이 숙청된 뒤엔 또다시 39호실로 통합됐다. 지금은 39호실이 38호실까지 통합해 전례 없이 비대한 기관으로 커졌다. 김정은의 집중된 39호실 사금고를 위해 거의 북한군 병력과 맞먹는 일꾼들이 이 외화벌이 부대기관에 존재하는 것이다. 은행업 광업 수산업 농수산업 등 북한에서 달러가 될 만한 분야의 대부분은 39호실이 관리한다. 여기서 김정은의 지시에 의해 핵 미사일 실험을 하는 비용이 여기

사돈 남 말,

서 나온다. 대북 제재를 위해 제일 필요한 일이 바로 39호실이다. 여기에 최근에 해킹 암호화폐 등으로 외화벌이 큰손 역할을 하는 것이 정찰 종국으로 북한의 핵미사일 발사 비용의 일익을 담당하는 것으로 추정된다.[6]

미국 텍사스 안젤로주립대의 브루스 백톨 교수는 〈범죄주권, 북한의 불법적인 국제 활동에 대한 이해〉라는 제목의 보고서에서 노동당 39호실을 '북한 국가범죄의 본산'이라고 지목한 바 있다. 영국 왕립합동국방연구소의 북한 전문가인 안드레아 버거는 "노동당 39호실은 돈을 흐르게 하는 윤활유의 역할을 맡고 있다"면서 "북한 정권을 버티게 하는 매우 중요한 조직"이라고 분석했다.

실제로 노동당 39호실은 북한 주요 금융기관인 대성·고려은행 등을 소유하고 있으며, 마카오·베이징·홍콩·싱가포르 등 해외지부 17곳과 무역회사 100여 개를 비롯해 문천금강제련소·대성타이어공장·원평대흥수산사업소 등 각종 공장과 광산도 직접 운영하고 있다.[7]

북한의 외화벌이는 다양하다. 해외에서 문화공연, 건설 유치, 식당 진출 등 돈이 되는 일이면 뭐든 다 한다. 허위 투자 유치와 가짜 국제보험 판매도 외화벌이의 일종이다. 수출품은 농산물, 도자기, 미술품 등이 기본이고 철광석, 구리, 마그네슘 등 고가 지하자원을 외국에 헐값에 내다 팔기도 한다.

이렇게 모은 자금은 주로 북한의 핵미사일 개발의 뒷돈이 되며 김정은의 호화생활과 당(黨)·군(軍) 핵심 측근의 충성심 유지, 대남

6) 39호실 고위 간부를 지내다 망명한 리정호 씨가 2019년 9월 6일 개성공단 임금 39호실 수입금이 무기개발 자금으로 전용"되고 있다고 폭로
7) 〈헤럴드 경제〉 2019.01.25.

(對南) 공작활동 등에 쓴다. 2011년 12월 사망한 김정일은 노동당 39호실 자금으로 고위 간부를 초대해 호화파티를 열고 자동차와 코냑 등 고급 수입품을 간부들에게 뿌린 것으로 유명하다. 가장 큰몫은 핵(核)과 미사일 개발 등에 사용했다.

미국 정부는 2010년 8월 북한의 불법 외화벌이를 차단하기 위해 행정명령 13551호를 발동해 노동당 39호실을 제재 대상에 포함시켰다. 유럽연합(EU)도 2010년 12월 전일춘 노동당 39호 실장에 대해 비자발급 금지 및 자산동결 제재 조치를 취한 바 있다. 이 때문에 노동당 39호실은 그동안 외화벌이에 상당한 어려움을 겪어왔지만 중국이 배후에서 지원하여 이를 버팀목으로 유지해 나가고 있다.

한편 지난 5월 미국의 국무부·재무부·FBI는 북한의 IT 장악력과 위험성을 경고하는 '북한의 정보기술노동자에 관한 가이드라인'을 발표했다. 그에 따르면 김정은 정권은 과학과 기술진보를 중시하고 있다고 했다. 최우수 학생들은 금성아카데미나 금성 제1중학교 등에서 일찍 선발하여, 과학기술 프로그램 교육을 받을 수 있게 한다는 것이다. 김일성종합대학, 김책공업종합대학, 평양국립과학기술대학 등에서 3만여 명의 학생이 수준 높은 IT학위 프로그램을 배우고 있다는 것이다.

북한의 불법 외화벌이 사업을 위해 해킹과 암호화폐 전문 인력을 양성하고 있다.

미국은 2019년 기준으로 37개 북한 대학이 정보보안을 포함한 고도의 과학·기술·공학·수학(STEM) 과정을 운영하는 85개 프로그램을 통해 해커를 양성하고 있는 것으로 파악하고 있다. 그리고 훈련된 수천 명의 IT 노동자를 중국과 러시아 등 전 세계로 보내는 조직은 군수산업 부문 제313총국, 원자력산업부, 조선인민군, 조선교육위원회의 대외무역부, 중앙위원회 과학·교육부의 평양정보기술국 등이라고 한다

외화벌이 지원기관으로 미 재무부는 북한 정찰총국을 지목하고 있다. 지난 3월 블록체인 비디오게임 '액시 인피니티'에서 일어난 6억 1천 500만 달러(약 7천 970억 원) 상당의 가상화폐 해킹 사건도 북한군 정찰총국과 연계된 조직으로 알려진 라자루스의 소행으로 밝히고 있다.[8] 북한 외무성은 북한 해킹 배후설에 대해 미국의 선전·선동이라는 입장이다.

3. 외화벌이 사업별

암호화폐 탈취

북한은 2022년 최소 7차례 암호(가상)화폐 거래소 및 투자회사들에 대해 사이버 공격을 가해 3억 5,000만 달러(약 4,870억 원) 상당의 암호화폐를 훔친 것으로 드러났다.

유엔 안전보장이사회 산하 내북제재위원회는 2022년 3월 31일(현지 시간) "전문가 패널들이 금융기관과 암호화폐 회사 및 거래소를 지속적으로 거냥한 북한 연계 해커들에 대한 정보를 제공받았다"며 이 같은 내용의 보고서를 공개했다. 북한이 통치자금을 확보하

8) 〈연합뉴스〉 2022.6.29.

기 위해 해커들을 동원해 가상 자산 탈취에 주력하고 있는 것으로 나타났다는데 지금까지 해킹한 이들 돈이 우리 돈으로 2조 원을 넘는다는 분석이 나왔다.[9]

　미국 워싱턴 DC 연방검찰은 지난 몇 년간 발생한 가상 자산 거래소 해킹 범죄가 북한의 소행이라고 최근 발표했다. 미국 연방 검찰은 지난 2021년 10월 13일 공소장에서 "이번 몰수 소송에서 미국 정부는 북한과 연계된 해커들이 다른 자금세탁 범죄자들과 공모해 3곳의 가상 자산 거래소에서 가상 자산을 훔치고 그 수익금을 세탁한 사실을 지적한다"고 밝혔다. 북한 해커들은 가상 자산 거래소 직원들을 공략하고 있다. 고명현 아산정책연구원 선임연구위원도 2021년 10월 'KDI 북한경제리뷰'에 기고한 '북한의 사이버 전력(戰力)과 금융범죄'라는 글에 따르면 북한 해커들은 악성코드를 담은 전자우편을 내부 직원이 열어 보도록 유도해 내부망을 장악한 후 거래소의 가상 자산을 빼돌리는 방식을 쓰고 있다.

　북한은 전 세계를 무대로 활동 중이다. 2017년 슬로베니아의 한 거래소에서 7,500만 달러(약 883억 원) 상당의 가상 자산을 탈취한 것을 시작으로 2018년 인도네시아의 한 거래소에서 2,500만 달러(약 294억 원), 지난해 뉴욕의 한 금융기관에서 1,200만 달러(약 141억 원) 상당 가상 자산을 훔쳤다고 했다.

　한국 내 가상 자산 거래소도 희생양이 됐다. 유엔 대북제재위원회 전문가 패널의 2019년 보고서에 따르면 북한은 2019년 한국의 가상 자산 거래소인 업비트를 공격해 이더리움(Ethereum)을 570억

---

9)　아산정책연구원, 2021.12.28.

사돈 남 말,

원 가량 탈취했다.[10] 빗썸은 2017년에 있었던 두 차례 공격에서 각각 700만 달러(약 82억 원), 2018년과 2019년에 각각 3100만 달러(약 365억 원)와 2000만 달러(약 235억 원) 상당의 가상 자산을 도난당했다. 유빗(Youbit)의 경우 북한 해커들에게 170여억 원 상당의 가상 자산을 도난당한 후 2017년 파산했다.

최근에는 북한 해킹 조직 라자루스가 쿠코인(KuCoin) 거래소에서 2억 5,000만 달러(약 2,945억 원) 상당 가상 자산을 훔친 것으로 보고됐다.

북한 해킹 조직 블루노로프는 외국 금융기관에 대한 사이버 공격을 통해 불법적으로 수입을 확충해왔다. 이들이 갈취한 돈의 일부는 북한의 핵무기와 탄도미사일 개발에 흘러 들어가는 것으로 알려졌다. 블루노로프는 1,700명 규모로 알려졌으며 인도와 멕시코, 파키스탄, 필리핀, 대만, 한국 등 11개국 16개 기관에서 자금 탈취에 성공한 것으로 전해졌다.[11]

북한의 악명 높은 해커로는 박진혁, 전창혁, 김일 등이 있다. 이들은 지난 2월 전 세계 은행과 기업을 상대로 13억 달러(약 1조5314억 원)를 훔치려 한 혐의로 미국에서 기소됐다.[12] 이들의 자금세탁을 도운 갈렙 알라우마리에게 징역 11년 8개월이 선고됐다.

보고서에 따르면, 블록체인 분석업체인 체이널리시스는 북한과

10) http://www.coindeskkorea.com/news/articleView.html?idxno=62105

11) https://www.rfa.org/korean/in_focus/food_international_org/cyberattack-01192022094934.

12) 〈인사이트〉 2021.12.26.

연계된 해커들이 지난해 가상자산 거래소와 투자회사 등을 대상으로 최소 7건의 사이버 공격을 감행해 이 같은 피해를 발생시킨 것으로 추정했다.

북한과 연계된 해커들은 피싱 유인, 암호 악용, 악성코드, 첨단 기술을 활용해 인터넷에 연결된 암호화폐 지갑에서 북한이 통제하는 주소로 자금을 빼돌렸으며, 암호화폐는 현금화를 위해 세심한 자금세탁 과정을 거쳤다고 설명했다.

또 한 회원국은 북한이 지난 2020년부터 2021년 중반까지 북아메리카, 유럽, 아시아 등 최소 3곳의 암호화폐거래소에서 모두 5,000만 달러(약 609억 원) 이상을 탈취한 것으로 파악된다고 보고했다. 이러한 사이버공격에는 '라자루스', '김수키' 등 북한 정찰총국과 연계된 것으로 알려진 해킹조직과 관련이 있는 것으로 보고 있다.

전문가패널은 "가상화폐 자산에 대한 사이버공격은 여전히 북한의 중요한 수익원"이라며 북한이 사이버 범죄 활동을 다양화하고 있다고 지적했다.

북한의 해킹 조직은 암호화폐를 훔치는 것뿐만 아니라 지난해 민감한 기술에 접근하기 위해 중요한 국방 관련 인프라 시설을 포함한 전 세계의 다양한 기관들을 대상으로 사이버 공격을 감행했다. 지난 2021년 초부터 북한에서 비롯된 정부기관 중 하나에 대한 사이버 공격 활동이 350건이나 발생했다고 통보했다고 보고서는 밝혔다.[13]

실례로 2022년 6월 29일(현지 시간) 블룸버그통신에 따르면 영국

---

13) 〈뉴시스〉 2022.01.03.

사돈 남 말,

의 암호화폐 위험 관리 회사인 엘립틱 엔터프라이즈는 북한 정찰총국과 연계된 해킹조직인 라자루스가 개인 간 금융(P2P) 사이트 등 비전통 금융 서비스에 사용하는 블록체인 상품을 개발하는 미국 기업 '하모니'를 타깃으로 해커들은 범행을 위해 아시아태평양 지역에서 근무하는 하모니 호라이즌이라는 회사의 직원의 사용자 이름과 비밀번호를 해킹하여 아시아태평양 지역의 밤 시간대에 자동화 돈세탁 서비스 활용해 자금을 옮겼다.

하지만 블록체인 전문 분석기업 체이널리시스는 북한이 2017~2021년 해킹 49건으로 가로챈 뒤 아직 자금 세탁을 하지 않고 남은 가상화폐의 가치가 연초 1억 7천만 달러(약 2천 203억 원)에서 최근 6천 500만달러(약 842억 원)로 1억500만 달러(약 1천 361억 원) 감소한 것으로 추산했다.[14]

무기 밀매

북한의 무기 밀수출 역사는 길다. 이란과 이라크 간의 8년 전쟁(1980~1988년)을 틈타 미사일 판매로 큰돈을 벌어들이면서 본격화했다. 2006년 10월 첫 핵실험을 하면서 유엔 안전보상이사회는 대북제재 결의 1718호를 채택해 전차나 전투기·헬기·전함·미사일 등의 부품이나 기술을 북한에 제공하는 걸 금지했다.[15]

---

14)   〈연합뉴스〉 2022.06.29.
15)   뉴스퀘스트(https://www.newsquest.co.kr)

국제 무기 밀매 시장에서 북한은 큰손으로 통한다. 중동 이란 시리아 예멘 등 분쟁지역으로 미사일 기술과 제품을 넘기는 건 물론이고 테러에 애용되는 RPG-7(로켓 추진 발사기), 소총과 탄약 등을 판매해 큰 수입을 올리는 것으로 서방 정보 당국은 추정한다.

지난 1999년 스웨덴의 한 카페에서 당시 스웨덴 주재 북한 대사인 손무신 대사가 이스라엘 대사를 만나 현금 10억 달러(현재가치 약 1조 1,141억 원)를 주면 이란을 포함한 이스라엘 적국에 미사일 기술을 판매하는 계약을 취소하겠다는 언급이 태영호 전 영국 주재 북한 공사의 회고록을 인용해 2022년 9월 9일(현지 시간) 월스트리트저널(WSJ)에 보도됐다.

이는 북한의 대중동 무기수출이 계속 이루어지고 있음을 방증하는 것이다

지난 2016년 망명한 태 전 공사의 회고록에 따르면, 당시 이스라엘은 북한의 이 같은 제안을 거절하여 양국 대사 간 대화는 합의 없이 끝났다. 그 후부터 북한은 이란과 시리아 같은 국가들에게 재래식 탄도 미사일 기술과 핵기술을 전달하고 있는 징후가 나타났다. 북한이 파키스탄에서 핵기술을 배워오고 미사일 기술을 제공한 것은 이들 국가들과 무기거래의 단면이다.

경제난에 시달리는 북한으로선 무기 밀매가 산소호흡기와 같다. 특히 김정은에게 있어 달러 수입을 두둑하게 챙길 수 있는 믿을만한 돈줄이다. 통치자금은 물론 핵과 미사일 개발의 원천으로도 돌릴 수 있다는 점에서다. 유엔과 미국 등이 대북제재의 핵심인 돈줄 차단에서 무기 수출을 주시하는 것도 이런 사정 때문이다.

대북제재나 수출입 통제를 피하는 북한의 수법은 기묘하다.

2013년 7월에는 쿠바에서 북한으로 가던 화물선 청천강호가 파나마 당국에 억류됐는데, 수색 결과 사탕수수 더미 속에서 분해된 미그-21 전투기가 발견됐다.[16]

국제 무기 밀매 시장에서 북한은 큰손으로 통한다. 중동 등 분쟁지역으로 미사일 기술과 제품을 넘기는 건 물론이고 테러에 애용되는 RPG-7(로켓 추진 발사기), 소총과 탄약 등을 판매해 짭짤한 수입을 올리는 것으로 서방 정보 당국은 추정한다.

북한의 무기 밀수출 역사는 길다. 이란과 이라크 간의 8년 전쟁(1980~1988년)을 틈타 미사일 판매로 큰돈을 벌어들이면서 본격화했다. 2006년 10월 첫 핵실험을 하면서 유엔 안전보장이사회는 대북제재 결의 1718호를 채택해 전차나 전투기·헬기·전함·미사일 등의 부품이나 기술을 북한에 제공하는 걸 금지했다. 하지만 빈틈을 노린 북한의 밀거래는 계속되고 있다. 존 커비 미국 백악관 국가안전보장회의(NSC) 전략소통조정관은 2022년 12월 "북한은 지난달에 와그너 그룹이 사용할 보병용 로켓과 미사일을 러시아에 전달했다"면서 "북한이 와그너 그룹에 1차 무기 인도를 완료했다"고 말했다.

와그너 그룹은 러시아의 우크라이나 침공 전쟁을 지원하는 용병 회사로 우크라이나는 물론 시리아와 아프리카 등 러시아가 개입한 분쟁 지역에서 잔혹함으로 악명을 떨쳤다. 와그너 그룹은 2014년 러시아의 크림반도 강제 병합 과정에서 처음 모습을 드러낸 것으

---

16) 〈뉴 퀘스트〉 2022.09.08.

로 알려졌다. 북한이 이 회사를 통해 러시아 무기 수출을 계속 이어 갈 것은 불문가지다.

북한이 무기 수출로 얼마를 벌어들이는지는 구체적 액수는 파악되지 않는다. 미 정보당국은 연간 2억~5억 달러를 벌어들이는 것으로 추산했다.

해외 노동자 파견 사업

노동당 39호실은 해외로 노동자를 파견, 월급과 커미션을 뜯어가는 외화벌이도 하고 있다. 북한이 현재 20여 개 국가에 파견하는 노동자의 숫자는 5~6만여 명으로 추산된다. 이들의 연간 외화벌이 규모는 연간 12억~23억 달러에 달하는 것으로 추정된다. 이 금액은 대북 경제제재의 대표적 사례인 방코 델타 아시아(BDA) 북한 계좌 동결조치 때의 2,400만 달러와 비교해 100배에 가깝다.

북한의 해외노동자들은 사실상 현대판 노예나 마찬가지다. 직종에 따라 약간 차이는 있지만 북한의 해외노동자들은 열악한 환경에서 강제노동에 시달리고 있다. 외국 사업주들이 지급하는 급여 중 노동자들이 받는 금액은 10%가 안 된다. 이들의 급여는 대부분 노동당 39호실로 들어간다.

노동당 39호실의 이러한 행태는 최근 쿠웨이트 검찰이 조선무역은행 쿠웨이트 대표부를 강제 폐쇄하면서 드러났다. 북한은 현재 쿠웨이트에 4,000명의 노동자를 파견한 상태다. 북한은 이들의 월급을 각종 명목으로 뜯어내 조선무역은행 쿠웨이트 대표부를 통해 송금해 왔다.

북한의 대량살상무기 개발 자금을 지원하고 있다는 혐의로 미국의 제재를 받고 있는 조선무역은행은 2년 전부터 쿠웨이트 정부의 감시를 받아왔다. 쿠웨이트 검찰은 돈세탁이 의심되는 조선무역은행 자금 100만 달러를 압류한 상태다. 북한은 은행 폐쇄 후 압류된 자금을 되찾기 위해 소송을 진행하고 있으며 평양과 쿠웨이트 간을 한 달에 1~2회 왕복하고 있는 고려항공 전세기를 외화 운반 수단으로 활용하고 있다. 쿠웨이트는 북한 국적의 고려항공이 중동에서 유일하게 취항한 곳이다.

북한은 해외노동자 파견을 통한 외화벌이에 크게 기여하자 더 많은 인력을 해외에 송출하려는 움직임을 보이고 있다. 노동당 39호실은 러시아, 중국, 몽골 등에 최대 10만 명의 인력을 파견할 계획을 추진하고 있으며 최근에는 우크라이나 전쟁으로 북한군 2만여 명 파견 러시아로부터 파병비 포탄 수백만 발 매매로 돈벌이를 하고 있다. 북한의 해외 인력송출은 건설, 벌목, 농어업 등 단순 노동직이 대부분을 차지하지만, 최근 들어 파견 분야가 의사, 태권도 사범, 교관 등 전문직과 요식업 등으로 확대되는 추세다.

광물 수출

유엔 안전보장이사회가 북한의 5차 핵실험 이후 광물 수출의 대북제재가 진행 중이다.

유엔 안보리는 2016년 광물 수출을 대북제재 결의 2321호를 만

장일치로 채택했다.

동 결의에 도입된 핵심적 대북 규제는 북한의 4차 핵실험에 따른 대북결의 2270호의 '틈새(loophole)'로 평가된 민수용 석탄 수출에 대해 상한선을 설정한 조항으로 북한의 수출 물량이 크게 감소했다. 북한의 주력 수출품인 석탄에 대해 금액 기준으로는 4억 90만 달러, 물량 기준으로는 750만 톤의 상한선을 설정해 어느 한쪽이 한도에 도달하면 더 이상 수출을 못 하게 한 것이다. 한국무역협회에 따르면 북한은 2017년 이전에는 매년 11억 달러(1,500만 톤)의 석탄을 수출해왔다. 유엔의 새 대북 결의가 이행되면, 기존보다 38% 줄어든 7억 달러(약 8,200억 원) 수준으로 줄어들었다.

또 전면적인 수출금지 광물로 구리·니켈·은·아연을 추가했다. 앞서 2270호는 금·바나듐광·티타늄광·희토류의 수출을 금지했다. 석탄 수출 제한 효과를 포함해 북한의 광물 수출 외화벌이가 대폭 감소했다.

금(金) 판매 사업도 하고 있다. 39호실에서 근무하다 2014년말 망명한 탈북자 최근철(가명) 씨는 미국 일간지 《월스트리트 저널》과의 인터뷰에서 "북한 주요 금 무역업체인 금강무역에서 일했는데, 1980년대 말 금강무역은 연(年) 10톤이나 되는 금을 판매했다"면서 "최근 몇 년 사이 생산량은 연 4톤으로 급감했다"고 밝혔다. 시가로 따지면 2,800억 원 정도다. 최씨에 따르면 무장요원들이 모는 SUV가 북한 전역 금광을 돌며 금을 수집, 이렇게 모은 금을 오스트리아 빈으로 옮겨 북한의 금성은행을 통해 판매했다는 것이다.[17]

---

17) 〈한국경제〉 2014.09.17.

사돈 남 말,

39호실은 평안북도 운산과 천마산을 비롯해 북한의 모든 금광을 독점 운영하고 있다. 금은 39호실에서만 취급한다. 최근 몇 년 동안 북한에서 생산된 금은 밀수꾼들에 의해 중국으로 옮겨져 판매됐다고 한다. 중국으로 금을 운반한 뒤 순도가 높은 중국산 금과 섞어 팔기 위해 밀수꾼들을 이용한다는 것이다. 중국 내 금값은 국제시장보다 높은 편이다.

해외 식당 운영

노동당 39호실이 해외에서 합법적으로 외화벌이 사업을 하는 곳들도 있다. 북한이 해외에서 운영하는 식당들은 중국에 44개, 캄보디아와 베트남에 각각 5곳, 러시아, 이탈리아, 방글라데시, 미얀마, 네팔 등 각국에 110여 개가 있다.[18] 이들 레스토랑이 코로나 2010년 이전에는 연간 최대 1억 달러를 북한에 송금하였으나 현재는 대폭 감소한 것으로 알려지고 있다.[19]

북한은 이들 식당에 미모의 여성 종업원들을 파견하고 있다. 이들은 사상적으로 잘 무장됐을 뿐만 아니라 가무에 능하고 악기를 다룰 줄 알아야 한다. 이들은 대부분 평양 출신에 나이는 20대이다. 철저한 성분 검증 절차를 거쳐 3년간 파견하며, 인맥 관계와 뇌물로 기한을 연장할 수도 있다.

18) 〈월간조선〉 2015.07.22.
19) YTN. 2018년 5월 17일. 2018년 5월 18일

해외식당에선 각종 불법 행위들도 판을 치고 있다. 지난 5월 15일 방글라데시 다카에 있는 북한 식당 '평양관'은 술과 약품을 허가 없이 팔다가 당국에 적발되기도 했다. 방글라데시 당국은 이 식당에서 맥주 94캔과 위스키 10병, '북한산 비아그라' 210알을 압수했다. 이슬람 국가인 방글라데시에선 정부의 허가 없이는 식당에서 술을 판매할 수 없다.

최근 3년간 코로나 사태로 해외식당이 문을 닫은 곳이 많아 외화벌이가 대폭 감소하였다

기타 외화벌이

북한의 조형물 수출 금지 조항도 눈에 띈다. 북한은 나미비아와 콩고, 세네갈 등 아프리카 국가에 대형 동상을 건립해주고 수백만 달러를 벌어온 것으로 알려졌다.[20]

북한 공관 및 공관원당 은행계좌를 1개로 제한하고 북한 공관이 부동산 임대를 통해 수익을 창출하는 것도 금지했다. 결의는 또 안보리가 강제조치를 취하는 유엔 회원국의 경우 권리·특권의 정지가 가능함을 상기시켜 북한이 추가 도발 시 유엔 회원국의 특권까지 정지될 수 있음을 경고했다.

---

20) https://blog.naver.com/c1c1b1b1/222802363057

3. 결론

김정은은 2021년 5월과 9월 북한 중앙통신은 김정은의 미사일 부품공장과 위성관제소 방문을 보도하면서 '김정은이 각종 개발 과정에서 제기된 모든 문제들을 몸소 풀어주었다'고 밝혔는데 이는 북한의 공식적 예산이 아니라 김정은 사금고가 사용됐음을 암시하는 대목으로 39호실을 통한 자금확보로 지속적인 미사일 도발이 예상되고 있어 암호화폐 해킹 사이버 공격등의 효율적인 국제 공조로 적극적 차단이 필요하다.

유엔 제재 조사관들도 북한은 장거리 핵무기 개발로 국제 사회의 제재를 받아 통상적인 교역에 참여할 수 없어 가상화폐 해킹에 관심을 기울이고 있다고 밝힌바 사이버 공격은 북한의 핵과 미사일 프로그램을 위한 자금 조달의 핵심 수단으로 북한이 사이버 공격에 집중하여 이제까지 20억 달러(약 2조 5천 920억 원)를 벌어들인 것으로 추정되며 이에 대한 대비책으로 관계기관의 북한의 침투수법, 해킹방법등을 집중 연구 적극적으로 차단해야 할 과제이다.

북한의 해킹 암호탈취등 에 대비하여 정부는 지난 2006년 사이버위기 내응을 위한 법 제도 마련을 시작했지만 16년이 지난 지금까지도 제정되지 못하고 있다. 2020년 조태용 국민의힘 의원이 대표 발의한 사이버 안보 기본 법안 등 사이버 보안 기본 법안이 발의돼 있지만 정쟁으로 이루지 못하고 있으며 국가안보실을 명실상부한 사이버안보 컨트롤타워로 정립하는 방안을 추진하여 반드시 초당적으로 힘을 합쳐 법을 제정해서 북한의 사이버 암호화폐 침투에 선제적 대응이 필요하다.

북한은 핵개발을 시도하다 이스라엘의 선제공격으로 제지당한 이란과 깊은 관계를 가지고 있는바 특히 이란의 이스칸드리아 미사일은 북한미사일의 복제판으로 북한이 이란에 미사일 기술수출이나 이란기술자 훈련등으로 댓가를 받을 가능성이 크며 미사일 핵개발기술도 이란에 공여하여 석유부국인 이란으로부터 대가를 받을 가능성이 있어 이에 대해 한미 공조로 북한, 이란 간 협력을 탐지하여 차단시켜야 한다.

미국과 대립각을 날카롭게 세우는 러시아와 중국이 든든한 뒷배가 될 수 있다는 점에서

우크라이나와 전쟁을 벌이고 있는 러시아가 북한으로부터 포탄과 로켓 수백만 발을 사들인 사실이 최근 기밀 해제된 미 정보 당국의 문건으로 드러났으며 2022년 9월 초 언론 보도 직후 미 국방부 대변인이 즉각 사실이라고 확인하였고 최근 러시아가 자국의 와그너용역회사를 통한 북한 무기수입이 진행형으로 자금줄 차단을 위해 실효적 차단책이 필요하다.

김정은은 집권 이후 '핵·경제 병진 노선'을 새 전략 노선으로 천명하면서 핵미사일 실험 등 대량살상무기(WMD) 개발이 빈번해지고 있어 비자금을 더 많이 사용하고 핵선제법 제정 등으로 한국과 국제사회를 위협, 유엔 결의안 39호실이 제재 대상으로 포함된 상황에서 직접 당사국인 한국도 세계 각국이 김정은 제재에 적극 동참하여 지난 정권의 친북적인 자세에서 벗어나 독재자의 비자금 차단에 총력을 기울여야 할 것이다.

사돈 남 말,

북한의 우크라戰 참전이 초래할 재앙

〈문화일보〉 (2023.04.07.)

─────

러시아 인터넷 매체 루스카야 베스나는 3월 말 "북한 의용군이 러시아 편에 서서 싸우기 위해 우크라이나 동부 '특별 군사작전' 지역에 5월 말까지 파견될 것"이라고 보도했다. 이에 대비해 러시아가 한국어를 할 수 있는 장교들을 물색하고 있다고도 했다.

익명의 러시아군 총참모부 소속 장교는 북한이 참전하면 "매월 1만~1만 5,000명의 북한군이 투입될 수 있으며, 북한 파병으로 러시아 보병을 공격에서 빼내게 됨으로써 더 많은 훈련을 할 기회를 갖게 될 것"이라고 했다. 그러면서 "북한군은 현대적 장비를 이용하지 않고 전투를 수행하는 데 있어 러시아보다 더 잘 훈련돼 있다"고 호평했다. 러시아 측은 "북한군 투입 시 성과를 낼 것이고, 우크라이나인들은 피를 흘리게 될 것"이라고 주장했다.

한편, 러시아 국영 타스통신은 게오르기 지노비예프 러시아 외무부 제1아주국장은 얼마 전 '북·러 경제·문화협력협정 체결' 74주년을 맞아 모스크바 주재 북한대사관에서 열린 연회에서 "북한은 현재도 러시아에 전면적 지원을 계속하고 있다"며 북한에 사의(謝意)를 표했다고 전했다.

이는 북한이 우크라이나전에서 러시아를 모든 분야에 지원하고 있음을 기정사실화한 것이다. 북한의 무기 탄약 등이 계속 제공되는 대가로 북한의 극심한 식량 부족 상태에서 러시아로부터 식량을 공급받는 것으로 보인다. 북한은 지난해 러시아로부터 80만t의 밀가루 원조를 제공받은 바 있다.

존 커비 미국 백악관 국가안보회의(NSC) 전략소통조정관은 한 달 전 전화 브리핑에서 "러시아가 북한으로부터 탄약 확보를 적극적으로 시도하고, 그 대가로 식량을 제공하려는 정황을 포착됐다"고 밝힌 바 있다. 그는 이어 "러시아는 이미 24개 이상 종류의 무기와 탄약을 북한으로부터 받았을 것"으로 추정되며 "러시아는 북한에 대표단을 파견하는 방안도 모색하고 있다"고 말했다.

조 바이든 행정부는 북·러 간 탄약-식량 거래를 슬로바키아 국적의 무기상 아쇼트 므크르티체프가 중재하고 있다고 밝혔다. 이 무기상은 "지난해 말부터 올해 초까지 북한 관리들과 20여 종의 북한 무기와 군수품을 러시아에 판매하고 그 대가로 상업용 항공기를 비롯한 상품과 원자재 등 다양한 물자를 북한에 제공할 계획이었다"고 덧붙였다.

여기에 북한 김여정은 얼마 전 "북한은 러시아와 같은 배에 타고 있다"고 말한 데 이어 이달 초 우크라이나와 미국 관계 비난도 북·러 관계가 강화되고 있음을 시사하고 있다. 우크라이나전의 대표적인 러시아 용병 기업인 와그너 그룹은 블라디미르 푸틴 러시아 대통령 측근이 배후에서 용병 지원을 해 왔지만, 성과가 없고 러시아군도 최근 우크라이나군의 저항에 부닥쳐 국면 전환용으로 북한군을 전장에 투입 시도하고 있는 것으로 보인다.

북한의 우크라이나전 파병이 보도에 그치지 않고 실제로 이뤄질 경우 파장은 만만찮을 것이다. 우크라이나전이 확전으로 이어지면 자유 진영과 북·중·러 진영 사이의 연합전쟁으로 전환될 가능성도 우려된다. 따라서 북한이 군대를 파병하는 것은 결코 용납될 수 없다. 북·러 무기 거래는 유엔 안보리 결의 상 북한과는 모든 무기 거래와 지원이 금지돼 있는 만큼 미국 등과 협력해 대북 제재를 강화해야 한다. 유럽연합(EU) 국가들을 통해 북한 참전 시 대북 단교 경고를 하도록 하는 한편 이들 국가가 중국으로 하여금 북한을 설득, 우크라이나전 참전을 중단토록 함으로써 확전 재앙을 막아야 할 것이다.

北의 한국 시설 파괴, 공개 변상 요구해야

〈조선일보〉 (2023.05.24.)

___

　북한이 남북 협력의 상징이었던 남측 시설을 일방적으로 철거하고 있다. 금강산 관광지구 고성항 주변 수상시설인 해금강호텔 해체에 이어 인근 골프장 리조트 단지 내 건물들도 철거하고 있다. 한국 정부와의 합의는커녕 상의조차 없었다.

　금강산 지역 남측 시설은 현대아산이 50년간 금강산 관광지구 개발 및 관광사업 전권을 맡아 종합관광단지 개발 계획을 추진하면서 건설했다. 골프장 리조트는 국내 기업인 아난티가 현대아산으로부터 재임대받아 2008년 5월 완공했다. 한국 정부 자산인 이산가족면회소와 소방대, 그리고 한국관광공사 소유인 문화회관, 온천장, 면세점 등 합하면 7,865억 원 규모다. 여기에 함께 참여한 50여 개 기업의 투자 손실을 합하면 2조 3,000억으로 추산된다.

　개성공단도 2016년 1월 북한의 4차 핵실험으로 가동이 중단된 후 북한이 우리 측 자산에 대한 전면 동결을 선언하더니 최근 일부 시설을 독단적으로 재가동하고 있다. 개성공단에 투입된 정부와 민간의 투자 금액은 약 1조 원이다. 입주 기업들의 시설·설비 투

사돈 남 말,

자가 5,600억 원, 정부와 공공 부문의 기반·부대 시설 투자가 약 4,000억 원이다. 여기에 원·부자재 및 완제품 반출 불가에 따른 피해와 매출 손실, 거래처 중단, 협력업체 피해 등을 합하면 약 2조 원에 달한다. 문재인 정부 때 당국 간 협의를 위해 180억 원 들여 건설한 남북공동연락사무소 건물은 2020년 김여정이 대북 전단 살포를 문제 삼아 폭파했다.

북한의 이런 만행을 방치해서는 안 된다. 훼손된 우리 자산 가치를 정확히 추산해 공개적으로 변상 요구를 해야 한다. 그래서 국제 사회에 북한과의 공동 사업이 얼마나 위험한 일인지 알려야 한다.

2022~2024년

세금으로 '북한 영웅' 기린다는 光州

〈문화일보〉 (2023.08.25.)

———

　얼마 전 다부동 전적지에서 6·25 전쟁 당시 우리를 구한 해리 트루먼 미국 대통령과 백선엽 장군의 동상 건립식을 보면서 이제 나라가 제자리를 찾는다고 느꼈다. 그런데 민주화 상징 도시라는 광주광역시가 세금 48억 원을 들여 6·25 때 중국과 북한의 군가를 지어 바쳐 북한군 사기를 북돋웠던 정율성의 기념공원을 조성 중이라고 한다. 도대체 대한민국의 정체성이 어디로 가고 있는가.

　광주시장은 "정율성의 업적 덕에 광주에는 수많은 중국인 관광객이 찾아온다"며 "광주는 정율성 선생을 역사문화자원으로 발굴하고 투자할 것"이라고 했다. 정율성은 북한 애국가를 작사한 월북 시인 박세영의 가사에 곡을 붙여 '조선인민군 행진곡'을 짓기도 했다. 그는 북한에 정착했다가 연안파 숙청 당시 중국으로 귀화했고, 1976년 중국 혁명열사 묘에 묻혔으며, 2009년 '신중국 수립 영웅 100인'에 선정됐다.

　그런데도 문재인 전 정부와 광주시는 그를 일방적으로 칭송해

사돈 남 말,

왔다. 심지어 그가 태어나고 자란 전남 화순군은 12억 원을 들여 2019년 복원한 그의 고향 집에 사진을 내걸고 '정율성이 항미원조(抗美援朝) 시절 남긴 소중한 사진'이라는 설명문까지 붙였다. '미국에 대항해 조선(북한)을 도왔다'는 중·조 우호의 상징인 이 말은 미국과 싸워 이겼다는 뜻이다. 이를 제대로 알면서 한 일인가. 6·25전쟁을 일으킨 북한과 그 '혈맹' 중국 편에 서서 우리 민족 수백만명을 살상하는 데 앞장섰던 정율성이 추모와 존경의 대상이라니 듣기로 뒤통수를 맞은 느낌이다.

정율성은 중국 내 길림성 항일운동 단체였던 의열단 활동을 하다가 중국공산당 당원이 돼 훗날 중공 인민해방군 군가가 되는 중국의 항일단체인 '팔로군 행진곡'도 작곡했다. 해방 후 북한에 있을 때는 인민군 구락부장, 인민군 협주단장을 지내며 '조선인민군 행진곡' 등을 김일성에게 바친 공산당 골수분자로, '조선인민군 행진곡'은 6·25 전쟁 내내 북한군이 불러 사기를 올렸다고 한다. '북한영웅' '중국 영웅'인 그를 위한 기념 공원이라니 기가 막힌다.

오죽하면 국가보훈부 장관이, 정율성 도로까지 만들어 북한의 애국열사 릉이라도 만들겠다는 거냐고 비판했겠는가. 정율성이 태어나고 잠시 다녔다는 화순 능주초등학교 외벽의 대형 초상화에다, 광주 양림동의 '정율성로(路)'를 공식 명명하고, 그 입구에 세운 동상 등도 논란이 되고 있다. 6·25 남침 전쟁에 참전한 북한군의 사기를 북돋운 반(反)대한민국 작곡가를 떠받드는 공원을 세금으로 만든다는 발상부터 어이없다. 서울 광화문광장에 김정은 방문 환영을 외치는 친북 세력의 발호가 남의 일 같지 않은데, 이런 일까지 겪는다.

　많은 사람이 광주 하면 '민주항쟁의 도시'를 떠올리는데, 우리의 적대 세력 북한과 중국에 앞장섰던 인물을 드러내 놓고 기리자는 광주시장은 이 사업을 당장 중단해야 한다. 차라리 역사공원으로 이름을 바꿔, 일제강점기 호남의 광주학생운동 주역이나 호남지역 독립운동가 서재필 선생 같은 호국 인물들의 사료 등을 모아 이들을 기념하는 공원으로 조성하는 게 더 나을 것이다. 정율성은 대한민국 파괴에 앞장섰던 인물로, 우리의 증오 대상이 될 수는 있어도 결코 존경의 대상이 될 수는 없다.

사돈 남 말,

마약 지금 안 잡으면 북한꼴 난다

〈조선일보〉 (2023.10.31.)

북한에서는 마약이 '빙두'라는 이름으로 일반인에게까지 널리 확산돼 있다. 양강도·자강도 등 북부 지역에서 외화벌이용 양귀비를 대량 재배하고, 일반 집에서도 가정 상비약용으로 양귀비를 몇 그루씩 재배하는 것으로 알려져 있다. 마약 중 대표적인 것은 메스암페타민 물질인데, 당이 운영하는 마약 공장에서 노동자·간부들이 일부를 빼돌려 밀수업자를 통해 중국으로 팔아넘기기도 하고 북한 내부에도 판다고 한다.

북한이 마약을 대량으로 만들게 된 것은 마약 밀매로 연 5억달러 이상의 외화벌이 사업을 위해 양귀비 재배를 확산했기 때문이다. 국제앰네스티 보고서는 북한 당국 주도로 마약을 제조하는 대표적인 곳으로 흥남제약공장, 순천제약공장, 상원만년제약공장 등을 꼽았다. 외화 획득을 위해 당 차원에서 제조하다 보니 북한산 마약은 순도가 매우 높아 국제시장에서 인기가 높았다. 이렇게 당국이 통제하던 북한 마약은 1990년대 고난의 행군 시절 급속도로 주민 사이로 번져 나갔다. 여기에는 두 가지 요인이 작용했다고 한다. 우선 국가가 운영하는 대부분의 시설이 가동을 멈추면서 보건 의료 서비스가 중단된 상황에서 항생제, 진통제 같은 필수 의약품을 구할 수 없게 되자 마약이 대신 급속도로 확산된 것이다. 또 공장이 멈추면서 일자리를 잃은 기술자들이 개인적으로 마약 제조에 나서면서 민간을 대상으로 판로를 개척하게 된 것이다.

최근 국내 마약사범이 10·20대를 중심으로 급속도로 확산되고 있는데, 유통 마약 중 북한산도 있다는 보도도 나오고 있다. 북한이 처음 마약 생산에 손을 댄 후 전국으로 확산되는 데 불과 30년도 걸리지 않았다. 우리나라도 초기에 뿌리 뽑지 못하면 마약이 창궐하는 북한과 비슷한 상황을 맞게 될지 모른다.

사돈 남 말,

이재명과 경기동부연합의 네 번째 선거 합작

〈조선일보〉 (2024.03.12.)

종북 세력이 제도권 정치에 진입한 계기는 2012년 총선으로 알려져 있다. 국보법 폐지, 한미 동맹 파기를 강령으로 삼는 통진당은 민주당과 정책 연합 및 후보 단일화를 통해 무려 13석이나 얻는 약진을 했다. 그러나 이런 정당 대 정당의 대연합을 가능하게 한 예비 실험은 그보다 2년 전 지방선거에서 이뤄졌다.

2010년 민주당 성남시장 후보로 나선 이재명 더불어민주당 대표는 한나라당 후보와 박빙 접전을 벌이던 중 민주노동당 김미희 후보와 단일화를 이루면서 결정적 승기를 잡았다. 이 대표는 시장 당선 후 김 후보를 인수위원장에 임명했고 그 인수위원회에 종북 세력인 경기동부연합 출신이 대거 포진한다. 성남시는 나음 해 청소용역 업무를 경기동부연합 출신 인사들이 주요 간부로 활동했던 업체에 맡겼으며, 이후 몇 년에 걸쳐 56억 원 규모의 수의계약 6건을 체결했다. 당시 정치권 인맥이 빈약했던 이 대표에게 경기동부연합은 든든한 배후 지원 세력으로 자리 잡았고, 경기동부연합은 이 대표를 통해 제도권과 연결되는 고리를 마련하는 한편 재정적 수입원까지 챙기는 혜택을 봤다. 이 대표에게 후보직을 양보한 김미희 씨는 2년 후 총선에서 경기 성남 중원 야권 단일 후보로 나서 국회의원이 된다.

민주당을 숙주 삼아 만개하는 듯했던 종북 전성시대는 2년 만에 통진당 위헌 정당 심판으로 철퇴를 맞는다. 통진당이 국가의 상징인 애국가와 태극기를 부정하고 국가 기간 시설 타격을 모의했다는 사실은 국민에게 큰 충격을 줬다. 그렇게 통진당은 해산됐지만 그 핵심 구성원들은 진보당으로 간판을 바꿔 달며 재기를 노린다.

통진당 세력이 정치권에 재진입할 수 있도록 물꼬를 터준 사람 역시 제1 야당 대표로 옷을 갈아입은 이재명이었다. 작년 4월 전북·전주을 재선거에 이석기 전 통진당 의원의 대학 후배인 진보당 강성희 후보가 출마했다. 민주당은 자기 당 소속 이상직 의원의 의원직 상실로 열리는 선거라는 이유로 후보를 내지 않았고, 민주당 출신이 무소속 후보로 출마하자 "당선돼도 복당시키지 않겠다"고 선을 그었다. 강 후보는 "고맙습니다. 민주당"이라는 현수막을 내걸고 선거운동을 벌인 끝에 당선됐다. 국회 입성 후 강 의원은 민주당 강성 친명계 모임인 처럼회에 다른 당 출신으로는 유일하게 가입했다 탈퇴했다.

이재명 대표의 최측근인 정진상 씨가 경기동부연합 출신이라고 주장하는 사람도 있다. 정 씨는 1990년대 중반 이재명 변호사 사무실에서 일하면서 인연을 맺은 것으로 알려져 있다. 정 씨가 이

대표를 경기동부연합에 연결해 준 매개 역할을 했을 것으로 짐작된다. 정 씨는 모든 사법 리스크의 마지막 불길이 이 대표에게 옮겨붙지 않도록 차단하는 마지막 방화벽 구실을 하고 있다. 이 대표가 법정에서 마주친 정 씨를 "한번 안아주고 싶다"고 판사에게 청한 것은 마지막까지 자신을 보호해 달라는 당부를 전한 것으로 해석되고 있다. 민노총의 산파역 중 한 명으로 꼽히는 김준용 국민노동조합 사무총장은 작년 말 유튜브 방송 인터뷰에서 "이 대표는 정 씨가 끝까지 입을 다무는 조건으로 경기동부연합의 요구 사항을 들어줘야 할 것"이라고 말했다. 그 예언은 현실로 나타나고 있다.

민주당은 이번 총선에서 비례 연합 정당을 통해 진보당에 당선권 3석을 배정했고 좌파 진영 텃밭인 울산 북구의 자기 당 현역 의원을 배제하고 진보당에 단일 후보 자리를 내줬다. 진보당은 민주당 도움으로 최소 4석을 손쉽게 확보한 셈이다. 이재명 대표는 올 1월 당 최고위원 회의에서 "우리 북한의 김정일, 김일성 주석의 노력이 폄훼, 훼손되지 않도록 애써야 한다"고 했다. 이 대표가 지난 14년간 종북 세력 경기동부연합과 끈끈히 연대해 그들의 정치권 진입을 도와 온 것은 그 노력의 하나인가.

분노와 충동으로 도발하는 김정은···
심리전으로 맞서야

〈조선일보〉(2024.11.05.)

김정은의 러시아 파병을 박정희 대통령의 베트남전 참전에 빗대는 사람들이 있다. 겉모습만 닮았을 뿐이다. 미국은 1960년대 당시 자유민주주의 진영의 선도국이었고 절대적 경제 부국이었다. 하지만 지금의 러시아는 반미(反美) 국가 진영에서도 중국 다음의 '넘버 2'이고, 세계 GDP의 1.8%만 차지하고 있을 뿐이다. 그래서 북한 입장에서 현상 타파를 도와줄 전략적 파트너로서 러시아가 최선의 선택인지 의문이다.

이미 북한의 러시아 파병이 중국의 골칫거리라는 외신 보도가 나오고 있다. '중국몽' 실현에 장애물이라는 것이다. 김정은도 중국의 거부감을 예상했을 것이다. 북·중 관계가 심상치 않다는 얘기가 들리더니 지난 여름 중국이 북한 외화벌이 노동자들의 비자 연장을 전면 거부해서 김정은의 분노가 폭발했다고 한다. 중국 주재 공관원들에게 "중국 국경절이나 기념일에 참석하지 말라"는 1호 지시를 보냈다는 말도 들린다. 김정은이 중국과의 관계 악화를 각오하고 러시아행 과속 열차에 올라탄 것도 그 연장선상일 것이다. 성

사돈 남 말,

장 과정에서 경험한 낮은 자존감이나 열등감이 폭발하는 것이 분노 조절 장애인데, 김정은이 중국으로부터 무시당했다는 피해 의식이 러시아로 접근하는 지렛대 역할을 한 것이 아닐까.

김정은은 백두 혈통으로서 존경을 제대로 못 받았다고 느낄 때 분노를 폭발시킨 사례가 여러 차례 있었다. 고모부 장성택이 자신에 대해 건성으로 박수쳤다고 숙청했고, 인민무력부장 현영철이 졸았다고 처형했다. 지난 여름 압록강 수해 지역을 방문했을 때는 천재지변 피해를 현지 책임자에게 뒤집어씌워 즉결 처분했다. 김정은식 공개처형은 잔인하다. 기관총이나 대공포까지 사용해 시신의 형체를 알아볼 수 없게 만든다.

김정은은 1,400km에 달하는 중국과의 국경에 철책선을 설치했다. 또 남북 연결 도로망을 폭파하고 군사분계선 248km에 지뢰를 새로 매설하기도 했다. 북한 주민 탈출과 외래 문화 유입 차단을 위한 것이라지만 정신 병리 현상으로 비치기도 한다.

김정은이 자기 정신 상태를 제어하지 못한 상태에서 꺼내드는 좌충우돌식 도발에 대해 심리전으로 맞서는 것이 옳은 처방이다. 우크라이나 전쟁에 투입된 북한군의 전사·부상·이탈이 대규모로 발생하면 북한 주민들에게는 상당한 심리적 동요가 있을 것이다. 김정은 개인에 대한 불만도 고조될 것이다.

북한 내부에서는 조·중 국경이나 남측 군사분계선 장벽의 철조망 설치로 우물 안 개구리 신세인 주민들의 불만이 누적돼 있다. 이런 상태에서 북한에 사이버 드론 전단을 보내는 식의 심리전을 전개할 경우 김정은 정권에 위협 요소로 작용할 것이다. 북한의 러시아 파병에 대해 살상 무기 제공, 부대 파견 같은 물리적 대응 카드를 꺼내드는 것과 비교하면 부작용을 최소화하면서 효과는 극대화할 수 있는 방안이다.

사돈 남 말,

본 칼럼집을 마치면서 앞으로 북한과 좌파를 비판하는 글을 얼마나 더 써야 할지 그렇지 않으면 아예 포기해야 할지 생각을 해보았다. 하지만 점점 더 증가하는 좌파 세력과 북한의 막다른 골목에서 생존 자구력을 보면서 스스로 결코 멈추지 말아야 한다는 악착같은 마음이 생긴다. 이 책에 게재한 칼럼은 저자가 쓴 칼럼 중 간추려 총 63건을 편집하였으며 분야별로는 북한 관계가 27건, 안보 문제가 12건, 정보 관련 사항이 9건, 운동권, 좌파 문제가 7건, 기타 8건이다.

2025년은 우파 정부가 스스로 좌파에게 빌미를 주어 좌파 정부로 정권이 넘어갔다. 북한이 김일성 시대와 같이 징치니 경제가 안정되었다면 남측은 이런 상태에서 국가 존립이 위태로워셨을 것이다. 허약해졌다고 하지만 핵을 가진 북한은 비대칭 무기 체계에서 우리는 비교 상대가 안 된다. 평화가 올 것으로 예상하고 병력을 줄여 철책선 경계 병력이 모자란다고 한다. 여기에 미국은 주한미군 병력 감축을 서두르고 주둔비 명목의 국방비용을 지나치게 요구하고 있다.

지금 남측 정부 당국은 안보 위기 상황에서 북한과의 대화를 구걸하다시피 읍소를 보내고 있으나 김정은은 주가를 올리기 위해 외부적으로 무관심을 보이면서 표정 관리를 하고 있다.

친북 단체 범민련 남측 본부는 노동당에서 국내 친북 운동에 대한 지도권을 받아 종북 단체 수장 역할을 해왔다. 주한 미군 철수, 국가보안법 폐지를 주장하며 반미·반정부 활동을 주도했다. 2012년엔 노수희 범민련 부의장이 무단 방북해 "김정일 국방위원장님은 민족의 어버이"라고 했다. 범민련은 1992년을 시작으로 1997년, 2012년 등 법원에서 세 차례 이적 단체 판결을 받고도 해산하지 않았다. 간판을 바꾸는 방식으로 조직을 보전한 다른 이적 단체와 달리 범민련은 김일성이 직접 이름을 지어주었다고 감읍하여 개명(改名)도 하지 않았다. 그러다 얼마 전 김정은이 남북한 별개라고 한 마디 하자 스스로 없어졌다.

국내 친북·종북 단체들은 김정은의 통일 노선 변경으로 충격과 혼란에 빠진 상태다. 가장 먼저 해산에 나선 범민련 남측본부다. 하지만 범민련 간판은 내리지만 잠시 수면 아래에 잠적해 있다가 기회가 되면 종전 반미·반정부 투쟁은 이어 나가게 될 것이다.

지난 문재인 정부에서 만들어진 장병 정신교육교재는 '북한=적(敵)'이라는 표현을 빼고 북한에 대해 '한반도 평화 정착을 위한 교류와 협력 대상으로 기술해 일각의 비판을 받았다. 특히 대한민국을 위협하는 내부 세력으로 규정했던 '종북' 관련 내용도 없앴다. 박근혜 정부 당시인 2013년 발간된 교재에선 '사상전에서 승리하는 길' 주제로 종북세력을 '국론 분열과 사회 혼란을 조성하며 대한민국을 위협하는 내부 세력'이라고 규정했었다.

하지만 이재명 정부는 대북방송 중단, 전단살포 금지, 전 정부 드론침투 대응 활동 군관계자를 처벌하는 등 갖가지 읍소를 보내고 있다.

지난 2017년 문재인 정부 시절 국방부는 '북한에 대한 적 개념을 유지해야 한다'는 한국정치학회의 용역보고서를 받고도 '북한은 현실적 위협일 뿐'이라고 격하 표현해 논란이 됐었다. 통수권자에 비위를 맞추느라고 국방부도 묵시적으로 '외면'했었다. 이제 잠시 집권했던 우파 윤석열 정부에 대한 혹독한 보복으로 훨씬 기울어진 친북 친중국 반미 반일이 시작되었다.

좌파 원조 뿌리인 백낙청은 2022년부터 자신이 운영하는 유튜브 채널 '백낙청TV'에 나와 2023년 신년 칼럼을 육성으로 이런 말을 했다. '살던 대로 살지 맙시다'라는 제목의 칼럼에서 그는 윤석열 대통령에 대한 퇴진 운동을 서둘러야 한다고 했다."김대중 대통령 이후로 이재명 후보만 한 정치인을 우리가 만난 적이 없습니다. 노무현 대통령과 문재인 대통령은 아주 착한 분이죠. 잘해보려고 열심히 애쓴 건 사실이지만, 그분은 정치지도자라고 보기는 좀 어려운 면이 있어요." (2022년 3월 16일·유튜브방송 〈오마이TV〉 '오연호가 묻다)라고 했다.

"나는 (윤석열 대통령) 탄핵론보다는 퇴진론이 더 합리적이라고 봐요. 탄핵해서 퇴진시키는 방법도 있지만…. 퇴진을 권고하는 게 낫다고 봅니다. 퇴진은 (대통령 본인의) 자발적인 하야(下野)를 포함하는 거니까요. 그래서 퇴진을 권고하는 게 더 합리적인 수순일 것 같습니다.""박근혜 시대로 치면 (윤석열 대통령에 대한) 탄핵이 이루어지는 4차 연도에 해당하는 것이 2026년입니다. 그의 예측이 맞건 틀리건 보수 정권의 맥을 끊고자 하는 의도는 명백하다.

그는 평북 정주(定州)의 부자(富者) 집안 출신으로 경기고와 미국 브라운대를 거처 하버드대에서 영문학 박사학위를 받았다. 북이 싫어 월남한 그의 집안을 생각할 때 이런 태도는 아닌가 싶다. 1963년부터 34년간(1974~1979년은 해직) 서울대 영문과 교수를 지내고 2003년 정년퇴임했다. 백낙청은 28세이던 1966년 1월 좌파의 온상인 계간 문예지 〈창작과비평〉(이하 창비로 약칭)을 만들어 2015년 말까지 50년 동안 '편집인'을 맡았고 지금도 창비의 지분을 가장 많이 갖고 있다. 우리 사회에서 백낙청은 '한국 좌파의 숨은 신(神)'이자 '철옹성의 문화 권력자', '한국 사회 좌경화(左傾化)의 원점(原點)'으로 불리운다.

창비는 1980년 강제 폐간됐다가 1988년 봄에 복간됐다. 2023년 여름호로 200호를 맞았다. 창비는 2003년 9월 26일 경기도 파주 사옥 입주식을 갖고 제2 창사를 선언했다. 원조인 백낙청 전 서울대 교수, 리영희 전 한양대 교수 소설가 황석영 등 좌파 원조가 참석하여 판을 벌였다.

1974년 말 백낙청과 시인 고은이 함께 세운 '자유실천문인협의회'를 매개로 창비는 1980~90년대에 무섭게 세력을 확장했다. 1987년 '민족문학 작가 회의'로 확대개편한 이 단체는 2007년엔 '한국 작가 회의'로 명칭을 바꾸며 문화예술계의 주인 자리를 차지했다.창비의 문단 장악이 성공하면서, 민족·민중문화 운동의 불길은 영화·미술·출판·공연 등 전(全) 예술 분야로 번졌다. 1988년 결성한 좌파 성향의 민예총(한국민족예술인 총연합)은 기존 본산이던 예총(한국예술문화단체총연합회)을 압도했다. 문화평론가 조우석은 "창비는 국사학·

정치학·철학·사회학 등 인문사회과학까지 마르크시즘의 좌파 학풍으로 물들게 만든 뿌리이자 자궁(子宮) 같은 존재"라고 했다.

백낙청식(式) 좌파가 득세한 결과, 한국 문단은 "문학은 사라지고 이념 이론만 남았다"는 지적이 나올 정도로 황폐해졌다. 저항시인 김지하(金芝河)는 2012년 말 조선일보 기고문에서 "자칭 한국 문화계의 원로라는 '백낙청'이 한류(韓流)-르네상스의 분출을 가로막고 있는 쑥부쟁이다"라며 이렇게 일갈했다. "백낙청은 한국 문학의 전통에 전혀 무식하다. "백낙청은 한국 문학에 무식하다"며 백낙청의 심판관 행세를 강력 비판했다.

백낙청의 분수령은 2000년 6월 15일 북한 평양에서 김대중(金大中) 대통령과 김정일(金正日) 간 정상회담에서 발표한 6·15 공동 선언에 대해서다.

2000년 김대중-김정일 회담 때 그의 큰형인 백낙환이 특별수행원으로 평양에 간 이후, 백낙청은 2007년 노무현-김정일 간의 2차 남북정상회담과 문재인-김정은 간의 2018년 3차 남북정상회담 때에는 특별수행원 자격으로 고향인 북한을 찾았다.

백낙청은 2012년 국회의원 선거와 대통령 선거를 앞두고는 '희망2013, 승리2012 원탁회의'라는 좌파 신영의 콘드롤타워 격인 최고지휘부를 만들어 좌상(座長)이 됐다. 그는 같은 해 4월 총선에서 13명의 통진당(통합진보당) 소속 인사들을 국회에 진출시키는 데 역할을 했다. 통진당은 우리나라 헌정 사상 최초로 2013년 11월 5일 헌법재판소에 의해 위헌(違憲) 정당으로 규정돼 해산 판정을 받은 종북(從北)좌파 집단이다.

2020년 7월 박원순 당시 서울시장이 자살하자, 그는 시민대표로 장례위원장을 맡았고 리영희가 사망했을 때도 같은 역할을 했다. 2022년 대통령 선거 때에는 이재명 후보를 지지했다. "군림(君臨)하 돼 통치(統治)하지 않는다"는 말처럼 그는 막후(幕後) 보스로서 좌파 진영을 지금도 총지휘하고 있다.

전 한양대 교수 리영희는 백난청과 주사파 정신적 지주로 쌍벽을 이루고 있다. 백낙청과 리영희는 두 사람 모두 평북 출신이다. 리영희가 한국에서 좌파의 우상이 된 이유는 그의 학문적 성취 때문이 아니다 원래 그는 한국해양대학을 졸업한 후 안동중학교에서 영어 교사로 일하다가, 6·25 전쟁이 발발하자 통역장교로 입대해 육군 소령으로 제대했다. 이후 언론계에 입문해 조선일보에서 외신부장까지 지냈으며, 학문적으로 연구할 시간이 많지 않았다. 1980~1990년대, 한국 사회가 주사파 이념으로 오염되던 시기에, 리영희는 한양대 교수라는 직함을 가지고 모택동을 미친 듯이 미화하고 김일성과 북한 체제를 공개적으로 찬양했다. 이를 보며 좌파들은 "와, 선생님이야말로 우리 시대의 사표입니다. 의식화의 은사입니다"라며 그를 우상화하여 종주가 되었다.

좌파들이 스스로 하고 싶었던 말을, 그 당시 국가보안법 때문에 차마 할 수 없었던 것을, 한양대 교수였던 리영희가 공개적으로 대신해줬기 때문에 열광했던 것이다. 리영희가 한국에서 좌파의 우상이 된 이유에 대해 "그가 파격적으로 모택동주의의 길을 개척했기 때문이다"라고 설명했다. 오늘날 공산주의는 국내 좌파들에게서 정통 마르크스·레닌주의를 추종하는 PD 계열이다. 'PD'라는 이름을 쓴 이유는, '마르크스·레닌 공산주의'를 내세우면 국민들이 경계심을 가지고 멀리할 것이 뻔하기 때문이다. 그래서 용어를 세탁

사돈 남 말,

해 이렇게 붙인 것이다. 북한의 주체사상과 김일성을 추종하는 세력도 있다. 그들이 '북한 주체사상파'라고 하면 사람들이 경계할 테니, 'NL'이라는 이름을 사용한다. 사실 PD는 마르크스·레닌 공산당파, NL은 북한 김일성 주체사상파라고 하면 되는 것을, 이렇게 용어를 세탁해 한국 사회에서 당도 만들고, 정권도 잡으며 활동하고 있다.

주사파와 모택동파가 있다. 이 모택동파의 시초를 거슬러 올라가면 바로 리영희다. 그래서 그를 '의식화의 은사'라며 칭송한 것이다. 리영희가 1970~80년대에 쓴 『전환시대의 논리』, 『우상과 이성』 같은 책들은 대한민국의 많은 청춘 남녀들을 공산주의자로 만드는데 혁혁한 공을 세운 저작들이다. 리영희를 추종하는 인물들이 노무현과 문재인이다.

리영희는 2010년 12월 5일 작고하여 광주 5.18 묘지에 묻혔다.

이들 추종 세력들이 오늘날 한국의 정치와 이념을 좌경화하여 좌파 정권이 득세하게 되었다. 김수영과 고은은 창비 사단이 의도를 갖고 집중적이면서 장기적으로 키운 현실 참여형 시인이다. 김수영은 1960년 10월 '김일성 만세'라는 시(詩)를 썼다. 영화 '공동경비구역 JSA'와 '웰컴 투 동막골'은 대한민국의 주적(主敵)인 북한에 대한 비판과 경계감을 약화시킨 좌파 성향 영화들이다.

지난 10여 년 한국 영화계도 '변호인', '남영동1985', '화려한 휴가', '웰컴 투 동막골', '공동경비구역 JSA', '밀정' 같은 좌파 작품들의 독무대가 됐다.

실제로 좌파 진영은 백낙청이 10년 전부터 내놓은 "지금까지와 다른 세상을 한반도에서 만들자"는 담론과 세부 방법론을 교시(敎

㊅) 받들듯 그대로 따라 실천하고 있다.

KBS 이사를 지낸 문화평론가 조우석 씨가 2019년에 쓴 책 『좌파 문화권력 3인방-백낙청·리영희·조정래 비판』에서 무엇이 통일이냐를 놓고 다투지 말고 남북 간 교류를 진행해 나가다가 상호 교류와 통합이 충분히 진척되었을 때, 남북이 만나 통일됐다고 선포해 버리면 그것이 바로 '우리식(式) 통일'이라는 주장을 했다.

북한 주민들이 자유와 인권을 누리는 데 무관심한 백낙청식 통일은 한국을 해체하고 한반도 전체를 공산화하자는 정신 나간 발상으로 북한의 선동 논리와 같다.

결론적으로 백낙청과 리영희는 2021년 기준 GDP 규모 세계 10위, 제조업 세계 5위, 국방력 세계 6위로 발전한 대한민국을 하루빨리 청산해야 할 저주(咀呪)의 대상으로 보고 있다. 세계에서 7개국뿐인 '30-50클럽(1인당 국민소득 3만 달러, 인구 5,000만 명 이상)'에 진입한 한국인들의 노력에 대한 자부심과 자긍심은 어디에도 찾기 힘들다.

좌파의 후신 세력인 범죄로 얼룩진 이재명이 대통령에 당선되었다. 이제 대한민국은 좌파에 의해 우파는 붕괴, 그들이 말하는 앞으로 30년 정권으로 이어질런지 모른다.

전 세계적으로 좌파 정권이 탄생한 사례를 보면 이를 잘 알 수 있다.

니콜라스 마두로 베네수엘라 대통령에 이어 나이브 부켈레 엘살바도르 대통령도 입법부와 사법부를 장악한 '스트롱맨(철권 통치자)' 면모를 보이면서 사실상 '일당(一黨) 독주 체제'를 구축했다. 포퓰리즘으로 국회 다수 의석을 장악한 입법부가 입법권을 활용해 사법

사돈 남 말,

부까지 장악하고, 사법부에 포진한 친정부 인사들이 판결로 집권 세력의 독재를 합법화하는 악순환 구도를 활용한 것이다. 한국의 더불어민주당 정권이 사법부를 사실상 장악해 중국·러시아·북한 못지않은 독재 국가로 전락할지 모른다.

중남미 베네수엘라 선거관리위원회(CNE)는 과거 치러진 국회의원 총선거 잠정 개표 결과 여당이 82.6%의 득표율을 보였다고 발표했다. 마두로 대통령은 선거 이튿날 자신의 인스타그램에 "우린 차비스모(우고 차베스 전 대통령 이름에서 따온 좌파 포퓰리즘 성향 정치 이념)의 힘을 입증했다"며 '민주주의의 위대한 승리'라고 자축했다.

이는 우리의 미래를 보는 것 같아 안타깝다. 공교롭게도 이런 흐름은 엘살바도르에서도 흡사한 양상으로 관찰된다. 강력한 갱단·부정부패 척결정책을 추진하고 있는 부켈레 대통령은 헌법의 '대통령 연임 금지' 조항에도 지난해 대선에 출마, 85%대 득표율로 재선했다. 부켈레 대통령은 2021년 총선에서의 여권 압승을 발판으로 자기 영향력을 극대화했다. 당시 엘살바도르 국회는 여권 측 인사를 대법관으로 대거 추천한 데 이어 야권 성향의 검찰총장을 축출하면서 '정부 거수기' 역할을 한다는 비판을 자초했다. 뿐만 아니라 대법원 헌법재판부는 '6개월 이상 내통령으로 재임한 사람은 10년 이내에 다시 출마할 수 없다'는 헌법 조항을 "임기 만료 6개월 전 휴직하면 재선은 가능하다"는 취지의 유권해석으로 연임 제한 조항을 무력화시켰다.

우리가 지금 이런 형태로 가고 있다. 좌파의 득세와 선전 선동은 정치 후진의 탈을 수십 년 더 겪게 될지 모른다. 이 책에 실린 글 대부분은 북한과 우리 좌파 정권의 참상을 고발하고, 좌파의 추악하고 일그러진 면을 낱낱이 밝히고 있다. 이에 필자는 그 부당성을 '사돈 남 말, 내로남불'로 고발하면서 언젠가 진정한 민주주의가 이 땅에 다시 돌아오기를 소망한다.

사돈 남 말,